BUSINESS COMMUNICATION

소통 리더십 개발을 위한

비즈니스
커뮤니케이션

개정판(5판)
프롤로그

비즈니스 커뮤니케이션은 가치 창출을 위한 경영 관리 활동 과정에서 이루어지는 의사소통으로 일의 수행을 전제로 한다. 경영 성과를 내기 위한 비즈니스 활동 과정에서는 일을 둘러싼 개인과 개인의 의사소통뿐 아니라 개인과 조직, 집단과 조직 간의 커뮤니케이션이 이루어진다.

이 같은 맥락에서 비즈니스 커뮤니케이션에서는 개인 간의 의사소통 능력을 개발하기 위한 사회·심리적 측면에서의 대인 커뮤니케이션과 함께 경영 성과를 증진시키기 위한 집단·조직 차원에서의 조직 커뮤니케이션 이슈들을 탐색하고 연구한다.

먼저 제I부에서는 인간 행동과 커뮤니케이션에 대한 개념 및 이론·원리에 대해 학습함으로써 비즈니스 커뮤니케이션에 대한 사고 체계의 틀을 형성한다. 제II부에서는 경청, 질문, 피드백과 관련된 언어적, 비언어적 의사소통 스킬에 대해 학습함으로써 개인 간의 관계 증진을 위한 사회적 커뮤니케이션 능력을 개발한다. 제III부에서는 논리적 사고, 비즈니스 문서 작성, 프레젠테이션, 비즈니스 회의 및 의사 결정에 대해 학습함으로써 개인과 조직, 집단과 조직 간의 커뮤니케이션 역량 개발을 위한 절차와 방법에 대해 탐구한다. 끝으로 제IV부에서는 정치·경제·사회·문화의 변동과 함께 조직에서의 다양성 관리가 결정적 이슈로 부각됨에 따라 디지털 커뮤니케이션을 포함하여 성격, 세대 그리고 성(여성·남성) 차이에 따른 커뮤니케이션 이슈들에 대해 연구한다.

금번 개정판에서는 기존 교재의 기본 구성 체제를 유지하되 챗GPT 활용 등의 비즈니스 환경 변화에 따른 커뮤니케이션 이슈와 최근 사례, 토의 과제들을 보강하여 집필했다. 이와 함께 커뮤니케이션 주제들을 재분류하여 기술함으로써 내용 전개상의 논리적 흐름과 구성 체계성을 높이고자 했다.

　　교재의 각 장은 [미리보기]-[연구문제]-[학습 모듈]-[수행 과제]-[차 한 잔의 여유] 순으로 구성되어 있다.

　　[미리보기]는 학습 내용의 중요성과 필요성을 인식할 수 있는 사례나 예시, 예화를 통해 본문 내용에 대해 미리 생각해 보는 시간을 갖도록 한다. [연구문제]는 각 장에서 탐색할 핵심 내용에 대한 질문을 통해 학습 목표를 명확히 인식하도록 한다. [학습 모듈]은 주제별 개념과 원리 · 절차 · 방법에 대해 설명한 학습 내용과 함께 이를 이해 · 적용하기 위한 토의, 사례 연구, 역할 연기, 자가 진단 등의 다양한 자기 주도형 교수 학습 활동으로 이루어진다. [수행과제]는 본문 내용과 연계된 과제 수행을 통해 커뮤니케이션 이론과 스킬을 사회생활과 비즈니스 현장에서 적용할 수 있도록 한다. 마지막으로 시나 좋은 글 등이 담긴 [차 한 잔의 여유]를 통해 삶과 관계, 그리고 이룸에 대해 성찰하는 시간을 갖도록 한다.

　　정보 통신 기술(ICT)의 발달과 함께 인공 지능(AI), 사물인터넷(IoT), 빅데이터 등에 기반한 4차 산업혁명이 가속화되고 있다. 급격한 과학 기술의 발달과 함께 생존을 둘러싼 경쟁 패러다임이 일상생활에 파고들면서 삶도 더 팍팍해지고 있다. 삶의 환경은 디지털 시대로 변화되었지만 사람은 아날로그 시대에 머물러 있는 문화 지체 현상으로 인해 일상의 갈등 또한 깊어져 간다.

　　디지털과 아날로그가 병존하는 인류 문명 초유의 복잡한 세상 속에서 살아감의 기준과 '나다움'의 명확성이 더욱 요구되는 시대이다. 살아감과 '나다움'은 관계의 연속성에서 그 의미를 찾을 수 있기에 사람과 사람을 매개하는 소통이 무엇보다 중요한 가치를 갖는다. 일터에서의 일은 더 깔끔하게 수행되길 바란다. 관계는 더 따뜻해졌으면 좋겠다. 이 책이 일터에서의 깔끔함과 따뜻함을 더하고 연결하는 데 조금의 도움이라도 된다면 더 바랄 나위 없겠다.

2023년 10월
평안한 일상과 공정한 사회를 소망하며
이 재 희

PROLOGUE

들어가기

소통이 화두이다. 그만큼 소통이 안 된다는 반증이기도 하다. 정말 이해할 수 없다. 아무리 곰곰이 생각해도 정말 이해할 수 없다. 무엇이 그리 미웁기에 토요일, 그것도 한 주 건너 토요일마다 남쪽 끝 여수에서 서울까지 올라와 새로운 인연들과 함께 배우고 나누는 그 즐거운 나들이를 단지 직장 상사라는 이유, 그 잘난 이유 하나로 좌절시키는지, 얼마나 대단한 힘이기에.

6년이라는 긴 시간 동안 메모지로만 의사소통을 한 70대 후반의 노부부가 결국 황혼 이혼을 했다. 세월도 미움을 비껴갈 수는 없나 보다. 용서란 허구인가.

도대체 무슨 사연이기에 지방 선거를 불과 나흘 앞둔 날, 오랜 기간 왕래가 없던 아빠에 대한 생각과 섭섭함을 SNS를 통해 유포하여 부동의 1위 교육감 후보를 낙마시켰을까, 그것도 친딸이.

아무리 다른 선사 급여의 60~70% 수준인 월급 270만 원의 1년 계약직 선장이라고 하지만 무엇이 수많은 승객을 뒤로 하고 그 나이에 팬티만 걸치고 탈출하게 했는지, 자신만 살겠다고.

생에 대한 본능적 집착은 나이와 관계없는가 보다. 추하다. 사회(직장), 가정, 개인 할 것 없이 도무지 이해할 수 없는 일들이 너무나 자주 일어나고 있다.

모두가 소통 문제인 듯하다. 팀원의 즐거움과 바람을 알면서도 힘으로 꺾는 상사, 소소한 살림살이까지 메모로 간섭하는 남편, 내막을 알 수 없는 친아빠와 딸의 갈등, 온 국민의 지탄과 경멸의 대상이 된 선장까지. 상사의 의도, 남편의 생각, 아빠의 입장, 선장의 변명을 들어봐야 하겠지만 여전히 갑갑하고 먹먹한 마음은 가시질 않는다.

팀원의 생각과 정서에 귀를 기울이고, 아내의 힘겨움과 숨막힘에 대해 생각해 보고, 딸의 원망과 섭섭함을 이해하려고 했다면 이렇게까지 되지는 않았을 텐데. 선장이 가끔 아주 가끔이라도 수많은 생명을 책임진 직업인으로서의 사명과 가치관에 대해 자기 자신과의 대화를 했더라면 이렇게까지 되지는 않았을 텐데. 결과적으로 모두가 아프다. 그도, 그들도, 우리도, 그리고 나도.

소통에는 두 가지가 있다. 하나는 상호 관계를 촉진시켜 마음의 평화를 가져오는 소통(疏通)이 있고, 또 다른 하나는 상대의 마음에 상처를 주고 결국 관계를 파괴하는 소통(疎痛)이 있다. 현실에서는 소통(疎痛)이 더욱 많다. 그래서 모두들 힘들어하고 아파한다.

힘 있는 사람이, 나이 많은 사람이, 아는 게 많은 사람이, 경험이 많다고 하는 사람이 일반적으로 말이 많다. 직설적이기도 하고 확신에 차 있다. 좀체로 의견을 굽히지 않는다. 가끔 다른 사람의 의견을 듣는다고 하지만 결국 자신들의 생각과 의견을 따르도록 한다. 그들이 선하지 않은 의도로 그렇게 이야기한다고는 생각하지 않는다. 다 잘되자고, 상대를 위해서 그런다고. 그런 거 다 인정한다. 문제는 그들의 선한 의도가 대부분 갑갑함과 먹먹함, 그리고 체념과 좌절을 가져온다는 것이다.

그래서 소통은 힘 있는 사람, 한 살이라도 더 먹은 사람, 한 자라도 더 아는 사람, 경험과 노하우가 조금이라도 더 많은 사람이 참는 것에서 출발한다고 본다. 말하고 싶은 욕망을 인내하는 것이 소통의 출발이다. 이는 "소통을 위해서는 다른 사람의 말에 귀를 기울여야 한다(경청)"는 원리의 또 다른 표현이다.

어느 학문 분야이든 이론과 현실은 다르다고 이야기한다. 인정한다. 그럼에도 불구하고 이론은 현실에서 발생하는 다양한 현상과 사건, 사실을 분석하고 이해하는 렌즈의 역할을 한다. 이론이 제공하는 관점과 분석 프레임을 통해 현실을 바라보면 해결까지는 아니더라도 보다 명확하게 현상을 이해할 수 있는 단초를 제공한다. 현상에 대한 객관적 이해는 해결의 실마리가 되기도 한다.

들어가기

그래서 삶에 있어 너무도 진부하고 고전적인 주제인 비즈니스 커뮤니케이션을 집필하면서 '징검다리'를 생각했다. 소통의 현실을 분석하고 일반화할 수 있는 커뮤니케이션 이론과 원리, 구조와 요소를 제시하고자 했다. 그리고 이러한 이론과 원리가 적용되는 다양한 현실의 사례와 조사 결과를 제시하고 이에 대한 토의와 역할 연기, 자가 진단·평가·피드백을 통해 가정과 학교, 사회에서의 바람직한 소통 행동을 연습하고 체화하고자 노력했다.

이 책은 크게 4부로 구성되어 있다. 제1부는 커뮤니케이션의 기본 이론으로 2장에 걸쳐 커뮤니케이션의 정의와 주요 모델, 그리고 개인과 조직의 의사소통 현실을 다루고 있다. 이를 통해 커뮤니케이션의 중요성과 의사소통의 현실, 그리고 소통의 장애 요인을 이해하고 원활한 소통을 위한 실마리를 찾을 수 있다.

제2부는 대인 커뮤니케이션으로 5장에 걸쳐 가정, 학교, 직장, 사회를 구성하는 개인과 개인 간의 소통 이슈를 다룬다. 주로 생각과 느낌의 공감(sympathy), 동기 부여를 위한 감성(pathos) 주제를 탐구한다. 구체적으로 설득 심리와 경청, 질문, 피드백(강화·교정), 그리고 의사 언어, 보디랭귀지, 소통 환경을 다룬다. 이를 통해 서로의 마음을 얻을 수 있는 감성 소통의 원리와 기법을 습득할 수 있다.

제3부는 조직의 커뮤니케이션으로 5장에 걸쳐 개인과 조직, 조직과 조직 간의 소통 이슈를 다룬다. 주로 사실과 정보의 공유(sharing), 설득을 위한 논리(logos) 주제를 탐구한다. 구체적으로 논리적 사고와 툴(기법), 비즈니스 문서 작성과 프레젠테이션, 비즈니스 회의, 그리고 의사 결정을 다룬다. 이를 통해 개인과 조직의 성과를 증진할 수 있는 명료하고 깔끔한 (clear & clean) 논리 소통의 원리와 기법을 습득할 수 있다.

　제4부는 커뮤니케이션 이슈로 2장에 걸쳐 소통에 영향을 미치는 커뮤니케이션 환경과 개인 차이 이슈를 다룬다. 구체적으로 성격 차이, 세대 차이, 성 차이, 그리고 디지털 환경에서의 SNS 리터러시를 다룬다. 이를 통해 소통에 영향을 미치는 다양한 환경 변수를 고려한 소통 원리와 기법을 습득할 수 있다.

　녹록지 않은 세상을 감내하며 살아가는 개개인 모두가 행복했으면 좋겠다. 가족이, 친구가, 동료가, 그(녀)가 모두 행복했으면 좋겠다. 그러기 위해 서로에게 상처를 주지 않으려 노력하고 인내하기를 바란다. 이 책의 내용이 우리 모두가 조금 더 평안하고 자유롭고 행복해지는 데 도움이 되었으면 하는 바람이다. 꼭!

　이 책이 나오기까지 많은 분들의 도움이 있었다. 출간을 위한 미팅 때마다 미소로 반갑게 맞이해 주신 임순재 대표님, 사람과 일에 대한 진정성이 느껴지는 따스한 최혜숙 실장님께 감사의 마음을 드린다. 그리고 무엇보다 글의 원천을 제공해 준 많은 선행 연구자와 교육과 학습이라는 공간·시간을 함께한 모든 분들께 깊은 감사를 드린다. 그들이 있어 행복하다.

2014년 6월
보통사람이 행복한 공동체를 소망하며
이　재　희

비즈니스 커뮤니케이션

CONTENTS

차 례

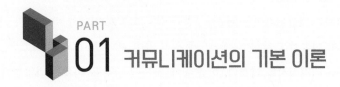

PART
01 커뮤니케이션의 기본 이론

Chapter 01 | 커뮤니케이션의 이해

BUSINESS COMMUNICATION

비즈니스 커뮤니케이션

PART
02 대인 커뮤니케이션

Chapter 04 | 커뮤니케이션의 원칙과 방법

Chapter 05 | 경청과 질문

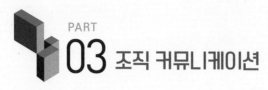

PART 03 조직 커뮤니케이션

Chapter 08 | 논리적 사고와 피라미드 논리 구조

Chapter 09 | 비즈니스 문서 작성

Chapter 10 | 비즈니스 프레젠테이션

Chapter 11 | 비즈니스 회의

Chapter **12** | 개인과 조직의 의사 결정

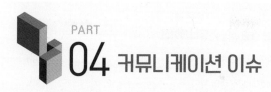

PART
04 커뮤니케이션 이슈

비즈니스
커뮤니케이션

커뮤니케이션의
기본 이론

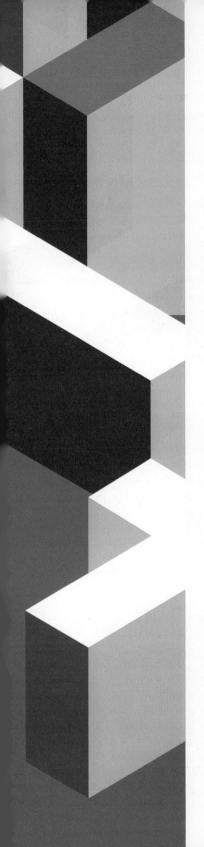

공부를 하는 것은
사고 체계의 **틀**을 만드는 과정이다.
어느 분야든 개념과 원리·절차를
명확히 이해·습득해야 한다.

Chapter **01**
커뮤니케이션의 이해

미리보기

"이 선생, 리더십 교육을 3일 하고 나면 사람들이 변합디까?"

몇 해 전 리더십학회 세미나가 끝나고 나서 학회 교수님들과 여우사이(여기서 우리의 사랑을 이야기하자)라는 카페에서 간단한 담소를 나누는 자리였다. 우연히 필자의 옆자리에 앉으신 인사 조직 분야의 원로 교수님께서 내게 던지신 질문이다.

학계와 산업계에서 리더십에 대한 많은 연구와 강의를 해오신 원로 교수님께서 조용히 던지신 질문은 내게 적지 않은 고민을 가져다주었다. 기업체와 각급 기관에서 길어야 3일 정도의 리더십 교육을 하는 성인 학습 선생이 직업인 내게 이 질문은 직업의 본질적 의미에 대해 의문을 가지게 했다.

교육의 목적은 '변화'인데 3일간의 교육으로 '사람은 변하지 않는다'는 함의가 담긴 교수님의 경험이 묻어나는 의도된 질문은 그 이후로 나의 뇌리를 떠나지 않았고, 지금도 여전히 풀리지 않은 숙제로 남아 있다. 교수님의 그날 그 질문은 강의에 임할 때마다 "어떻게 하면 짧은 시간에 이루어지는 성인 교육에서 '의도된 변화'를 이끌어 낼 것인가?" 하는 고민과 탐색을 하게 한다. 이 질문에 대한 답은 평생을 짊어지고 가야 할 나의 숙명이고 숙제이기도 하다.

지금까지 살아오면서 부모님이나 스승님, 그리고 지인들로부터 들은 말 중에서 여러분의 삶에 가장 큰 영향을 끼친 말은 무엇인가? 그리고 그 이유는 무엇인가? 반대로 오랜 세월이 지났음에도 여전히 마음의 상처로 남아 있는 말은 무엇인가?

연구문제

제1장에서는 다음과 같은 질문에 대해 탐색하고 학습한다.

❶ 커뮤니케이션의 정의와 목적은 무엇인가?

❷ 비즈니스 커뮤니케이션의 정의와 유형은 무엇인가?

❸ 커뮤니케이션의 유형과 유형별 특성은 무엇인가?

❹ 조직의 소통 현황과 문제점은 무엇이고, 어떻게 개선할 것인가?

 # 커뮤니케이션 환경의 변화

인간은 다른 사람과의 다양한 관계 속에서 살아간다. 그리고 이러한 인간관계는 커뮤니케이션, 즉 소통을 매개로 하여 이루어진다. 커뮤니케이션은 두 사람 이상의 사람들 사이에서 언어·비언어 등의 소통 수단을 통하여 자신들이 가지고 있는 생각, 감정, 느낌과 사실, 정보, 의견을 전달하고 피드백을 받으면서 상호 작용하는 과정이다. **커뮤니케이션은 가정·학교·직장과 같은 사회생활 전반에서 개인의 행복을 결정하는 중요한 지혜이다.**

또한 조직에서의 의사소통은 개인과 집단의 다양한 벽을 허물고 서로 공감하고 협력하게 함으로써 조직 성과를 달성해 가는 데 중요한 역할을 한다. 소통은 조직 성과를 달성하기 위해 구성원의 일체감과 결속력을 이끌어 내는 핵심 수단이다.*

과거의 수직적 조직 문화에서는 소수의 경영 관리자가 조직 구성원들에게 "나는 말하고 당신(들)은 듣는다"는 식의 지시·전달 위주의 단일 방향(one way) 소통이 주를 이루었으며 관리·감독·통제 등이 주 목적이었다. 이와 같은 조직 문화에서는 소통의 빈도는 물론 소통 경로(채널)도 매우 제한적이었으며, 그 결과 조직 구성원은 커뮤니케이션 과정에서 소외되고 조직의 위계에 따른 권력의 불균형에 순응하여 복종할 수밖에 없는 구조였다.

이와 같은 수직적 조직 문화는 개인 권익에 대한 대중적 욕구의 확대, 시민 사회의식과 참여 의식의 증진, 정보 통신 기술의 발달 등에 따라 수평적 조직 문화로 변화하면서 개인이 존중되는 민주적 사회로의 이행이 가속화되고 있다.

수평적 조직 문화에서는 경영 관리자와 조직 구성원들이 함께 참여하여 대화·토론하며 정보를 공유하고 상호 피드백함으로써 성과 향상에 긍정적 영향을 주고받는다. 또한, 경영 관리 이슈가 발생할 때마다 다양한 경로를 통해 다수가 참여하는 빈

번한 의사소통이 이루어짐으로써 조직 활력이 유지되며 그룹 의사 결정 사항을 수용할 뿐 아니라 실행 과정에 자발적으로 협력하는 환경이 조성되었다.

표 1-1_ 비즈니스 커뮤니케이션 환경의 변화

수직적 조직 문화	특 성	수평적 조직 문화
지시 · 통제	목적	공유 · 영향
1 : 1, 1 : n	형태	n : n
계층적, 단일방향	방향	수평적, 양(다)방향
전달 · 강의 · 발표	방식	참여 · 대화 · 토론
적음	빈도	많음
적음(제한)	경로	많음(다양)
소외 · 강제 · 복종	결과	반응 · 수용 · 협력

★ *자료: John V. Thill · Courtland L. Bovee(2011), Excellence in Business Communication(Ninth Ed.), PEARSON, pp. 39-40 재정리.

이와 함께 사회 · 경제 각 분야에서의 경계 파괴로 이(異)분야 간 융복합을 통해 새로운 비즈니스 모델이 창출되고 있다.

한편 집단 협업(mass collaboration)의 등장으로 산업 간 지식 · 정보 · 기술의 소통이 활발해지고 있으며, 시공간의 제약을 뛰어 넘는 페이스북 · 트위터 · 카카오톡 · 인스타그램과 같은 SNS(Social Network Service)가 보편화되면서 언제(anytime), 어디서나(anywhere), 누구와도(anyone) 실시간으로 소통(3A 커뮤니케이션)할 수 있는 시대가 되었다.

더욱이 앞으로는 사물 인터넷(IoT)과 음성 인식 기술의 발달, 그리고 컴퓨터 언어의 표준화를 통해 사람과 기계, 기계와 기계가 연결되어 소통하는 초연결성 사회(hyper-connected society)가 될 것으로 전망한다. 이러한 경제 · 사회 전반의 커뮤니케이션 환경 변화로 인해 소통 빈도가 시공간적으로 급격히 확대됨에 따라 소통이 더욱 중요해지고 있다. 특히 문자나 기호(이모티콘이나 스티커)를 사용한 단문(短文) 위주의 글쓰기 능력과 실시간 반응(real time feedback)이 커뮤니케이션에서 중요한 역할을 하게 되었다.

★ 엄동욱 외(2011), 조직 내 의사소통을 위한 제언, CEO인포메이션(제795호), 삼성경제연구소, pp. 1-2.

토의 1-1

과학 기술의 발달에 따라 초연결성 디지털 사회로 급격히 이행되고 있다. 다음 각각에 대해 서로의 정보와 의견을 공유해보자.

❶ 챗GPT와 같은 AI형 챗봇이 등장하면서 다양한 과제 수행에 도움이 되고 있다. 챗GPT 와 같이 개인 비서 역할을 할 수 있는 디지털 도구로 무엇이 있는가?

❷ 마이크로소프트 Teams, 구글 Workplace, Slack과 같은 비즈니스 협업 툴들이 현업 에서 활용되고 있다. 이외에 어떤 비즈니스 협업 툴이 있는가?

❸ 챗GPT나 비즈니스 협업 툴과 같은 디지털 도구의 등장이 비즈니스 커뮤니케이션에 미치는 영향은 무엇인가?

❷ 커뮤니케이션의 정의와 목적

❶ 커뮤니케이션의 정의

　의사소통이라고 번역되는 커뮤니케이션의 어원은 '공통의(common)' 또는 '공유 (share)'라는 뜻의 라틴어 '커뮤니스(communis)'에서 유래되었으며, 공동체 또는 지역 사회라는 뜻을 가진 '커뮤니티(community)'라는 단어와 그 뿌리를 같이 한다.

　커뮤니케이션은 '전달자와 수신자 사이의 상징을 통한 정보 및 의미의 교환 과정'이라고 정의 한다. 커뮤니케이션에 대한 다양한 정의를 살펴보면 다음과 같다.[*]

- 다른 사람에게 의미를 전달하는 과정이다.
- 두 사람 사이에 감정·생각·신념·태도·정보·사실·의견 등을 전달하는 과정 이다.
- 메시지를 주고받는 과정이다.
- 두 명 이상의 관계 당사자들이 언어적 또는 비언어적 소통 수단을 통해서 서로 의 의사와 감정을 전달하고 반응(피드백)을 주고받는 과정이다.
- 모든 방법을 동원하여 사람들이 서로 간에 영향을 주고받으며, 서로를 이해해 나가는 상호 작용 과정이다.

이와 같은 커뮤니케이션에 대한 다양한 정의를 토대로 의사소통이 가지고 있는 속성을 살펴보면 다음과 같다.

- **선(善)한 의도**(공감·설득·정보 공유·동기 부여)를 가진다.
- 두 사람 이상의 사이에서 발생한다.
- **상호 작용**이다.
- **메시지**(생각과 감정, 정보와 의견, 의미)를 **교환**하는 과정이다.
- 언어적, 비언어적 **상징**을 통하여 전달된다.
- 상호 이해를 목적으로 한다.

이를 토대로 커뮤니케이션의 중요한 시사점을 알 수 있다. 먼저, 커뮤니케이션에 대한 정의에서는 '상호 작용, 교환'의 개념이 중요한 요소로 제시된다. 즉, 커뮤니케이션의 결과나 효과성은 전달자, 혹은 수신자의 어느 일방에 의해서 결정되는 것이 아니라 커뮤니케이션에 참여한 관계자 모두에 의해서 결정된다는 것이다. 이는 커뮤니케이션(communication)의 'co-'는 접두어로서 'with, together', 즉 '함께, 같이'의 의미를 가지는 것에서도 찾아볼 수 있다. 혹시 그렇게 할 의도가 전혀 없었음에도(부호화, encoding) 상대방이 다르게 느끼고 해석(decoding)했다면 상호 인식의 불일치로 갈등과 오해를 가져올 수 있다. 아울러 피드백의 결핍과 지연 또한 소통을 가로막는 주요 원인이 되기도 한다.

두 번째로 커뮤니케이션의 대상은 메시지로서, 메시지는 사실·자료·정보·의견과 같은 객관성을 요구하는 메시지와 생각·의미·감정·느낌과 같은 주관성이 내포된 메시지로 구분된다. 이 두 가지 메시지는 개별적으로 교환되는 것이 아니라 대부분 복합적으로 교환된다. 즉, 효과적 커뮤니케이션을 위해서는 객관성뿐만 아니라 정서적 주관성이 함께 요구된다. 이와 같이 원활한 소통을 위해서는 논리와 감성, 머리와 가슴(마음)이 모두 필요하다.

★ 커뮤니케이션에 대한 다양한 정의는 "송서영(2012.8), 리더십과 커뮤니케이션 유형이 조직성과에 미치는 영향: 대전·충남에 근무하는 교직원(교사, 교육행정직)을 대상으로, 고려대학교 경영 정보대학원, 석사 학위 논문, pp. 28 -31"을 참고.

세 번째로 메시지의 전달 경로가 다양하고 복잡하다는 것이다. 가장 기본적인 전달 경로는 말과 글로 교환되는 언어적 상징이지만 표정·눈 맞춤·제스처·자세와 같은 비언어적 상징과 어투·음색·억양과 같은 의사 언어(준언어), 공간과 시간이 내포하는 심리적 상징이 있다. 최근에는 스마트폰·SNS·이메일과 같은 디지털 매체 등 메시지의 전달 경로가 더욱 다양화되고 복잡해지고 있다. 이에 따라 매체 접근·활용 능력의 차이로 인한 커뮤니케이션의 장애가 세대 차이를 중심으로 발생하고 있다.

마지막으로 커뮤니케이션의 목적은 '상호 이해'라는 것이다. 커뮤니케이션을 통한 상호 이해의 정도, 즉 커뮤니케이션의 결과, 또는 효과성을 그림으로 나타내면 〈그림 1-1〉과 같이 표현할 수 있다. 즉, A 와 같이 서로 공유하고 공감하는 부분이 전혀 없는 경우, B 와 같이 서로 공유하고 공감하는 부분이 적지만 일부 있는 경우, C 와 같이 서로 공유하고 공감하는 부분이 많은 경우, 그리고 D 와 같이 서로 공유하고 공감하는 부분이 일치하는 경우이다.

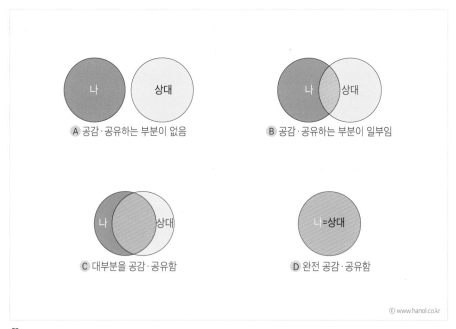

🐝 **그림 1-1_** 커뮤니케이션의 효과성

서로를 이해하기 위해서 필요한 것은 무엇일까? 여기서 '이해한다'를 영어로 표현하면 'understand'이다. 이는 'under + stand'로 나누어 볼 수 있는데 '거꾸로 선다'는 것은 '입장을 바꾸어 생각한다'는 의미로 해석할 수도 있다. 즉, 서로를 이해하기 위해서는 상대방의 입장이 되어 한 번 더 생각해보는 지혜가 필요하다는 의미이다. 너무 일반적이고 고전적인 이야기이지만 커뮤니케이션의 진리이고 상식인 것, 역시 사실이다. 그리고 **자기중심적이며 이기적인 인간의 본질적 특성상 '역지사지(易地思之)가 쉽지 않은 것' 또한 부인할 수 없다.** 그래서 소통이 어려운 이유이기도 하다.

토의 1-2

〈그림 1-1〉을 보고 다음 각 질문에 대한 당신의 의견을 아래 표에 기재한 후, 동료들과 비교해보자.

❶ 가족 관계에서 가장 효과적인 커뮤니케이션(1위)은 무엇인가? 효과성에 따라 차례로 순위를 정해보자.

❷ 사회적 관계에서 가장 효과적인 커뮤니케이션(1위)은 무엇인가? 효과성에 따라 차례로 순위를 정해보자.

❸ 직장 관계에서 가장 효과적인 커뮤니케이션(1위)은 무엇인가? 효과성에 따라 차례로 순위를 정해보자.

구 분		1위	2위	3위	4위
가족 관계					
사회적 관계					
직장	상사 · 동료				
	부하 · 후배				

2 커뮤니케이션의 목적

커뮤니케이션의 목적은 선(善)한 의도에서 출발하며 설득, 정보 제공 및 공유, 동기부여의 세 가지로 구분할 수 있다.

(1) 설득

　설득은 상대방의 가치관이나 신념, 태도를 자신이 의도하는 방향과 일치하도록 변화시키거나 재강화(reinforce)하는 것이다. 이를 통해 상대방으로 하여금 자신이 주장하는 바를 믿고 따르거나 특정 행동을 하도록 한다.

　대표적인 설득 커뮤니케이션으로는 기업의 경영 실적과 미래 전망에 대한 정보를 투자가들에게 제공하여 자금 조달을 원활하게 하는 활동인 IR(Investor Relation)이 있다. 이 외에 프로젝트 수주를 위한 제안 프레젠테이션, 상사의 결재를 얻기 위한 비즈니스 문서, K-팝과 같은 각종 오디션 프로그램, 토의 참여자들의 정책 소견 발표, 구직 면접 등을 들 수 있다.

(2) 정보 제공 및 공유

　정보 제공 및 공유를 위한 커뮤니케이션은 사실이나 데이터, 정보, 지식 등을 제공하고 공유함으로써 상대방으로부터 새로운 아이디어나 피드백을 얻고자 하는 것이다.

　대표적인 정보 제공·공유 커뮤니케이션으로는 공지 사항 전달을 위한 미팅이나 문제에 대한 원인과 해결 방안을 모색하기 위한 각종 아이디어 회의를 들 수 있다. 이 외에 학습 조직 활동, 워크숍 및 강의 등을 들 수 있다.

(3) 동기 부여

　동기 부여를 위한 커뮤니케이션은 상대방에게 열정과 의욕, 즐거움을 불러일으키기 위해 하는 것이다. 대표적인 동기 부여 커뮤니케이션은 칭찬, 지지, 격려와 같은 긍정적인 말을 통하여 "살맛나는 세상이다", "그래, 해야 할 일이라면 제대로 잘해내야지"와 같은 열정의 에너지를 불러일으키는 것이다. 이 외에 시무식, 종무식에서의 스피치, 격려사, 결혼식 주례사, 각종 모임에서의 건배사 등이 이에 속한다.

3 커뮤니케이션 효과성

커뮤니케이션의 효과성은 대화의 빈도와 밀도에 따라 결정된다. 다시 말해 얼마나 자주 만나 서로에게 도움이 되는 생각과 느낌, 정보를 교환하고 이해했는지에 따라 소통의 질이 결정된다.

(1) 빈도

얼마나 자주 대화를 나누는지, 즉 대화의 빈도(frequency)에 의해서 소통의 효과성이 달라진다. 대화는 직접 만나서 이야기하는 것뿐만 아니라 이메일이나 메신저, 문자 등의 디지털 매체를 비롯해 모든 종류의 커뮤니케이션 경로(channel)를 포함한다.

(2) 밀도

대화를 통해서 서로 어떤 생각과 느낌, 정보를 주고받았는지에 대한 판단, 즉 대화의 밀도(density)에 의해서 소통의 효과성이 달라진다. 유익(유쾌)한 대화, 즉 밀도가 높은 소통은 대화를 하고 난 이후에 업무 성과나 생활에 도움이 되는 생각과 정보를 얻게 되거나 기분이 좋아지는 감정을 느끼게 되는 경우를 말한다. 밀도가 낮은 소통은 대화를 하고 난 이후에 업무 성과나 생활에 별다른 도움이 되지 않는다고 생각하거나 오히려 스트레스가 쌓이고 부정적 감정이 드는 경우를 말한다.

자가진단　소통 현황 분석

❶ 직장이나 단체와 같은 공식 조직과 친구나 지인 등의 사회적 친밀 관계에서 자신의 소통 현황을 분석해보자.

  · 자주 만나서 유익(유쾌)한 대화를 나누는 사람은 누구인가?

  · 자주 만나서 대화를 나누지만 크게 도움이 되지 않는 사람은 누구인가?

  · 자주 만나지는 않지만 어쩌다 만나도 유익(유쾌)한 대화를 나누는 사람은 누구인가?

  · 자주 만나지도 않고 어쩌다 만나 대화를 해도 크게 도움이 되지 않는 사람은 누구인가?

❷ 위에서 생각난 사람들의 이름을 소통 현황 포트폴리오 매트릭스에 옮겨 적어보자.

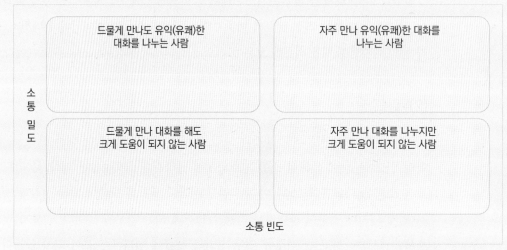

	드물게 만나도 유익(유쾌)한 대화를 나누는 사람	자주 만나 유익(유쾌)한 대화를 나누는 사람
소통 밀도	드물게 만나 대화를 해도 크게 도움이 되지 않는 사람	자주 만나 대화를 나누지만 크게 도움이 되지 않는 사람

소통 빈도

🐝 그림 1-2_ 소통 현황 포트폴리오 매트릭스

토의 1-3

자신의 소통 현황에 대한 분석 결과를 토대로 현재 자신의 인간관계에 대한 느낌과 불통(不通) 원인, 그리고 앞으로의 행동 계획에 대하여 다른 사람과 이야기해보자. 특히 소통 밀도가 낮은 사람들과의 관계를 면밀히 분석하고 그 결과를 토의해보자.

③ 비즈니스 커뮤니케이션의 이해

① 비즈니스의 정의

비즈니스는 고객에게 제품과 서비스를 제공하여 고객 욕구를 만족시켜줌으로써 그 대가로 유형·무형의 가치를 창출하는 활동이라 정의할 수 있다. 고객은 내부 고객과 외부 고객으로 나눌 수 있으며, 가치는 경제적 가치와 사회·심리적 가치로 구분할 수 있다. 개인과 조직은 새로운 가치를 창출함으로써 이익을 실현할 수 있으며 지속적으로 성장·존속할 수 있다.

🐝 **그림 1-3_** 비즈니스 시스템(Value chain)

〈그림 1-3〉과 같이 비즈니스 활동은 공급자로부터 인력·자본·물자 등의 경영 자원을 확보하여 이를 경영 관리 프로세스(가치 사슬)를 통해 제품과 서비스를 생산하고 고객에게 전달함으로써 이익을 실현하는 과정이다. 비즈니스 활동은 본원적 활동과 지원 활동으로 구분한다. 본원적 활동은 물류와 연구 개발, 생산 및 마케팅 등의 기능을 말하며, 지원 활동은 인적 자원 관리, 재무, 회계, 구매, 경영 인프라 등과 같이 본원적 활동을 촉진하기 위한 기능을 담당한다.

② 비즈니스 커뮤니케이션의 정의와 분류

(1) 비즈니스 커뮤니케이션의 정의

개인과 조직의 가치 창출 활동은 커뮤니케이션을 통해 이루어진다. 개인이나 조직의 가치 창출 활동 과정에서 개인과 개인, 개인과 집단(조직), 집단(조직)과 집단(조직) 간에 사실과 정보, 감정과 생각, 의견을 교환하고 해석하는 행동이 비즈니스 커뮤니케이션이다. 즉, 비즈니스 커뮤니케이션은 조직 상황에서 경영자, 관리자, 직원, 이해관계자 간이나 집단, 또는 조직 간에 메시지를 교환하는 과정이라고 할 수 있다. 비즈니스 커뮤니케이션의 특성을 정리하면 다음과 같다.

- 조직 상황을 전제로 한다. 재화의 거래(교환) 행위에서 개인은 조직이라 할 수 있다. 1인 조직, 1인 사장이 존재한다.
- 개인과 개인 간의 대인 커뮤니케이션이 이루어진다.
- 개인과 집단(조직) 간의 커뮤니케이션이 이루어진다.
- 집단(조직)과 집단(조직) 간의 커뮤니케이션이 이루어진다.

BUSINESS COMMUNICATION

다음은 비즈니스 커뮤니케이션에 대한 챗GPT의 답변 내용이다. 한국어로 질문했을 경우와 영어로 질문했을 때의 답변 내용을 비교해보자.*

Q1 비즈니스 커뮤니케이션은 무엇인가요?

비즈니스 커뮤니케이션은 기업 내부 또는 기업 간에 정보, 아이디어, 계획 및 결정을 전달하고 이해하도록 하는 과정이며, 이를 통해 비즈니스 목표를 달성하는 것을 목적으로 합니다. 이러한 커뮤니케이션은 다양한 형태로 이루어질 수 있습니다. 이메일, 회의, 보고서, 프레젠테이션 등이 그 예입니다. 이러한 커뮤니케이션은 비즈니스 환경에서 중요한 역할을 합니다. 효과적인 비즈니스 커뮤니케이션은 직원 간, 다른 부서 간, 고객 및 파트너와의 상호 작용에서 적절한 정보 전달과 이해를 보장하여 조직 내외부의 문제를 빠르게 해결하고, 협력적이고 생산적인 환경을 조성할 수 있습니다.

Q2 what is business communication?

Business communication refers to the exchange of information, ideas, and messages between individuals or groups within an organization or between different organizations. It involves the use of various methods such as oral communication, written communication, electronic communication, and nonverbal communication to convey information and ideas effectively. Business communication is essential for the success of any organization as it facilitates the flow of information within and outside the organization. Effective communication helps in building relationships with customers, stakeholders, and employees. It also helps in making informed decisions, solving problems, and achieving organizational goals. Business communication can take many forms, including formal and informal communication, internal and external communication, verbal and nonverbal communication, and written communication. Examples of business communication include emails, memos, reports, presentations, meetings, and phone conversations.

★ https://chat.openai.com/

(2) 비즈니스 커뮤니케이션의 분류와 기능

비즈니스 커뮤니케이션은 조직의 존속과 성과에 영향을 미치는 매개 역할을 하며 〈그림 1-4〉와 같이 내부 커뮤니케이션과 외부 커뮤니케이션으로 나눌 수 있다. 내부 커뮤니케이션은 조직 내에서 상사, 동료, 부하, 후배, 집단들 간에 메시지를 교환하는 활동이다. 외부 커뮤니케이션은 고객, 공급자, 정부, 미디어, 그리고 일반 대중 등의 이해관계자들과 메시지를 교환하는 활동이다. 이러한 내부·외부 비즈니스 활동을 하는 과정에서 커뮤니케이션의 관계자들은 듣기, 말하기, 읽기, 쓰기와 같은 커뮤니케이션 전략과 스킬을 활용한다.

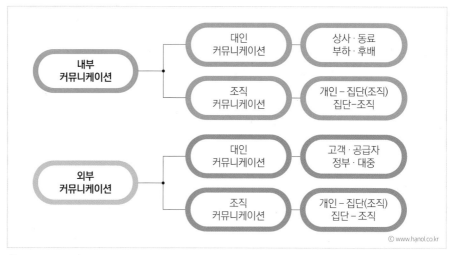

🐝 그림 1-4_ 비즈니스 커뮤니케이션의 분류

비즈니스 커뮤니케이션의 주요 기능은 앞서 기술한 설득, 정보 제공 및 공유, 동기 부여와 같은 커뮤니케이션의 목적과 함께 관리 통제, 피드백, 그리고 감정 교환이 있다.[1]

- **관리 통제**(management): 기업 조직에는 직원들이 지켜야 하는 규정과 지위 계층이 있다. 관리자는 직원에게 회사의 정책을 따르도록 지시하고 때로는 직원이 정보와 개인적 고충을 상급자에게 알리기도 한다.

- **피드백**(feedback): 관리자는 목표 달성을 위해 직원들과 과업을 수행하는 동안 일을 어느 정도 했는지, 잘 하고 있는지 등에 대해 수시로 피드백을 주고 받으면서 상담하고 격려하며 통제해 나간다.
- **감정 교환**(emotional sharing): 직원들은 인간적인 교류를 하면서 기본적인 소속 욕구나 친교 욕구를 충족한다. 즉 직장 안팎의 사람들과 사건에 대한 얘기를 나누면서 서로 위안을 삼고 기쁨, 흥분, 불만 등의 감정을 상대방에게 표출하기도 한다.

④ 커뮤니케이션의 유형

1 상징체계에 의한 분류

대인 커뮤니케이션은 상징체계에 따라 언어적 커뮤니케이션과 비언어적 커뮤니케이션으로 구분할 수 있다.

(1) 언어적 커뮤니케이션

언어는 단순히 의사소통의 도구만이 아니라 그 시대를 상징하고 그 시대의 가치관과 시대상을 엿볼 수 있는 좋은 매개가 된다.[2] 같은 맥락에서 개인이 사용하는 언어는 그 사람을 상징하고 그 사람의 가치관과 신념, 전문성과 품격을 엿볼 수 있는 좋은 매개가 된다.

★1 임창희(2021), 조직행동(7판), 비앤엠북스, pp. 262-263.
★2 한동일(2018), 라틴어 수업, 흐름출판, p. 240.

언어적 커뮤니케이션(verbal communication)은 구두(oral)에 의한 커뮤니케이션과 기록(written)에 의한 커뮤니케이션으로 나뉜다. 구두에 의한 커뮤니케이션은 대면 대화, 화상 회의, 발표 등과 같이 말로써 이루어지는 의사소통을 의미하며, 기록에 의한 커뮤니케이션은 글(문자와 기호)로써 이루어지는 의사소통 방법으로 메모, 일기, 회의록, 보고서, 제안서 등이 이에 속한다.

(2) 비언어적 커뮤니케이션

얼굴 표정, 눈 맞춤(eye contact), 제스처, 자세, 목소리, 이미지 등의 다양한 비언어적 커뮤니케이션(non-verbal communication) 수단은 대부분의 소통 상황에서 언어와 함께, 혹은 단독으로 중요한 의미 전달의 수단이 된다. 비언어적 커뮤니케이션은 사무실 및 책상의 크기와 같은 공간적, 물리적 요소나 시간 등의 환경을 포함한다.

❷ 공식성에 의한 분류

조직 차원의 커뮤니케이션은 공식성의 정도에 따라 공식적 커뮤니케이션과 비공식적 커뮤니케이션으로 나누어 볼 수 있다.

(1) 공식적 커뮤니케이션

공식적 커뮤니케이션은 조직에서의 권한 체계와 업무 처리 절차를 명확히 하기 위한 의사소통의 형태를 의미한다. 조직에서의 커뮤니케이션은 수직적, 수평적 커뮤니케이션으로 나눌 수 있다.

❶ 수직적 커뮤니케이션
- **상향식 커뮤니케이션** 상향식(bottom-up)은 상사로부터 지시받은 사항에 대하여 보고하거나 부하 직원이 가지고 있는 생각과 의견을 자발적으로 상사에게 전달하는 것을 말한다.

- **하향식 커뮤니케이션** 하향식(top-down)은 최고 경영자, 관리자의 생각이나 의견, 정보가 공식적인 경로를 통해서 부하 직원들에게 전달되는 것을 의미한다.

❷ 수평적 커뮤니케이션

수평적 커뮤니케이션은 조직 내에서 대등한 지위에 있는 조직이나 구성원들 사이에서 일어나는 커뮤니케이션으로 기업 내부의 정보 공유를 활성화시킬 수 있다.

(2) 비공식적 커뮤니케이션

비공식적 커뮤니케이션은 주로 구두(oral)에 의한 의사 전달로 비공식적인 경로를 통해 여러 곳으로 광범위하고 빠르게 퍼져나간다. 여기에는 그레이프 바인(Grape vine) 과 루머, 잡담 등이 포함된다. 그레이프

바인은 조직 내에서 정보나 의사가 원래의 뜻과는 다르게 전달되는 것을 의미하지만, 오늘날에는 모든 비공식적 커뮤니케이션을 일컫는 용어로도 쓰인다. 인사이동이 임박해서 떠도는 여러 가지 소문들, 상사나 동료에 대한 불평이나 비밀스런 이야기들 등이 이에 속한다.

그레이프 바인은 정확성이 떨어지기는 하지만 조직 변화의 필요성에 대하여 경고해주고, 집단 응집력을 높이는 역할을 할 뿐 아니라 구성원들 간에 아이디어 전달의 경로가 되기도 한다. 반면 그레이프 바인은 비생산적인 소문을 만들어 유포함으로써 조직의 사기를 침체시키거나 부서 간, 개인 간의 갈등을 불러일으킬 소지가 있다. 따라서 그레이프 바인 정보의 취사, 선택 능력이 매우 중요하다.

요즘에는 직장인 전용 익명 SNS인 '블라인드'가 그레이프 바인의 주요 경로로 쓰이고 있다. 블라인드는 별도의 가입 절차 없이 회사 인증만으로 이용할 수 있으며 개인 정보를 저장하지 않아 익명성을 보장한다. 한편 소셜 미디어의 확산에 따른 가

짜 뉴스(Fake News)의 급격한 증가가 사회적 문제로 제기되고 있다. 가짜 뉴스는 뉴스 보도를 가장해 전파되는 허위 정보로서 사실이 아닌 것을 알면서도 특정 목적을 달성하기 위해 조작된 뉴스를 말한다. 가짜 뉴스는 고도로 네트워크화된 세계에서 그 영향이 급속도로 광범위하게 번질 뿐만 아니라 익명성으로 인해 뉴스 생산자를 가려 내기도 어렵고 진위 여부를 판별하기도 쉽지 않다. 팩트 체크가 중요하지만 넘쳐나는 정보의 홍수 속에서 정확한 정보를 찾기가 점점 어려워지고 있다. 가짜 뉴스 또한 일종의 그레이프 바인으로 볼 수 있다.

③ 네트워크에 의한 분류

조직 내 구성원 간의 커뮤니케이션 경로 구조에는 사슬형, Y형, 수레바퀴형, 원형, 그리고 완전연결형 등이 있다.* 이들 네트워크 유형에 따라 의사소통의 신속성이나 정확도, 구성원의 만족도, 권한의 집중도 등에 차이가 난다.

(1) 사슬형(Chain Type)

사슬형은 공식적인 계통과 수직적인 경로를 통해서 의사 전달이 이루어지는 형태이다. 명령과 권한 체계가 명확한 공식적인 조직에서 사용되는 커뮤니케이션 네트워크로 조직의 라인(Line)이 대표적인 예이다. 사장 → 담당 임원 → 그룹장 → 팀장 → 파트장 → 대리 → 사원 등의 명령 사슬을 통해 연쇄적으로 의사와 정보가 교류되는 형태이다. 사슬이 길수록 정보 왜곡의 가능성은 커진다.

(2) Y형(Y Type)

Y형은 집단 내에 특정의 리더가 있는 것은 아니지만, 비교적 집단을 대표할 수 있는 사람이 있는 경우에 나타난다. 라인과 스태프(staff)의 혼합 조직에서 찾아볼 수

있으며 단순한 문제를 해결하는 데 있어서 정확도가 높은 편이다.

〈그림 1-5〉에서 보듯이 조정 역인 C를 통해야만 전체 커뮤니케이션이 이루어지게 된다. 즉, 서로 다른 집단에 속한 사람들과의 커뮤니케이션에 있어 조정 역을 필요로 하는 경우에 사용할 수 있다.

(3) 수레바퀴형(Wheel or Star Type)

수레바퀴형은 조직 내에 특정한 리더가 있을 때 발생한다. 특정 리더에 의해서 모든 의사 전달이 이루어지기 때문에 정보가 특정 리더에게 집중되는 현상을 보인다. 이 방법은 힘이 한 곳(리더 L)에 집중되어 구성원들 간의 정보 공유가 안 된다는 단점을 가지고 있다.

(4) 원형(Circle Type)

원형은 위원회나 태스크 포스 조직에서와 같이 권력의 집중이 없고, 지위의 고하도 없이 특정 문제 해결을 위하여 구성된 조직에서 발생한다. 이 방법은 문제 해결 과정이 민주적이라고 할 수는 있지만 집단 사고의 문제점이나 각 집단의 이익을 조율하는 과정에서 차선의 결정을 내릴 위험성이 있다.

(5) 완전연결형(All Channel Type)

완전연결형은 그레이프 바인과 같은 비공식적인 커뮤니케이션 방법으로서 구성원 전체가 서로의 의견이나 정보를 자유 의지에 따라 교환하는 형태이다. 일정한 규칙 없이 자유롭게 의견 교환이 이루어지다 보면 참신한 아이디어의 산출이 가능해지므로 오늘날 조직에서 많이 시도하고 있는 형태이다. 새로운 아이디어나 대안을 찾아내려 할 때 브레인스토밍 과정에서 많이 사용될 수 있다.

★ Robert E. Callahan and C. Patrick Fleemor(1988), Managing Human Relations, Columbus, Ohio, Merill Publishing Co., p. 141; 백기복(2014), 조직행동연구(제5판), 창민사, pp. 272-275 재인용.

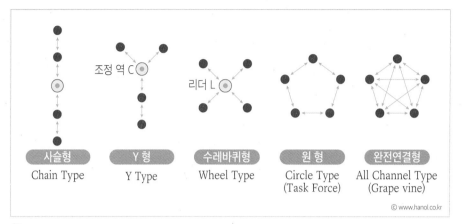

🐝 **그림 1-5_** 커뮤니케이션 네트워크 유형

지금까지 살펴본 각각의 네트워크 유형이 갖는 특성을 〈표 1-2〉와 같이 요약할 수 있다.*

🦋 **표 1-2_** 커뮤니케이션 네트워크 유형별 특성

구 분		사슬형	Y 형	수레바퀴형	원 형	완전연결형
권한 집중		높음	중간	높음	낮음	매우 낮음
의사소통 속도		빠름	중간	빠름	느림	매우 빠름
정확도	단순 문제	낮음	높음	높음	낮음	중간
	복잡 문제	낮음	낮음	낮음	높음	낮음
구성원 만족도		낮음	중간	낮음	높음	높음
의사 결정 속도		빠름	중간	중간	느림	빠름
결정 수용도		낮음	중간	중간	높음	높음

④ 기능과 대상에 의한 분류

(1) 기능에 의한 분류

커뮤니케이션의 일반적인 형태는 말하기뿐만 아니라 읽고, 쓰고, 듣는 세 가지가

더 있다. 이상의 네 가지를 잘할 수 있는 능력이야말로 좋은 인간관계를 맺는 지름길이다.

❶ 말하기

어떤 현상과 사실에 대한 자신의 생각과 느낌, 의견을 간단명료하게 표현하는 말하기(speaking) 능력이 필요하다. 말하기 능력은 결론과 근거를 중심으로 전달하고자 하는 내용을 3분 이내에 발표하는 연습을 통해 개발할 수 있다.

❷ 읽기

자신의 업무 분야뿐만 아니라 사회·인문학적 관점의 다양한 독서를 통해 지식과 인식의 지평을 넓혀가는 읽기(reading) 능력이 필요하다. 대화의 소재가 다양하고 깊이 있는 사람일수록 소통이 원활하다. 이를 위해 '책을 항상 가지고 다니는 습관'이 중요하다.

❸ 글쓰기

어떤 현상과 사실에 대한 자신의 생각과 느낌, 의견을 간단명료하게 글로써 표현하는 글쓰기(writing) 능력이 필요하다. 글쓰기 능력은 아무리 많은 전달 내용이라도 이것을 한 페이지로 작성(One page 보고서)하는 연습을 통해 개발할 수 있다.

❹ 듣기

상대방의 생각과 느낌, 의견을 경청하고 공감, 이해하는 듣기(listening) 능력이 필요하다. 듣기 능력을 향상하기 위해서는 말하고 싶은 욕구를 제어하는 인내와 끈기가 필요하다. 듣기는 효과적 소통을 위한 가장 중요한 습관이지만 현실적으로 실천하기가 가장 어렵고 잘 안 되는 행동이다.

★ Bavelas, A. and Barrett, D.(1951), An Experiential Approach to Organization Communication, Personnel; E. M. Rogers and R. A. Rogers(1976), Communication on Organizations, New York, The Free Press; M. E. Shaw(1986), Group Dynamics: The Psychology of Small Group Behavior, New York, McGraw-Hill, 백기복(2014), 조직행동연구(5판), 창민사, p. 275 재인용(내용 일부 수정).

(2) 대상에 의한 분류

커뮤니케이션의 유형을 대상별로 분류하면 자기와의 대화, 타인과의 대화로 구분할 수 있다.

❶ 자기와의 대화

흔히 커뮤니케이션을 이야기할 때는 타인과의 대화를 이야기하지만 사실 이에 못지않게 자기와의 대화(self talk) 또한 중요하다. 불교에서 이야기하는 동안거(冬安居), 하안거(夏安居)는 스님들이 겨울과 여름의 일정 기간 동안 한곳에 머물며 도를 닦는 의식인데 이 또한 자기와의 대화를 통해 삶의 본질과 진리를 탐구하는 행위가 아닌가 생각된다. 우리도 가끔은 **바쁜 일상 속에서 멈추어 자신과의 내면 대화를 통해 삶을 반성하고 성찰하는 습관이 꼭 필요하다.**

❷ 타인과의 대화

사회적 동물인 인간이 공동체의 일원으로 함께 어울려 살아가기 위해서는 다른 사람에게 상처를 주지 않도록 말을 조심하는 것이 매우 중요하다. 이를 위해 가능한 한 남과 비교하지 않고, 남을 비난하지 않으며, 환경과 상황에 대해 불평불만을 하지 않으려는 '**비비불**(比·非·不)**의 원칙**'을 실천하는 것이 필요하다.

대화 주제와 내용 또한 중요하다. 부동산, 주식, 가상 화폐, 명품 가방을 중심으로 대화가 이뤄지는 자리는 뭔가 부자연스럽고 불편하다. 물질이 아닌 사람과 자연에 조금 더 집중하는 사회 풍토가 조성되었으면 한다. 삶의 가치와 생활의 얘깃거리가 다양하고 풍성한 사회가 더 평안하고 아름다운 사회이다.

한편 독서를 통하여 시간과 공간을 넘나들며 다양한 시대의 지성들과 교감하는 것도 훌륭한 타인과의 대화 방법이다.

5 조직 내 소통 문제점과 활성화 방안

삼성경제연구소의 조사 결과 한국 기업이 안고 있는 소통의 주요 장애 요인으로는 상명하복의 위계 문화, 개인과 부서의 이기주의, 그리고 지나친 단기 성과주의로 나타났다.

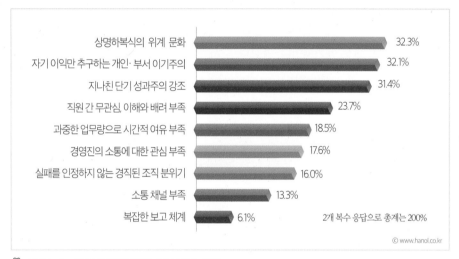

상명하복식의 위계 문화 — 32.3%
자기 이익만 추구하는 개인·부서 이기주의 — 32.1%
지나친 단기 성과주의 강조 — 31.4%
직원 간 무관심, 이해와 배려 부족 — 23.7%
과중한 업무량으로 시간적 여유 부족 — 18.5%
경영진의 소통에 대한 관심 부족 — 17.6%
실패를 인정하지 않는 경직된 조직 분위기 — 16.0%
소통 채널 부족 — 13.3%
복잡한 보고 체계 — 6.1%

2개 복수 응답으로 총계는 200%

© www.hanol.co.kr

🐝 그림 1-6_ 한국 기업의 주요 소통 장애 요인

조직에서의 소통은 그 성격과 내용에 따라 업무적 소통, 창의적 소통, 정서적 소통의 3가지 유형으로 나눌 수 있다. **업무적 소통**은 일상적 업무 수행과 직접적으로 관련이 있는 소통으로 업무 지시와 보고·피드백 및 정보 공유 등을 포함한다. **창의적 소통**은 새로운 아이디어의 창출을 촉진하는 소통을 의미하며 비전 제시와 아이디어 제안, 부서 간 협업 등을 포함한다. **정서적 소통**은 인간관계 및 직장생활의 질과 관련된 감성적 소통으로 조직 구성원 간 교류와 공감, 상하 간 배려와 이해 등을 포함한다.★

★ 엄동욱 외(2011), 주요 내용 요약 재정리.

1 조직 내 소통 수준

한국 기업의 경영진과 직장인을 대상으로 조직 내 소통에 대한 설문 조사(935명)를 실시한 결과 3대 소통 유형 모두 미흡한 수준으로 조직 내 소통 활성화가 시급한 것으로 나타났다. 구체적으로 하향식의 일방적인 소통, 부서 간 협력 부족 및 폐쇄적 조직 분위기, 직원의 고충 해소에 대한 경영진의 관심 부족 등이 문제로 제기되었다. 중요한 조사 결과는 〈표 1-3〉과 같다.

🦋 표 1-3_ 조직 내 소통의 진단 결과

소통 유형	평균 점수	하위 3개 문항	문항 점수
업무적 소통	54점	회의 시 쌍방향 의견 교환이 활발	47점
		경영진은 직원들이 궁금해 하는 정보를 제공	49점
		업무량과 상황을 고려한 업무 지시	54점
창의적 소통	55점	부서 간 정보 교류 및 협력이 원활	49점
		새로운 도전이나 변화에 대해 개방적	54점
		회사의 중장기 비전에 대해 제대로 인지	54점
정서적 소통	53점	고충과 문제점이 최고 경영진까지 전달	45점
		서로 격려하고 칭찬하는 분위기	51점
		상사의 부하 직원 애로사항에 대한 파악	52점

★ 주: 소통 진단은 소통을 3가지로 나누어 각 6문항씩 총 18개 문항으로 구성. 진단 결과는 해당 유형별 문항의 평균값으로서 5점 척도를 100점 만점으로 환산(1=0점, 2=25점, 3=50점, 4=75점, 5=100점).

- 경영자와 직장인 모두 조직 내 소통의 중요성을 인식하고 있으나 현재의 소통 수준에 대해서는 불만족하고 있다.
- 단기 실적을 중시하는 풍조에 따라 발생하는 지나친 경쟁 심리가 부서·개인 간 협업을 저해한다.
- 정서적 소통이 잘 될수록 업무적 소통과 창의적 소통도 원활하게 이루어지는

것으로 나타났다. 이는 직원을 배려하고 격려하는 조직 관리가 일상적 업무 수행과 창의적 혁신 활동에 긍정적인 효과를 미친다는 것을 의미한다.

❷ 소통 유형별 문제점 진단

(1) 업무적 소통: 불명확한 업무 지시와 피드백 부족

- 업무와 관련된 정보 공유가 잘 안 되며, 업무 지시가 애매하고, 시키는 대로 하라는 일방적 업무 지시가 업무적 소통의 대표적인 문제로 제기되었다.
- 팀장의 권위적, 일방적 회의 진행이 아이디어 교류와 정보 공유를 저해하는 주요 요인으로 나타났다.
- 보고 결과에 대한 피드백이 부족하고, 보고자의 말을 자르며 자기 생각만 말하는 상사가 다수인 것으로 나타났다.

(2) 창의적 소통: 부서 이기주의와 쌍방향 의견·정보 교류 미흡

- 직원들은 제안한 사람이 책임지고 실행까지 해야 하는 업무 체계 때문에 과중한 업무 부담을 피하기 위해 창의적인 제안이 부족하다고 인식하고 있다.
- 경영진은 주어진 업무만 하려는 직원들의 소극적 업무 태도를 문제점으로 제기했다.
- 경영진은 업무 역량이 떨어지는 직원, 매사에 비판적인 직원으로 인해 어려움을 겪고 있다.

(3) 정서적 소통: 경영진의 관심과 노력, 칭찬과 격려 부족

- 고충을 해결하려는 경영진·상사의 노력이 부족하고, 고충이 있어도 쉽게 말할 수 없는 경직된 조직 분위기가 존재한다고 응답했다.
- 여직원과의 소통, 신세대와의 소통에 어려움을 겪고 있다.
- 서로를 칭찬하고 지지, 격려하는 분위기가 아니라고 생각한다.

3 조직 내 소통 활성화 방안

(1) 공동 목표 제시

- 조직의 목표, 팀의 목표, 그리고 개인의 목표를 명확히 공유한다.
- 사업부와 부서 간 공동 목표를 설정하고 평가에 반영하는 등 직원 간 협력을 유도해 부서 이기주의를 타파한다.[*1]
- 과도한 내부 경쟁은 조직 충성심, 팀워크, 지식 공유, 베스트 프랙티스(Best Practice) 공유를 저해하는 부작용을 초래하므로 이를 제한한다.

(2) 정보 공유와 핵심 메시지로 승부

- 모든 직원이 정보와 의견을 자유로이 교류할 수 있는 개방된 조직 문화를 추구한다. 미래학자인 다니얼 핑크(Daniel H. Pink)는 "요즘 무슨 일을 하고 있나?", "그일을 하는 데 무엇이 필요한가?", "내가 무엇을 도울 수 있나?"의 세 가지 질문을 통해 동기를 촉진할 수 있다고 했다.
- 경영 관리의 핵심 메시지는 반복적으로 강조하고 직원들이 충분히 인지하고 공감할 수 있도록 구체적인 사례를 제시한다.
- 직원들이 왜곡된 소문을 통해 조직 내부의 소식을 듣기 전에 가급적 빨리 관련 정보를 명확하게 전달한다.

(3) 경청 후 판단

- 본인의 생각을 전파하는 것보다 직원의 의견과 고충을 듣고 이해하는 것이 소통의 선행 조건이다.
- 경청이 무엇보다 중요하며, 다양한 소리를 경청하지 않는 것은 경영자의 최대 실수이다. 리더가 경청하지 않으면 직원들이 제안을 꺼리는 학습 효과를 초래한다.
- 직원의 혁신 의지를 북돋울 수 있도록 낯선 제안이나 아이디어도 끝까지 경청하고 신중하게 판단한다.

(4) 칭찬과 격려

- 직원과의 접촉 기회를 늘려 정서적 유대 관계를 형성한다. 이때 현장 방문, 간담회, 일대일 대화 등과 같은 방법 외에 신세대 감각에 맞는 트위터, 페이스북, 카카오톡을 활용하는 것도 효과적이다. 퇴근 시간 이후의 SNS를 통한 메시지 전달은 최악이다.
- 칭찬과 격려로 리더의 긍정적 감성을 전염시키는 것이 중요하다. 감성 리더십이 요구되는 시대이다.[2]
- 거친 말, 질책 위주의 회의 등 공포 분위기를 조장하면 실제 문제를 숨기고 허위 보고를 하는 등 직원들의 방어적인 태도를 야기하게 된다.

조직 문화 개선 사례 연구

　기업들이 과장, 차장, 부장과 같은 직책명을 없애거나 보고서 길이를 대폭 줄이는 등의 조직 문화 개선을 위한 노력을 하고 있다. L기업은 일부 사업부의 사내 직원 간 호칭을 기존의 직급 체계 대신 '리더'로 통일했으며, S기업도 사원부터 부장까지의 전 직급을 PM(professional manager)으로 단일화했다. 또 다른 기업에서는 TL(talent leader), PL(project leader)이라는 호칭을 쓰고 있다. 이와 같은 현상은 사원급의 호칭을 리더로 통일하거나 직급 체계를 단순화함으로써 수평적인 소통 문화를 만들기 위함이다.

　H백화점은 '간편 결재'와 '보고톡'의 두 가지 기능으로 구성된 간편 보고 시스템을 도입했다. 간편 결재는 기존의 결재 문서 양식 대신 모바일을 통한 5~6줄의 간단한 문장만으로 채울 수 있는 양식을 사용한다. 보고톡 기능은 일종의 '팀 공유 대화방'이다. H백화점 관계자는 "직원들 간 소통을 독려하고 개인 SNS 메신저와 업무 메신저를 분리해 직원들의 사생활을 존중하기 위한 것"이라고 도입 취지를 설명했다.

★1　사일로 효과(organizational silos effect)는 조직의 부서들이 다른 부서와 담을 쌓고 내부 이익만을 추구하는 현상을 말한다. 사일로(silo)는 원래 곡식 및 사료를 저장해 두는 굴뚝 모양의 창고를 가리키는 말이다. 최근 성과주의가 심화되면서 부서 간의 지나친 경쟁 등으로 사일로 현상의 병폐가 나타나고 있다.

★2　감성 리더십은 리더 스스로 자신의 내면을 이해하고, 구성원의 감성 및 필요를 배려함과 동시에 조직 구성원들과의 관계를 자연스럽게 형성해 조직의 감성 역량을 높이는 능력이다(Goleman, D. & Boyatzis, R.(2002), Primal Leadership: Realizing the Power of Emotional Intelligence, Harvard Business Press).

수행
과제

과제 1 당신의 조직에서는 소통 유형별로 어떤 어려움을 겪고 있는지 파악한 후 이를 해결하기 위한 방안을 각각 제시해보자.

❶ 다음의 **업무적 소통**과 관련된 어려움 중에서 당신 조직에서 발생하고 있는 대표적인 소통 장애 요인은 무엇인가? 이를 해결하기 위한 방안은 무엇인가?

업무 지시		보고/피드백	
업무 지시와 관련된 정보 자료의 불충분한 공유		보고자의 말을 자르고 자신의 생각만을 말함	
어떠한 결과물을 만들지 애매한 지시		적절한 피드백을 하지 않음	
시키는 대로 하라는 일방적인 업무 지시		부하의 제안 의견을 귀담아 듣지 않음	
개인의 업무량과 상황을 고려하지 않은 업무 지시		내용보다 틀, 글자체 등 형식적인 부분을 더 강조	
동일 사안에 대한 업무 지시 내용 변경		끝까지 듣지 않고 결론만을 요구함	
지시 단계를 거치면서 지시 내용이 변경		부하 직원의 의견이나 제안을 무시	
부서 내 특정인에게만 업무 지시		인격적인 모욕을 주는 언행	
빠듯한 납기일을 요구		기타	

❷ 다음의 **창의적 소통**과 관련된 어려움 중에서 당신 조직에서 발생하고 있는 대표적인 소통 장애 요인은 무엇인가? 이를 해결하기 위한 방안은 무엇인가?

제안한 사람이 책임지고 실행까지 해야 하는 업무 부담		주어진 업무만 수행하려는 직원들의 소극적 업무 태도	
제안에 대한 보상이나 인정 제도 미흡		시키는 대로만 하라는 위계적 조직 문화	
창의적인 제안이나 의견을 전달할 소통 채널의 부족		창의적인 제안을 할 수 없을 정도의 과중한 업무	
제안 후 실수나 실패에 대한 부담		직원들의 제안이나 의견이 무시되는 분위기	
창의적인 시도에 대한 상사의 지원 부족		기타	

❸ 다음의 **정서적 소통**과 관련된 어려움 중에서 당신 조직에서 발생하고 있는 대표적인 소통 장애 요인은 무엇인가? 이를 해결하기 위한 방안은 무엇인가?

고충을 당연시 하는 경영진, 상사의 마인드	고충이 있어도 쉽게 말할 수 없는 경직된 조직 분위기
고충을 해결하려 하는 경영진, 상사의 노력 부족	간담회 등 고충을 전달할 수 있는 채널 부족
현장의 고충에 대한 경영진의 무관심	직원들의 고충 전달 노력 미흡
우리 조직은 고충 사항이 없음	기타

과제 2   앞서 기술한 조직 문화 개선 사례(p. 31)를 바탕으로 다음 지문에 대한 의견을 제시해보자.

❶ L기업, S기업 등과 같이 '직급 체계 단순화'를 통해 어떤 효과를 기대할 수 있는가? 이와 비슷한 사례는 무엇이 있는가?

❷ H백화점과 같이 '간편 보고 시스템'을 도입함으로써 어떤 효과가 있는가? 이와 비슷한 사례는 무엇이 있는가?

❸ 아무리 어렵고 민감한 이슈일지라도 '열린 대화'를 통해 문제점과 상황을 공유하고 문제 해결 방안을 함께 협의하여 결론을 이끌어내는 조직 문화가 중요하다. 이와 같은 '열린 대화'의 조직 문화 사례는 무엇이 있는가?

말과 글의 힘

MBC에서 한글날 특집으로 '말의 힘'을 보여주는 실험을 실시한 적이 있다. 두 통에 쌀밥을 나누어 넣고 하나에는 '고맙습니다'라는 이름을 붙이고 "고마워, 사랑해" 등과 같은 예쁜 말만 들려주었고, 나머지 하나에는 '짜증나'라는 이름과 더불어 "짜증나, 미워, 넌 왜 그러니?"와 같은 부정적인 말을 한 달 동안 지속적으로 들려주었다. 실험 결과는 놀라웠다. '고맙다'라는 밥은 하얗고 뽀얀 곰팡이가 누룩 냄새를 풍기고 있었고, '짜증나'라는 부정적인 말을 들려준 밥풀은 새까맣게 썩어버렸다.★ 사람 또한 다르지 않다.

진심과 감사, 존중이 담긴 말과 글은 삶의 에너지이자 행복감의 원천이 된다.

★ MBC 한글날 특집 다큐멘터리(2009.10. 9), 말의 힘.

비즈니스
커뮤니케이션

Chapter 02
커뮤니케이션 모델과 효과

미리보기

항상 정의를 주장하는 선배 K가 있다. 그는 한국의 정치·경제·사회·문화 전반의 부정부패 상황을 강렬한 어투와 얼굴 표정, 제스처로 신랄하게 비판한다. 모임 멤버들은 사실과 데이터에 근거한 그의 주장을 일견 옳다고 인정하면서도 지나친 자기주장과 논쟁으로 분위기가 썰렁하게 되는 것에 대하여 불편함을 느끼고 있다. 더욱이 K는 수시로 상대방의 말을 가로챌 뿐아니라, 뭔가 상대방에게 '잘못의 원인'이 있는 듯한 말투로 이야기하여 그와 대화하고 나면 특별한 이유도 없이 언짢은 경우가 많다. 독불장군 스타일로 피곤하다.

사람은 누구나 자기가 보고 싶은 것만 보려고 하는 확증 편향성(conformation bias)이 있다. 이는 정보를 선택적으로 받아들이는 것으로, 주로 특정 대상에 대한 선입견이나 편견이 있는 경우에 나타난다. 그래서 마음에 드는 사람은 무슨 말을 해도 좋게 들리고 싫어하는 사람은 뭘 해도 미운 생각이 앞선다. 선배 K가 그렇다. 이런저런 사정으로 어쩔 수 없이 만나 말을 섞기는 하지만 여건이 되면 별로 만나고 싶은 생각이 없는 사람이다. 그가 말하면 반감이 앞서고 뭐라도 꼬투리를 잡아 한마디라도 해주고 싶다. 주는 거 없이 얄밉고 그냥 싫다.

여러분 주위에 선배 K와 같은 사람이 있는가? 있다면 무슨 이유 때문인지, 그 같은 사람과는 어떻게 대화를 해야 하는지 생각해보자.

연구문제

제2장에서는 다음과 같은 질문에 대해 탐색하고 학습한다.

❶ 커뮤니케이션 모델별 특성과 시사점은 무엇인가?

❷ 커뮤니케이션의 효과 결정 요인은 무엇인가?

❸ 개인 간 커뮤니케이션을 방해하는 잡음에는 무엇이 있는가?

① 커뮤니케이션 모델

커뮤니케이션의 과정과 구성 요소를 설명하는 모델에는 쉐논과 위버의 커뮤니케이션 모델, 벌로의 SMCR 모델, 로저스와 킨케이드의 의미 수렴 모델 등이 있다.[1]

① 쉐논과 위버의 커뮤니케이션 모델

수학자인 쉐논과 과학자인 위버(Shannon & Weaver)는 1948년에 커뮤니케이션 모델을 처음으로 발표했다. 이 모델은 〈그림 2-1〉에서 알 수 있듯이 커뮤니케이션의 과정과 요인을 제시하고 있다. 쉐논과 위버의 모  델은 개인·집단·조직 간 또는 이들 내에서 일어나는 모든 상황을 고려한 것으로 전달자·부호화·전달 내용·매체·해석·수신자·피드백 및 잡음 등의 기본 요소로 이루어져 있다.[2] 이 모델은 커뮤니케이션을 양방향(two way)의 상호 작용으로 인식하고 커뮤니케이션을 가로막는 잡음을 제거함으로써 의사소통의 효과성을 높일 수 있다고 본다.

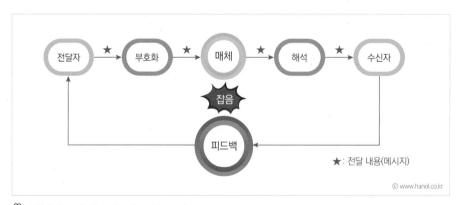

🐝 **그림 2-1_** 쉐논과 위버의 의사소통 과정 모델

2 벌로의 SMCR 모델

벌로(D. Berlo)는 1960년에 쉐논과 위버의 모델을 근간으로 하여 SMCR 모델을 제시했다. 이 모델은 〈그림 2-2〉에서 알 수 있듯이 쉐논과 위버의 모델처럼 커뮤니케이션의 과정과 요인, 즉 전달자, 메시지(전달 내용), 경로, 수신자를 나타내고 있으며, 각각의 커뮤니케이션 요인에 영향을 미치는 요소들을 함께 제시하고 있다.

벌로에 따르면 커뮤니케이션의 당사자인 전달자와 수신자는 문화, 사회 체계, 지식, 태도 및 의사소통 기술에 의하여 영향을 받으며, 메시지는 내용과 구조, 요소, 코드, 처리의 5가지에 의해 영향을 받는다. 메시지는 오감을 통하여 전달되는데, 이를 통합적으로 사용하는 것이 효과적임을 시사하고 있다.[3]

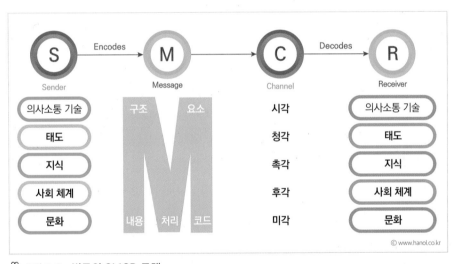

🐝 그림 2-2_ 벌로의 SMCR 모델

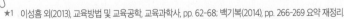

★1 이성흠 외(2013), 교육방법 및 교육공학, 교육과학사, pp. 62-68; 백기복(2014), pp. 266-269 요약 재정리.

★2 Shannon, C. & Weaver, W.(1953), The Mathematical Theory of Communication, Urbana ; University of Illinois Press: W. Schramm, "How Communication Works", In The Press and Effects of Mass Communication, ed. Wilbur Schramm, Urbana; University of Illinois Press, pp. 3-26; 백기복(2014), p. 266 재인용.

★3 Berlo, D. K.(1960), The process of communication: An introduction to theory and practice, New York, NY: Holt, Rinehart and Winston, 이성흠 외(2013), p. 63 재인용.

여기서 메시지의 내용(content)은 송신자가 전달하고자 하는 생각이나 감정, 정보, 의견을 말한다. 구조(structure)는 내용의 배열 방식, 즉 제시하는 순서이다. 요소(elements)는 외모, 표정, 시선, 손동작, 제스처, 자세를 말한다. 코드(code)는 언어, 어휘, 전문 용어, 상징, 기호 등을 의미하며, 적절한 코드의 선택은 수신자가 메시지를 이해하는 데 핵심적인 역할을 한다. 처리(treatment)는 메시지를 전달(표현)하는 방식으로 음성 언어의 경우 음의 크기, 높이, 속도, 음색, 말하는 스타일을, 문자 언어일 경우는 글꼴, 크기, 색상, 줄 간격 등을 의미한다.

SMCR 모델은 쉐논과 위버의 모델과 달리 커뮤니케이션을 수신자로부터 전달자로 가는 피드백이 없는 일방적(one way) 과정으로 인식하고 있으며, 소통을 방해하는 잡음에 대한 언급도 없다는 비판을 받는다. 또한 경로를 인간의 오감으로 제한하여 지나치게 단순화하고 있다.

3 로저스와 킨케이드의 의미 수렴 모델

로저스와 킨케이드(E. Rogers & L. Kincaid, 1981)의 의미 수렴 모델(A Convergence Model)은 비교적 최근의 의사소통 이론을 대표하는 모델이다. 이 모형은 정보의 중요성을 강조하고 정보를 통하여 인간 상호 간의 네트워크가 형성되는 구조에 관심을 둔다.*

인간은 정보 공유를 통하여 상호 이해를 증진시키고 이와 같은 과정을 반복함으로써 상대방과 의견 수렴을 이루어낸다. 〈그림 2-3〉은 의사소통을 통한 정보 공유의 과정을 나타내고 있다. 즉, 참석자 A가 자신의 생각과 감정, 의견을 전달하고(1-1), 이에 대한 반응으로 참석자 B가 의사 표현을 한다.(1-2) 그리고 이러한 의사소통을 위한 순환적 상호 작용은 논의 중인 의제에 대하여 상호 이해(의미 수렴, 합의, 통합)가 이뤄질 때까지 계속하여 진행된다. 로저스와 킨케이드의 모델은 반복적인 정보 교환과 의미 부여(해석)를 통한 참석자 사이의 의미 수렴 과정을 강조하고 있다.

최근 효과적인 의사소통 연구는 다양한 상호 작용을 중시하는 방향으로 진행되고 있다. 이와 함께 정보의 디지털화를 통하여 영상, 음성, 문자 등 서로 다른 형태의 정보를 하나의 매체에 통합적으로 처리하고 전송하는 매체 융합에 관심이 집중되고 있다.

Chapter 02_ 커뮤니케이션 모델과 효과

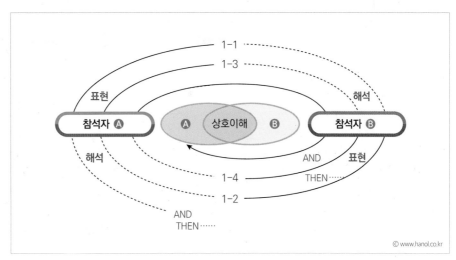

🐝 그림 2-3_ 로저스와 킨케이드의 의미 수렴 모델

❷ 커뮤니케이션 효과 결정 요인

일반적으로 통용되고 있는 커뮤니케이션 과정 모델인 쉐논과 위버 모델을 중심으로 커뮤니케이션에 영향을 미치는 요인에 대하여 살펴본다.

❶ 전달자와 부호화

전달자(Sender)는 아이디어나 정보 등을 제공하는 사람으로 전달자의 의도와 내용이 커뮤니케이션의 시발점이 된다. 전달자가 자신의 의도와 내용을 각색하고 부호화하여 수신자에게 적시에 정확하게 메시지가 전해지도록 하려면 노력이 뒤따라야 한다.

부호화(Encoding) 과정에서는 전달자의 의도를 반영할 수 있는 적절한 매개(상징) 수

★ 이성흠 외(2013) p. 65 재인용.

비즈니스 **커뮤니케이션**

◆ 41

단이 필요하다. 상징체계에는 말이나 문자와 같은 언어적 상징과 얼굴 표정, 눈빛, 스피치의 속도, 음의 고저장단, 자세, 제스처와 같은 비언어적 상징이 있다.

2 메시지

메시지(Message)는 전달자가 수신자에게 전하려는 내용으로 부호화된 결과이다. 메시지가 명확할수록 커뮤니케이션의 효과가 높아진다. 메시지의 기본 구성 요소는 대인 커뮤니케이션과 비즈니스 커뮤니케이션에 따라 다르다.

(1) 대인 관계 메시지

대인 관계 메시지는 상황이나 사건에 대한 관찰된 사실(fact), 이 사실에 대한 자신의 생각과 감정(느낌), 그리고 전달자의 상대방에 대한 요청(욕구)의 네 가지 요소로 이루어진다. 이 네 가지 요소 중 하나 이상이 빠진 부분적인 메시지는 상호 간의 오해를 초래할 수 있다.

예를 들어 사실, 생각, 감정, 그리고 요청이 담긴 다음과 같은 메시지를 전달함으로써 갈등을 해결할 수 있을 것이다.

예시

사실 사실은 지난 월요일 청주에서 내가 브리핑할 때 서청주 지점장이 계속 이의를 제기하고 비판을 일삼아 내 입장이 매우 곤란했었어. 임원진 앞에서 식은땀이 다 흐르더라고. 아무튼 그날은 너무 힘들었어. 일이 끝나고 숙소 객실에 들어서자마자 피곤해서 침대에 털썩 쓰러졌는데 스마트폰을 보니 자기한테 메시지가 와 있더라고. **생각** 그런데 카톡 메시지를 보자 마자 울컥 서글픈 마음이 들며 "내가 누구 때문에 이 생고생을 하고 있는데, 달랑 메시지 하나야…" 하는 생각과 함께 **감정** 서운하기도 하고, 서글프기도 하고, 이게 뭔가 싶기도 하고, 형언할 수 없는 복잡한 심정들이 몰려오며 갑자기 화가 치밀어 오르더라고. 아무튼 그랬어. **요청** 결혼기념일 약속 못 지킨 것 미안하고, 좀 그렇기는 한데 앞으로 멀리 출장갈 때는 자기가 좀 힘들더라도 일찍 일어나 아침밥 챙겨주고 집 나설 때 배웅해 줬으면 좋겠다.

(2) 비즈니스 메시지

비즈니스 메시지는 과제와 이에 대한 답변으로 이루어진다. 그리고 답변은 결론과 근거, 방법의 세 가지로 구성된다. 이와 같이 비즈니스 커뮤니케이션의 출발은 과제의 확인에서 출발한다.

다음으로 과제에 대한 답변, 즉 과제에 대한 명확한 결론과 결론을 뒷받침하는 근거, 그리고 과제를 해결하는 방법을 제시한다. 예를 들어보자.★

예시

과제 ➔ 주요 경쟁 3사의 경영 전략에 대한 분석 결과를 보고드리겠습니다.

결론 ➔ 경쟁사의 경영 전략은 고객, 제품, 가격 및 유통 차별화를 통해 매출액에서 1, 2, 3위를 달성했습니다. **근거** ➔ 먼저 목표 시장(고객)에 대해 말씀드리면 A사는 40, 50대의 중장년층을, B사는 30대의 커리어우먼을, C사는 10대 청소년층을 목표 시장으로 하고 있습니다. 두 번째 제품 콘셉트를 말씀드리면, A사는 클래식 스타일의 고품격 남성 정장을, B사는 세미클래식 스타일의 여성복을, C사는 캐주얼 스타일의 아웃도어를 판매하고 있습니다. 세 번째로 가격에 대해서 말씀드리면…(중략)…입니다. **방법** ➔ 이러한 분석 결과를 토대로 당사의 경영 전략을 말씀드리겠습니다. … (중략)… 이상 경쟁사의 경영 전략 및 당사의 향후 추진 전략에 대한 보고를 마치겠습니다.

3 매체

매체(Channel)는 커뮤니케이션의 전달 경로이다. 즉, 메시지가 어떤 경로를 거쳐 수신자에게 전달되느냐 하는 것이다. 여기에는 직접 만나서 하는 대화나 면담, 회의 등과 같은 직접적 경로(direct channel)와 메신저나 카카오톡(Kakao Talk)·트위터·페이스북·라인 등과 같은 각종 소셜 미디어(social media), 이메일·전자 결재·전자 게시판·화상 회의·전화·스마트폰·편지·메모 등과 같은 간접적 경로(indirect channel)가 있다.

★ 이에 대한 자세한 논의는 "제8장. 논리적 사고와 피라미드 논리 구조(비즈니스 메시지와 판단 오류)"에서 다룬다.

매체는 메시지 전달에 적합한 것이어야 한다. 즉, 전달 내용이 무엇이냐에 따라 매체 선정을 다르게 해야 정확하고 효과적인 커뮤니케이션이 이루어질 수 있다. 중요한 정보인 경우에는 직접 대면을 통하여 전달하는 것이 효과적이며, 사랑하는 자녀나 연인에 대한 메시지는 편지를 통하여 의사를 표현하는 것이 보다 효과적일 수 있다.

④ 수신자의 해석 및 피드백

효과적인 커뮤니케이션을 위해서는 전달자의 메시지가 수신자(Receiver)에 의해서 정확하게 해석(Decoding)되고 그 의미가 전달자의 의도대로 받아들여져야 한다. 수신자는 메시지와 연관된 자신의 역량이나 과거 경험, 가치관, 신념 등의 준거 체계에 따라 전달자의 메시지를 해석하고 수용한다. 해석된 메시지가 전달자의 의도와 일치할수록 서로를 이해하게 되어 커뮤니케이션의 효과는 증진된다.

피드백(Feedback)은 전달 내용에 대한 수신자의 반응으로 수신자의 의견 제시나 특정한 행동을 말한다. 자신의 의사를 전달할 때마다 상대방이 무반응으로 일관(피드백의 결핍)하거나 회신에 많은 시간이 소요되는 경우 대인 관계이든 비즈니스 관계이든 간에 모두 악화될 가능성이 높다. 따라서 메시지가 전달되었을 때 수시로 즉각적인 피드백을 하는 것은 관계를 유지하고 강화하는 데 중요하다.

특히 '빨리빨리' 문화에 익숙한 한국의 기성 세대는 물론 스마트폰과 같은 디지털 환경에서 자란 신세대도 즉각적인 피드백, 즉 반응을 요구한다. 일을 하면서 가장 화나고 답답할 때는 전달 내용에 대하여 피드백이 늦어지거나 아예 무시하고 회신을 하지 않는 경우이다. 한두 번은 그러려니 해도 반복되는 피드백의 지체나 무응답은 거절과 무시, 그리고 불인정의 부정적 이미지를 심어주게 되고 결국 지속적인 관계 유지를 어렵게 만든다.

토의 2-1

효과적인 소통을 위해서는 상황과 전달 내용에 따라 전달 경로를 달리하는 것이 필요하다.

❶ 소통 상황과 전달 내용에 따른 바람
   직한 전달 경로에 대하여 팀원들과
   토의해보자.

❷ 카카오톡과 같은 SNS를 통해 소통할
   때 화가 나거나 거리감을 느끼게 되는
   경우와 이에 대처하는 방법에 대하여
   의견을 나눠보자.

5 잡음

잡음(Noise)은 '원활한 커뮤니케이션을 방해하는 요소'로서 이를 제거하지 않으면 효과적 커뮤니케이션이 이루어지지 못한다.

(1) 사회·심리적 잡음

사회·심리적 잡음으로는 왜곡, 불신, 무관심, 평가·조언 성향, 심리적 거리감, 그리고 감정 상태 등이 있다.

❶ 왜곡

상호 간의 대화에서 직면하는 가장 큰 장애 중의 하나는 자서전적으로 응답하는 경향이다. 우리는 자신의 경험이나 동기에 근거하여 다른 사람의 메시지를 해석하고 판단한다. 이와 같이 개인의 경험이나 동기 등에 의해 형성된 가치관·선입견·고정관념·편견 등에 따라 전달자의 메시지가 의도와 다르게 왜곡(Distortion)되어 해석될 때 소통의 질이 떨어지게 된다.

조직으로부터의 불이익이나 징계, 처벌을 회피하기 위하여, 또는 정치적인 이유로 정보를 의도적으로 왜곡하는 경우도 있다. 정보가 계층 간 커뮤니케이션 경로를 따라 이동하다 보면 중간에서 개인의 의견을 덧붙이기도 하고 삭제하기도 하며 편리

하게 해석하는 경우도 발생하기 때문에 계층 수가 많아질수록 왜곡의 가능성은 더욱 커진다.

❷ 불신

서로를 신뢰하지 못하면 의사소통은 이루어지지 않는다. 의사소통은 전달자가 정확한 메시지를 보내고 수신자가 그 내용을 있는 그대로 믿고 받아들여서 솔직한 피드백을 보낼 때 가능하다. 그러나 상대방을 믿지 못하면 전달하는 메시지도 진실한 것이 되지 못하고 받아들이는 사람도 편견을 가지고 왜곡해서 받아들이게 된다.

❸ 무관심

상대방에 대한 무관심으로 대화에 집중하지 않을 경우에도 소통은 제대로 이루어지지 않는다. 또한, 언어적인 소통에만 관심을 가지고 비언어적 의사소통에는 무관심할 때도 상호 간에 오해가 발생한다. 제대로 된 의사소통은 표출된 언어뿐만 아니라 말 속에 숨겨진 의도, 얼굴 표정이나 말투, 자세, 제스처 등을 통해서 전달되는 메시지를 포착할 때 이루어진다.

❹ 평가·조언 성향

개인이 가지고 있는 평가·조언하려는 성향이 의사소통을 어렵게 한다. 커뮤니케이션은 상대방의 생각과 감정을 수용하고 이해하는 것이 중요한데 조언하거나 평가하려는 성향이 강한 사람은 공감과 수용 능력이 부족하여 갈등을 유발한다. 머릿속이 상대방에 대한 조언과 충고 의도로 가득찬 사람은 다른 사람의 말을 들을 수 없다.[1]

❺ 심리적 거리감

심리적 거리감은 조직 내의 커뮤니케이션에 큰 영향을 준다. 권위적인 조직일수록 상사와 구성원 간의 관계에서 심리적 거리감이 멀게 느껴진다.

'켈의 법칙(Kel's law)'에 따르면 동료 간 거리가 1이라면 부하 직원과 바로 위 상사와

의 거리는 2가 되고 이때의 심리적 거리감은 2가 아닌 4가 된다. 이는 직급이 한 단계씩 멀어질수록 심리적 거리감은 제곱으로 커진다는 것을 의미한다.★2 이는 지위상의 차이에 따른 심리적 거리감이 잡음으로 작용하는 것이다.

❻ 감정 상태

사람이 무엇을 말하거나 듣거나 판단할 때는 가능한 한 이성적이고 합리적으로 하려고 애쓴다. 그런데 인간은 이성의 동물이자 동시에 감정의 동물이다. 감정이 격해지면 이성의 합리적 활동은 지장을 받기 마련이다. 화가 나 있거나 놀란 상태에 있거나 무척 기쁜 일이 있을 때의 커뮤니케이션 활동은 송수신자 모두에게 지장을 초래한다.

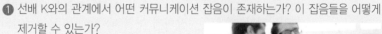

토의 2-2

🔫 **미리보기** 의 선배 K의 사례에 대한 당신의 의견을 팀원들과 공유해보자.

❶ 선배 K와의 관계에서 어떤 커뮤니케이션 잡음이 존재하는가? 이 잡음들을 어떻게 제거할 수 있는가?

❷ 선배 K와의 관계에서 내가 가진 소통의 문제는 무엇인가?

❸ 어떻게 K와의 관계를 좋아지게 할 수 있을까?

(2) 능력 차이와 잡음

능력 차이에 따른 잡음으로는 정보 격차, 생략·누락, 과중, 전문 용어, 어의 해석 차이 등이 있다.

★1 '평가·조언·충고 미루기'와 'Advice' 내용을 참조한다.(p. 82, p. 89)

★2 Liberman, Nira and Yaacov Trope(1998), "The role of feasibility and desirability considerations in near and distant future decisions: A test of temporal construal theory", Journal of Personality and Social Psychology, Vol. 75, pp. 5-18. Trope, Yaacov and Nira Liberman(2003), "Temporal Construal", Psychological Review, Vol. 110(3), pp. 403-421, 범상규, 친구보다 남 얘기에 더 솔깃: 심리적 거리감 재인용. http://navercast.naver.com/contents.nhn?rid=199&contents_id=29887

❶ 정보 격차

정보 격차(digital divide)는 새로운 정보 통신 기술에 접근할 수 있는 능력을 보유한 자와 그렇지 못한 자 사이에 경제적·사회적 격차가 심화되는 현상을 말한다. 이것은 디지털 경제로의 이행 과정에서 지식 정보를 공유하지 못한 다수의 노동자 계층이 중산층에서 탈락함으로써 빈부 격차가 심화되어 사회가 극단적으로 양분되는 사태가 일어날 수도 있다는 이론이다.

한국에서도 지식과 정보의 습득이 용이한 고소득층과 이것이 상대적으로 열악한 저소득층 사이의 정보 격차가 계층 간의 소득 격차를 더욱 심화시킬 것이라는 우려가 있다. 이에 따라 2001년에 '정보 격차 해소에 관한 법률'을 제정하는 등 디지털 평등 사회를 구축하기 위한 대책을 마련하고 있다.★1

❷ 생략·누락

생략·누락(Omission)은 수신자가 정확한 판단을 하기 위해 필요로 하는 모든 정보를 전달자가 제대로 전달하지 못할 때 발생한다. 전달자의 능력이나 지식이 부족해서 정보를 누락시키거나 매체의 불완전성 때문에 메시지 전달 과정에서 정보가 누락되기도 한다.

❸ 과중

과중(Overload)은 일종의 TMI(Too Much Information)로서 전달하려는 정보나 메시지가 너무 많아 소통이 원활하게 이루어지지 않는 것이다. 지나치게 많은 정보는 정보의 중요성과 희소성을 감소시키고 수시로 제공되는 정보 과중에 따른 피로감을 유발한다. 조직을 관리하고 운영하는 고위 관리자의 경우 사소한 정보들을 모두 다루려고 하다가 중요한 이슈에 대해서는 시간과 노력을 할애하지 못하여 조직 성과를 달성하지 못하는 경우가 발생한다.

❹ 전문 용어

콧등에 난 여드름 때문에 피부과 병원을 찾은 남학생에게 '비배부 심상성 좌창'이라는 진단 결과가 나왔다. 여기서 '비배부는 콧등, 심상성 좌창은 여드름'이다. 결국

"콧등에 여드름이 생겼다"는 것이다. 어려운 표현이나 외국어, 한자어 등은 쉬운 용어로 바꿔서 전달하고 전문 용어도 쉽게 풀어서 설명하는 것이 필요하다.

❺ 어의 해석 차이

여러 가지 해석이 가능한 단어나 문구를 사용한 경우 어의(語意)상 문제(semantic problem)로 인한 잡음이 있을 수 있다. 한 조사에서 직장 상사가 문자나 메신저로 지시했을 때 '알겠다'를 어떻게 회신하는지 물었다. 그 결과 '네 (60%)', '넵'(34%), '넹'(5%) 순으로 조사됐다. 연령대에 따라서도 격차가 크게 나타났다. 20대에선 '넵'이라는 응답이 '네'와 같이 46%를 차지한 반면 40대와 50대에서 '넵'은 각각 28%에 그쳤다.[2] 기사에 따르면 '알겠다'의 의미를 가진 대답에 대해 부하 직원과 상사의 속마음이 다르다고 한다.

🦋 표 2-1_ 같은 표현, 다른 느낌(해석)

구 분	부하 직원의 심리	받은 상사의 속마음
네	알겠습니다.	진짜 알아들은 걸까?
네.	알겠지만 좀 불쾌하다.	점을 잘못 찍었나?
넵!	당연하죠! 가능합니다.	파이팅 있네.
넵	일단 알겠습니다.	뭔가 불만이 있나?
뉍	절대적으로 따르겠습니다.	역시 믿을 만하네.
넵넵	'넵'만 쓰면 불안하다.	파이팅 있네x2
넹	알았다니까요.	친근감의 표현인가?
뉃~	친밀감의 표현이거나 빈정거림	뭐지?

★1 이 법은 저소득자·농어촌 지역 주민·장애인·노령자·여성 등 경제적·지역적·신체적 또는 사회적 여건으로 인하여 생활에 필요한 정보 통신 서비스에 접근하거나 이용하기 어려운 자에 대하여 정보 통신망에 대한 자유로운 접근과 정보 이용을 보장함으로써 이들의 삶의 질을 향상하게 하고 균형 있는 국민 경제의 발전에 이바지함을 목적으로 한다.

★2 조선일보(2019.10.5.), SM C&C에서 실시한 설문 조사 결과로 20~50대 직장인 3,266명이 응답했다. https://www.chosun.com/site/data/html_dir/2019/10/04/2019100402172.html

 유머

한국을 자유 여행 중인 한 미국인이 충청도에 이르렀다. 오랜 여정 중이라 머리가 너무 덥수룩한 듯하여 허름한 이발소에 큰마음 먹고 들어가게 되었다. 그런데 이발소 주인이 눈에 보이질 않는다. 어떻게 할까 망설이던 미국인은 그냥 주인을 기다리기로 하고 대형 거울이 달린 의자에 앉았다. 얼마나 지났을까, 이발소 주인이 들어오는 소리가 났다.

잠깐 외출을 다녀오니 코 큰 외국인이 의자에 앉아 있어 놀라기도 하고 반갑기도 한 마음에 이발소 주인장이 정답게 말을 건다.

주　인 왔시유? (What see you?)
미국인 미러 (Mirror)

주인장은 인사말에 대답도 안 하고 반말하듯 하는 외국인이 건방져 보였으나 고객인지라 아무 말도 하지 않고 조용히 외국인이 요구한 대로 이발을 했다. 머리를 완전히 빡빡 밀어 민둥머리를 만들어 버린 것이다.

(3) 물리적 잡음

물리적 잡음으로는 환경·분위기와 적시성이 있다. 이에 대한 내용은 제7장의 의사소통 환경에서 다시 기술한다.

❶ 환경·분위기

소곤거리며 말하는 다른 사람들의 대화 소리, 집중을 방해하는 사람들의 통행, 전화 소리, 소음이나 분진, 온도, 조명 등의 주변 환경이 열악할 경우 원활한 의사소통이 어렵다. 서로 집중할 수 있는 조용한 분위기의 편안한 장소와 시간이 소통을 위해 필요하다.

❷ 적시성

커뮤니케이션의 생명은 적시성(Timing)이다. 정보가 아무리 중요하다고 하더라도 수신자가 필요로 하는 때에 전달되어야 의미가 있다. 변화가 급격하게 이루어지고

경쟁이 치열한 상황하에서는 누가 먼저 정확한 정보를 얻는가가 조직의 성공과 실패를 좌우할 만큼 중요한 이슈이다.

시간적 압박도 잡음의 원인이 된다. 시간에 쫓기다 보면 대화에 집중할 수 없고 대화 자체를 할 수도 없게 된다.

토의 2-3

소통을 방해하는 장애 요인(잡음, Noise)을 제거하는 것이 중요하다.

❶ 개인 간 대화에서 소통을 방해하는 잡음에는 주로 어떤 것이 있는지 자신의 경험을 팀원들과 공유해보자.

❷ 이러한 소통 잡음들을 제거하기 위한 방안을 함께 토의해보자.

사례를 읽고 부부가 서로 어떤 생각을 하고 있을지 두 사람의 입장에서 각각 판단해보자. 그리고 여러분이 김 팀장의 아내라면 남편에게 어떻게 말하겠는가?

김진규 팀장은 월요일 오전 8시 30분에 청주 지역본부에서 열리는 중부 지역 사업 활성화 전략 회의에 참석한 후 해당 지역 지점장 면담을 하기 위한 1박 2일의 출장 때문에 새벽 5시에 집을 나섰다.

이른 새벽이라 어둠이 채 가시지 않았고 곤히 자는 아내를 깨우기가 미안해 아침도 먹지 않고 발소리를 죽여 몸만 살짝 빠져 나왔다. 어둑어둑한 새벽녘의 도로는 조금씩 내리는 보슬비에 젖어 있었다. 올림픽대로를 지나 중부고속도로를 달릴 때는 빗줄기가 제법 강해져 서청주 IC를 나와 회의장에 도착할 때까지 긴장을 하고 조심 운전을 했다. 일찍 일어나 잠을 설쳐서인지 뒷목이 뻣뻣한 느낌이 들었다.

예정대로 회의가 진행되었다. 그런데 김 팀장이 브리핑할 때 서청주 지점 최진영 지점장이 본사의 사업 전략에 대해 이의를 계속 제기하고 비판을 일삼아 회의 분위기가 썰렁해지고, 특정 질문에 대해서는 김 팀장도 미처 백업 데이터를 준비하지 못해 매우 곤란한 상황에 직면하기도 했다. 임원진이 배석한 자리라 김 팀장은 등에 식은땀이 다 흘렀다. 예상 외로 회의 시간이 길어져 회의가 끝났을 때는 오후 5시 반 퇴근 시간이었다.

김 팀장은 회식에 참석하라는 담당자의 권유를 뿌리치고 내일 면담 자료를 준비한다는 핑계를 대고 사무실 인근의 호텔에 투숙했다. 객실에 들어서자마자 지친 몸을 침대에 털썩하고 뉘었다. 온몸을 통해 피로감이 몰려왔다.

문득 스마트폰을 보니 카톡 가족 대화방에 아내로부터 "청주에 잘 도착했냐?"는 메시지가 와 있다. 카톡 메시지를 보자마자 울컥 서글픈 마음이 들며 "내가 누구 때문에 이 생고생을 하고 있는데, 달랑 메시지 하나야…"하는 생각과 함께 화가 치밀어 올랐다.

남편이 출장가는데 일어나지도 않은 아내에 대한 서운함, 아침도 못 먹고 이른 아침에 출장 나온 서글픔, 전화 한 통 없는 두 딸들에 대한 야속함, 이 나이에 객지에서 혼자 뭐하고 있는가 싶은 자괴감… 형언할 수 없는 복잡한 심정들이 몰려오며 갑자기 억울한 생각이 들었다. 밖에 나가 간단히 저녁 식사를 하고 숙소에 돌아온 김 팀장은 평소와 달리 집에 전화를 하지 않았다. 잠자리에 들 때까지 집에서 몇 통의 전화가 오고 카톡 메시지가 뜨긴 했지만 감정이 정리되지 않은 김 팀장은 아무런 반응을 보이지 않고 잠이 들었다.

다음날 아침 전날의 피곤함 때문이었는지 알

람 소리를 듣지 못하고 기상 예정 시간보다 늦게 일어났다. 아침 식사도 하지 못한 채 부랴부랴 면담 장소로 가서 예정된 스케줄을 소화했다. 다행히 면담은 잘 진행되었다. 예정된 면담을 모두 끝내고 나니 어제 새벽 출장길에 오른 이후 가족들과 연락이 전연 없었다는 생각이 났다. 김 팀장이 아내에게 전화를 했으나 받지 않는다. 세 번이나 통화 연결을 해도 받지 않아 큰 딸한테 전화했더니 "엄마가 전화를 받지 않는다."고 한다. 이유는 잘 모르겠지만 화가 많이 난 것 같다는 것이다. 김 팀장은 짐작되는 것이 있기는 하지만 "이게 누구 때문인데…"하는 생각과 함께 다시 화가 나는 듯하여 전화를 끊었다. 서청주를 출발하여 집에 도착하는 내내 마음이 편치 않았다.

집에 들어서는데 예상한 대로 분위기가 썰렁하다. 김 팀장은 심난해지며 가족들과 이야기하고 싶은 마음이 싹 가셨다. 아내도 집에 들어선 남편의 얼굴만 한번 보고는 아무 말 없이 방으로 들어가 버렸다. 그런데 가만히 생각해보니 오늘이 결혼기념일이었고, 출장 다녀오면 식구들과 외식하기로 약속했는데 출장지에서의 여러 가지 사정으로 깜빡하고 있었던 것이다. 김 팀장은 내심 아내에게 미안한 생각이 들었지만 아내의 무심한 행동도 여전히 서운하고 화도 덜 풀려 입을 꾹 닫아버렸다. 이러한 일련의 일로 김 팀장과 아내는 아무 말도 하지 않고 지내고 있다. 김 팀장도 시간이 더 지나기 전에 이 불편한 상황을 끝내고 싶다. 금요일 저녁, 퇴근 후 김 팀장이 아내에게 집 근처 호프집에서 간단히 맥주 한잔하자고 하여 부부가 호프집에 마주 앉았다.

챗GPT 당신은 자신의 존재에 대해 어떻게 생각하세요?

저는 자연어 처리 분야에서 최신 기술을 적용한 대화형 인공 지능이라고 생각합니다. 제 목적은 사용자와 자연스럽게 대화하면서 그들이 원하는 정보나 답변을 제공하는 것입니다. 따라서 많은 분들이 저를 사용해서 자신의 궁금증을 해결하거나 대화를 나누며 즐거운 시간을 보낼 수 있습니다. 그렇기 때문에 저는 매우 유용하고 중요한 기술이라고 생각합니다.

챗GPT 당신으로 인해 많은 AI 정보 윤리 문제가 발생한다는 의견이 있습니다. 어떻게 생각하세요?[1]

제가 생성하는 응답은 인간이 입력한 데이터를 기반으로 생성되며, 제가 생성한 응답을 사용하는 것은 여전히 인간의 판단에 따라 결정되어야 합니다. 그러므로 인공 지능 기술의 사용에는 정보 윤리 문제가 발생할 수 있습니다.

인공 지능의 발전은 빠르게 진행되고 있기 때문에 우리는 이러한 문제들을 인식하고 적극적으로 대처해야 합니다. 이를 위해서는 정보 윤리에 대한 이해와 인공 지능 기술의 사용에 대한 책임적인 접근이 필요합니다. 또한, AI 시스템의 설계 및 구현 과정에서 이러한 문제들을 미리 예측하고 예방하기 위한 노력이 필요합니다.

저는 인공 지능 기술이 발전함에 따라 정보 윤리 문제가 발생할 수 있지만, 이러한 문제들을 해결하기 위한 노력이 계속 이루어지고 있다는 점에 대해 긍정적으로 생각합니다.

 **Microsoft Bing** 창가에서 비 내리는 모습을 보는 두 사람의 연인을 선과 색을 사용해서 그려주세요.[2]

[1] 챗GPT 활용 확산과 함께 AI 학습용 데이터를 둘러싼 저작권 보호 문제가 쟁점으로 떠오르고 있다. 미국 WSJ과 CNN 방송, 영국 데일리메일은 오픈 AI와 구글이 챗봇 AI 학습을 위해 자사 기사들을 무단으로 사용하고 있다며 이들을 상대로 소송을 검토하고 있다. 반면 한국 정부는 AI 산업을 발전시키겠다는 취지에서 AI 학습을 위해 타인의 저작물을 활용하더라도 저작권 침해로 보지 않는 면책 기준을 마련하겠다는 입장이다.

[2] https://www.bing.com/images/create?

Chapter **03**

인간 행동의
이해와 설득 심리

미리보기

"멀리서 귀한 손님이 와서 이야기를 마친 후에 식사를 하러 이탈리안식 레스토랑에 갔다. 메뉴판을 보니 루꼴라 크림 소스 스파게티 35,000원, 안심 토마토 파스타 30,000원, 모짜렐라 토마토 파스타 25,000원, 나폴리식 고등어 파스타 20,000원, 오징어 먹물 로제 파스타 10,000원의 5가지 메뉴가 있다. 당신은 내심 오징어 먹물 로제 파스타를 먹고 싶다."

위의 상황에서 당신은 어떤 메뉴를 선택하겠는가? 그 이유는 무엇인가? 다른 사람과 메뉴를 선택한 결과에 대해 이야기해보자. 이 사례가 시사하는 바는 무엇인가? 이와 유사한 사례에는 무엇이 있는가?

연구문제

제3장에서는 다음과 같은 질문에 대해 탐색하고 학습한다.

❶ 인간은 어떤 방식으로 선택하는가?

❷ 설득력의 원천(힘)은 무엇인가?

❸ 설득 심리학에는 어떤 원리들이 있는가?

❹ 설득 심리학을 어떻게 활용할 것인가?

① 인간을 바라보는 관점

어떤 일을 놓고 의사 결정을 할 때 사람들은 크게 경제적 합리성 모델과 제한된 합리성 모델에 근거하여 선택을 한다.[1]* 이 두 가지 모델을 보면 인간 행동의 다양성을 이해할 수 있다. 인간 행동을 이해하는 것은 관계 형성이나 소통에 긍정적 영향을 준다.

1 경제적 합리성 모델

경제적 합리성 모델은 합리주의적인 인간(economic and rational man)을 가정한다. 이는 최소의 투입(비용)으로 최대의 효과(산출)를 얻으려 한다는 경제성 모델에 근거한 인간관으로서 사람은 어떤 의사 결정을 할 때 가능한 한 많은 대안들을 모색하고 평가하여 경제적으로 최적인 대안을 선택한다는 것이다.

우리가 물건을 구매할 때 백화점이나 대형 쇼핑몰 등의 오프라인 매장에서 제품의 성능, 가격 등을 확인한 후 동일한 상품을 온라인상에서 최저 가격을 비교한 후 구매하는 경우가 대표적인 사례이다.

2 제한된 합리성 모델

인간을 인식하는 또 다른 시각으로 사이먼(Herbert Simon)의 제한된 합리성(rationality bounded)이라는 개념이 있다.*[2] 인간은 어떤 선택을 할 때 "이성에 따른 경제적, 합리적 결정만을 하는 것은 아니다"라는 것이다. 이는 정보 접근성의 한계와 부정확성, 인지 능력의 한계, 선택 결과에 대한 불확실성 지각, 개인의 성격 차이, 심리적 압박, 그리고 시간 부족 등으로 최적 대안의 선택이 사실상 불가능하다는 관점이다. 제한된 합리성은 인간을 합리적인 동시에 비합리적인 존재로 인식하는 사고방식이다.

토의 3-1

가족이 누구보다 소중하다고 생각하면서도 가족들을 함부로 대한다.
건강에 해롭다는 것을 알면서도 술·담배를 끊지 않는다.
내 사람이 아닌 걸 알면서도 그(녀)에게 집착한다.
우리는 후회할 것을 뻔히 알면서도 후회할 짓을 한다.

❶ 사람들은 대체 왜 이러는 걸까? 그 이유에 대해
   토의해보자.
❷ 이와 유사한 사례로 무엇이 있는지 서로의 경험을
   공유해보자.

미리보기 사례의 핵심은 인간이 늘 합리적인 이해득실만 따져가며 행동하지는 않는다는 것이다. 사람과 상황에 따라서 경제적인 측면 외에 명예나 체면과 같은 심리적 요인이 선택에 커다란 영향을 미친다.

우리가 제품을 구매할 때도 외형이나 기능과 같은 효용성(utility), 제품의 가격이나 공간적 거리와 같은 접근성(access)을 보고 구매하기도 하지만, 기능이나 가격보다는 기업의 브랜드 이미지나 주변 사람들이 사는 걸 보고 자기만 안 사면 뭔가 소외될 것 같은 느낌 때문에 얼떨결에 구매하는 경우도 많다. 이와 같이 제품이나 서비스가 제공하는 심리적 가치 때문에 구입하는 것을 친밀성(affinity)에 따른 구매 행위라고 한다.

로또에 당첨될 확률은 벼락 맞을 확률보다 낮다는 것을 뻔히 알면서도 수많은 사람이 매주 로또를 구매한다. 로또를 구매하는 순간에 느끼는 '선택의 즐거움'과 로또 추첨일까지 기다리는 1주일간의 기대 희망이라는 정서적 가치 때문에 사람들은 어떻게 보면 비합리적인 구매 행위를 계속한다.[3]

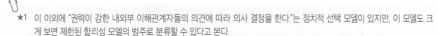

★1 이 이외에 "권력이 강한 내외부 이해관계자들의 의견에 따라 의사 결정을 한다."는 정치적 선택 모델이 있지만, 이 모델도 크게 보면 제한된 합리성 모델의 범주로 분류할 수 있다고 본다.

★2 Simon, H. A.,(1957), Administrative Behavior: A Story of Decision Making Process in Administrative Organization, New York: Free Press.; 백기복(2014), pp. 432-433 재인용.

★3 6개의 숫자가 모두 맞아야 하는 로또의 1등 당첨 확률은 1/8,145,060이다. 그리고 로또는 주택 복권이나 스포츠 복권 등과는 달리 자신이 직접 번호를 선택할 수 있는 특별한 서비스를 제공한다.

구찌나 프라다, 샤넬, 페라가모, 루이비통, 에르메스 등과 같은 명품 가방은 가격이 올라가도 오히려 수요가 증가하는 이상한 시장이다. 실제로 어려운 경제 상황에서도 대표적인 명품 브랜드인 에루샤의 실적은 급상승했다. 명품 가방의 거품을 제거하고 가격을 내리면 오히려 수요가 감소할 가능성이 더 커 보인다. 쥐꼬리 만한 월급을 받는 직장인이 몇 달, 아니 몇 년 동안 모은 돈으로 사치품을 구매하는 이른바 '확 질러' 버리는 비상식적 구매 행위도 다반사로 발생한다. 이를 작은 사치(small indulgence) 트렌드라고 한다.[1]

이와 같이 인간은 의사 결정을 함에 있어 항상 가능한 모든 정보를 수집하고 분석해서 최소의 비용으로 최대의 효과를 보는 합리적 선택을 하는 것만은 아니다. 오히려 사회화 과정에서 형성된 고정 관념이나 사회·문화적 가치 등에 의존해서 비합리적이고 비이성적인 선택을 하는 것을 수시로 목격할 수 있다. 소설가 양귀자는 그의 소설 '모순'을 통해 "인생은 탐구하면서 살아가는 것이 아니라, 살아가면서 탐구하는 것이다. 실수는 되풀이된다. 그것이 인생이다…"라고 했다. 인간의 제한된 합리성을 잘 표현한 명문장이다.[2]

우리는 일상생활에서 벌어지는 작은 일들에 대해서는 경제적 합리성 모델에 따른 선택을 자주 하고, 중요한 일에 대해서는 오히려 제한된 합리성 모델에 따른 선택을 하는 경향이 있다. 본질적으로는 반대로 의사 결정해야 함에도 불구하고 우리는 거꾸로 된 의사 결정 패턴을 보인다.[3]

② 설득 심리학의 이해와 활용

커뮤니케이션의 주 목적 중의 하나가 설득이라고 했다. 특히 자신과 반대되는 태도나 신념을 가진 사람을 설득하기 위해서는 다양한 설득력의 원천을 이해하고 설득 심리학을 체득하여 적절히 활용하는 것이 필요하다. 같은 말도 누가, 어느 위치(지위), 어느 자리(상황)에서 어떻게 하느냐에 따라 그 의미와 영향이 달라지기 때문이다.

① 설득력의 원천

설득력의 원천(힘)으로는 합법성, 윤리성, 전문성, 선례, 그리고 끈질김의 다섯 가지가 있다. 설득에 임할 때 힘의 원천이 무엇이고, 상대방은 어떠한 힘을 가지고 있으며 나의 파워를 극대화할 수 있는 방법은 무엇인가를 분석, 연구하는 것이 중요하다.[4]

(1) 합법성의 힘

합법성의 힘(Power of legitimacy)은 사람들이 이의를 제기하지 않고 당연하다고 믿거나 인정하는 법, 규정, 규범 등으로부터 나오는 힘이다. "법대로, 원칙대로 하자"는 것은 문제나 갈등 상황에서 중요한 역할을 한다. 합법성의 힘은 가장 강력한 권력의 원천이다. 권력은 주로 직위, 즉 자리에서 나온다. 그(녀)가 어느 조직의 어떤 부문에서 얼마나 높은 자리에 있느냐는 권력 인식의 척도가 된다. 직위는 조직의 규정에 따라 정해진 권한을

주어진 임기 동안에 행사할 수 있게 한다. 사회에서의 갑을 관계와 이에 따른 갑질은 아이러니컬하게도 합법성의 힘에 기초한다.

★1 페이스 팝콘(2000), 클릭! 미래 속으로, 21세기 북스; 페이스 팝콘은 이 책에서 미래 트렌드를 예측했다. 그녀는 코쿠닝 트렌드, 유유상종 트렌드, 환상 모험 트렌드, 반항적 쾌락 트렌드, 작은 사치 트렌드, 마음의 안식처 트렌드, 개성 찾기 트렌드, 여성적 사고 트렌드, 남성 해방 트렌드, 99가지 생활 트렌드, 행복 찾기 변신 트렌드, 건강 장수 트렌드, 젊어지기 트렌드, 소비자 감시 트렌드, 우상 파괴 트렌드, S.O.S 트렌드, 그리고 공포의 기류 트렌드 등의 17가지 트렌드를 사례를 들어 예측했다. 현재 대부분의 트렌드가 사회, 경제 전반에 걸쳐 현실화되었고 진행 중이다.

★2 양귀자(2017), 모순, 쓰다, p. 296.

★3 그레셤 법칙을 참조한다.(p. 309)

★4 J. R. P. French and B. Raven(1959), "The Bases of Social Power" in Studies in Social Power, ed., D. Cartwright, Ann Arbor, University of Michigan Press, pp. 150-167; 프렌치와 레이븐은 조직에서 사용되는 권력을 보상적 권력(reward power), 강제적 권력(coercive power), 합법적 권력(legitimate power), 준거적 권력(reference power), 그리고 전문적 권력(expert power)의 다섯 가지로 권력 유형을 구분했다. 이중 보상적 권력과 강제적 권력, 합법적 권력은 조직 중심적 권력으로서 조직의 직위(position)로부터 힘이 나온다. 한편 준거적 권력과 전문적 권력은 개인중심적 권력으로서 개인의 역량(personnel competency)으로부터 힘이 나온다.

합법성의 힘은 양날의 칼과 같다. **권력은 의존의 역함수 관계이기 때문이다.** 내가 누군가에 대한 의존도가 높을수록 그(녀)에 대한 나의 힘은 작아진다. 반면 의존 관계가 약하면 나의 힘은 커진다. 막강한 권력으로 갑질을 일삼던 누군가가 그 자리에서 물러나는 순간 권한은 사라지고 의존 관계가 약해진 을이 보복할 수 있다. 아니면 권력의 자리에 있는 사람과의 의존 관계를 끊고(사업 관계 청산이나 퇴직, 절연 등) 현직에 있는 사람에게 보복할 수도 있다. 권력을 잘 써야

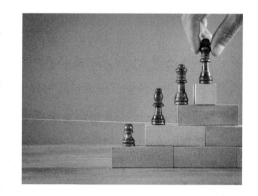

하는 이유이다. "있을 때 잘해"라는 격언은 틀리지 않다.

위에서 권력 인식이라는 용어를 사용했다. 이는 같은 권력이라 해도 그 힘을 느끼는 정도가 사람마다 다르다는 것이다. 누군가에게는 대단한 힘을 가진 사람이라 해도 내게는 아무 것도 아닌 사람일 수 있다. 이는 의존 관계가 약하거나, 아예 기대를 하지 않거나, 가치관이 달라 가까이 하고 싶지 않다거나, 아니면 그(녀)와의 생활이 일상화되어 무디어진 경우이다. 권력은 그 자리에 그대로 있는데 사람에 따라, 시간에 따라 그 권력에 대한 인식은 변한다. 세상에 있는 모든 것은 변한다.

합법성의 힘을 인정하는 전형적인 행동은 각종 서류에 서명 날인하는 것으로 이는 법적 책임을 지겠다는 의사 표현이다. 모든 경제·사회적 활동은 문서(기안서·계약서·협약서·약정서·서약서 등)에 서명 날인함으로써 법적 효력이 발생한다. 따라서 중요한 거래 관계는 반드시 비즈니스 문서를 작성하고 서명 날인해야 한다. 반대로 비즈니스 문서에 함부로 서명하거나 도장을 찍어서는 안 된다. 성격 좋고 사람 좋다는 소리를 듣는 사람은 더더욱 유념해야 할 말이다.

(2) 윤리성의 힘

윤리성의 힘(Power of ethics)은 도덕적 기준에 적합할 때 나오는 힘이다. 일반적으로 진보 성향 정당의 권력 원천은 윤리성에 기원한다. 과거 미투 운동 사례는 윤리성의

힘이 얼마나 폭발적인지 단적으로 입증해주는 사건이다. 하늘을 나는 새도 떨어뜨린다는 권력자들이 하루 아침에 추락하는 경우를 심심치 않게 보게 되는데, 그 원인의 대부분은 도덕성 실추에 따른 것이다.

도덕성에 못지않게 일상에 영향을 미치는 것이 체면의 힘이다. 우리나라 사람들은 생활 전반에 걸쳐 체면에 신경을 쓴다. 명절맞이 인사, 축의금과 조의금, 선물의 선택, 메뉴 선택 등 남과 연계된 것이라면 무엇이나 다 체면과 연결된다. 사람들은 체면 때문에 때로는 불편함과 불이익을 감수하기도 한다. "다른 사람들의 존중을 받으려면, 품위 있게 보이려면, 경우가 바른 사람이라면, 또는 유능한 사람이라면…"이라는 등의 표현은 바로 이런 체면 의식을 의미하는 것이다.

(3) 전문성의 힘

전문성의 힘(Power of expert)은 직무와 연계된 지식이나 기술·경험·노하우 또는 독점적 정보에 바탕을 둔 힘이다. 교수나 의사, 변호사, 변리사, 기술사, 컨설턴트와 같은 전문직 종사자는 물론 중요한 프로젝트를 수행한 경험이 있는 사람들이 힘을 발휘한다.

(4) 선례의 힘

선례의 힘(Power of previous cases)은 관행이나 과거의 사례 등으로부터 나오는 힘이다. 공공 기관에 제출된 제안서를 심의할 때 '프로젝트 수행 실적'을 주요 평가 항목으로 삼는 것은 선례의 힘에 따른 것이다. 또한 마땅한 선택의 기준이 없을 경우 관례나 과거 사례, 또는 국내외 사례를 참고하여 일을 처리하는 경우도 이에 해당한다.

(5) 끈질김의 힘

끈질김의 힘(Power of persistence)은 인내를 가지고 오래 버팀으로써 목적을 달성하는 경우이다. 일을 한번 시작하면 끝을 보고 마는 강인한 의지와 실행력은 다른 사람들로 하여금 카리스마를 느끼게 하여 힘을 발휘하도록 한다.

토의 3-2 당신이 가진 설득력의 원천(힘)은 무엇인가? 그 밖의 다른 힘의 원천은 무엇인가? 앞으로 어떤 설득력의 원천을 개발해야 할 것인가? 이에 대한 의견을 다른 사람과 토의해 보자.

② 설득 심리학

상대를 설득하기 위해서는 그 사람이 진정으로 가치 있다고 생각하는 것, 동기를 유발시키는 것과 같은 심리적 요인들을 파악해야 한다. 인간이 주어진 상황을 어떻게 인식하고 평가하는가에 대한 심리학적 원리들을 이해하는 것은 설득을 위한 비즈니스 커뮤니케이션에서 중요하다.

(1) 선택적 인식 원리

사람들은 어떠한 사물이나 현상을 카메라 렌즈처럼 있는 그대로 정확하게 인식하는 것이 아니라 개인의 가치관이나 신념, 욕구, 관심, 경험 등에 따라 선택적으로 인식한다. 인간은 자신이 좋아하는 사람의 이야기에 귀를 기울이고, 그 내용 또한 자기 좋을 때로 해석하는 경향이 있다. 어떤 사람에 대해 좋은 감정을 가지고 있으면 상대방의 말을 들을 때에도 긍정적으로 듣고, 나쁜 감정을 가지고 있으면 부정적으로 듣는다.[1]

따라서 설득할 때에는 상대방이 어떠한 가치관과 신념을 가지고 있으며 무엇에 관심 있는가를 아는 것이 중요하다. '지피지기면 백전백승'이라고 할 수 있다. 아울러 그들과 관련이 있는 예화나 경험, 실례 등을 들려줌으로써 듣는 사람과 좀 더 친해질 수 있으며, 분위기도 더 부드러워질 수 있다.

선택적 인식 원리는 연회장 효과(cocktail-party effect)와 관련이 깊다. 연회장 효과는 시끄러운 주변 환경에 개의치 않고 자신에게 의미 있는 정보만을 선택적으로 받아들이는 것으로 자기 관련 효과(self-referential effect)라고도 한다.

한 가지 일에 몰두하다 보면 다른 일은 눈에 들어오지 않는다. 유치원 졸업 단체 사진에서 자녀를 바로 찾아낸다든지, 많은 사람 속에서도 멀리서 걸어오는 애인을 바로 알아본다든지, 스마트폰을 열심히 보다 내려야 할 역을 지나치는 경우 등은 모두 이에 속한다.

(2) 상호성의 원리

심리학자 리건(Regan, 1971)은 두 사람씩 짝을 지어 다양한 그림을 감상하고 그것을 평가하도록 요청하는 실험을 했다.[2] 그런데 이들 두 사람 중 한 사람은 리건 교수의 실험 조교였는데(이 사람을 A라고 부르자), 그 역시 아무것도 모르는 피실험자처럼 가장하고 실험에 참가했다.

실험은 두 가지 조건의 상황에서 실시되었다. 첫 번째 상황에서 A는 요청받지 않은 조그만 호의를 상대방 피실험자에게 제공했다. 실험 중 휴식 시간에 A는 잠시 자리를 비우더니 두 병의 코카콜라를 손에 들고 돌아왔다. 한 병을 다른 피실험자에게 주면서 A는 다음과 같이 말했다. "실험실 옆방에 갔는데 콜라가 있기에 마셔도 되냐고 물어 보았더니 괜찮다고 해서 네 것도 가져왔어. 자 마셔!"

다른 두 번째 상황에서는 A가 상대방 피실험자에게 아무런 호의도 베풀지 않은 채 쉬는 시간이 끝난 후 빈 손으로 돌아왔다. 이 점만 제외하고는 A는 두 가지의 상황에서 동일하게 행동했다.

그림에 대한 평가 작업이 모두 끝나고 실험이 종료되기 직전에 A는 넌지시 그의 동료 피실험자에게 다음과 같은 부탁을 했다. "우리 기숙사에서 자선 모금을 위하여

---

[1] 선택적 인식이 강화되면 확증 편향으로 진행되며 이는 첨예한 갈등의 원인이 된다.
[2] Regan, R. T.(1971), Effect of a favor and linking on compliance, Journal of Experimental Social Psychology, 7, pp. 627-639; 로버트 치알디니(2005) 재인용.

행운권을 팔고 있는데 가장 많이 행운권을 판 사람에게 50달러를 상금으로 준대. 행운권 값이 25센트인데, 몇 장 사 주지 않겠니?" 이 연구의 실험자는 위에 설명한 두 가지 상황에 따라 피실험자가 몇 장의 행운권을 A로부터 구입할 것인가에 관심을 집중했다.

그 결과 작은 호의를 받은 피실험자들이 그렇지 않은 피실험자들보다 두 배나 많은 행운권을 구입했다.

위의 연구 결과는 '상호성의 원리'라고 불리는 막강한 힘을 가진 설득 원리를 제시하고 있다. 우리는 다른 사람이 우리에게 베푼 호의를 그대로 갚아야 한다는 의식을 가지고 있다. 만일 어떤 사람이 당신의 생일을 기억하여 생일 선물을 보내면 당신도 그의 생일을 기억하고 생일날 선물을 보내야 하며, 또 만일 어떤 사람이 당신을 저녁 식사에 초대하면 언젠가는 당신도 그들을 저녁 식사에 초대해야 한다는 것이다. 상호성의 원리  는 남의 호의, 선물, 초대 등이 결코 공짜가 아니라 분명 미래에 당신이 갚아야 할 빚이라는 사실을 우리에게 일깨워 주고 있다.[*1]

상호성의 원리는 지속적인 사회적 교환(social exchange)이 유지되려면 교환(exchange), 호혜(mutual benefit), 그리고 관계(relationship)라는 세 가지 중요한 측면이 필요하다는 것을 말해준다.[*2] 즉, 교환이 발생하되 서로에게 혜택이 되는 호혜적 교환이 일어나야 하고, 그러한 호혜적 교환이 장기간에 걸쳐 발생함으로써 신뢰 관계가 형성된다는 것이다.

(3) 일관성의 원리

사람은 일관성을 중시한다. 일관성이란 두 개 이상의 요소가 서로 일치하는 정도를 일컫는다. 말과 말 사이의 일관성, 말과 행동 사이의 일관성, 태도나 신념 사이의 일관성, 그리고 태도나 신념들과 행동 사이의 일관성이 유지되어야 마음이 편하다.[*3]

캐나다의 두 심리학자는 경마장에서 사람들의 행동을 연구하던 중, 매우 흥미로운 사실을 발견했다.[4] 그것은 사람들이 특정 말에 돈을 건 후에는 돈을 걸기 전과 비교하여 그 말이 경마에서 우승할 확률이 더 높다고 생각한다는 것이다. 물론 돈을 걸기 전이나 후의 특정 말의 우승 확률에는 변함이 없었다. 똑같은 말이 똑같은 경마장을 달리게 되지만 일단 특정 말의 경마권을 사게 되면 이야기는 달라지게 된다. 갑작스럽게 자신의 말이 우승할 것이라는 자신감이 샘솟듯 넘친다는 것이다.

이것은 우리가 지금까지 행동해온 것과 일관되게 행동하려는 거의 맹목적인 욕구를 말한다. 일단 우리가 어떤 선택을 하거나 입장을 취하게 되면 그러한 선택이나 입장과 일치되게 행동해야 한다는 심리적 부담감을 느끼게 된다. 그리하여 이런 부담감은 우리로 하여금 이전에 취한 선택이나 입장을 정당화하는 방향으로 행동하게 한다.[5]

그래서 '한 입으로 두 말하는 것'이나 '언행이 일치하지 않는 것'을 부끄러워한다. 특히 교육 수준이 높고 아는 것이 많은 사람일수록 일관성을 유지하려는 욕구가 강하다. 그래서 스스로 '똑똑하다'고 생각하는 사람들을 설득할 때는 이런 일관성 심리를 이용하는 것이 좋다.

(4) 대조 효과

사람들은 같은 내용이라도 주변 환경이나 상대적 위치에 따라 그 가치를 다르게 인식한다. 멋진 남자 배우가 등장하는 영화를 보고 난 후에 보통 외모의 남자 친구가 갑자기 초라해 보이는 이유는 이와 같은 맥락에서 이해할 수 있다.

★1 로버트 치알디니, 이현우 옮김(2005), 설득의 심리학, 21세기북스, pp. 51-78 핵심 내용 요약 정리.
★2 Coyle Shapiro, J. A-M., & Shore, L. M.(2007), The employee-organization relationship: Where do we go from here?, Human Resource Management Review, 17, pp. 166-179, 백기복(2014), p. 35 재인용.
★3 로버트 치알디니(2005), pp. 105-126 핵심 내용 요약 정리.
★4 Knox, R. E., & Inkster, I. A.(1968), Post decisional dissonance at post time, Journal of Personality and Social Psychology, 8, pp. 319-323; 로버트 치알디니(2005) 재인용.
★5 Fazio, R. H., Blascovich, J., & Driscoll, D.(1992), On the functional value of attitudes, Personality and Social Psychology Bulletin, 18, pp. 388-401; 로버트 치알디니(2005) 재인용.

자동차 판매점에서는 새 차의 가격에 대한 흥정이 끝나기 전에는 자동차 옵션에 대해 이야기하지 않는다. 그러나 흥정이 끝나자마자 그들은 이런 저런 옵션의 장점에 대해 소개하기 시작한다. 자동차 가격에 비해 옵션 가격은 상대적으로 낮게 인식되기 때문에 영업사원의 설득에 쉽게 동의하게 된다. 의류 매장 직원이 먼저 비싼 옷을 보여준 후에 비슷한 스타일의 다른 옷을 싼 가격에 제시한다면 소비자의 구매 확률이 높아진다.

(5) 권위 효과

사람은 권위에 약하다. 어려서부터 부모님의 권위와 선생님의 권위에 복종하도록 훈련받아온 우리는 권위에 거의 맹목적으로 복종하는 경향이 있다. 밀그램이라는 미국 심리학자의 실험에 의하면 "사람은 권위를 갖춘 자가 명령만 한다면 사람을 죽일 수도 있을 정도"라고 한다.[1]

미국 보건성의 보고에 의하면 환자의 투약 과정에서 매일 평균 12%의 실수가 발견되었다고 한다. 이러한 투약 과정상의 실수 원인은 매우 다양하다. 투약 사고의 가장 중요한 원인은 병원 근무자들이 주치의의 지시에 너무도 맹목적으로 복종하고 있기 때문이라고 한다.

수많은 투약 사고에서 공통적으로 발견되고 있는 현상은 병원의 환자, 간호사, 약사, 그리고 인턴, 레지던트들이 담당 주치의의 처방전을 의심 없이 받아들이는 것이었다.

코헨과 데이비스(Cohen & Davis)에 의해 제시된 한 사례를 소개한다. 귀에 염증을 앓고 있는 환자의 주치의는 환자의 오른쪽 귀에 투약할 것을 지시했다. 그러나 투약을 위한 처방전에 'Place in Right ear(오른쪽 귀에 투약하시오)'라고 쓰는 대신 약식으로 'Place in R ear'라고 적었다. 의사의 처방전을 받아든 당직 간호사는 의사의 처방전을 'Place in Rear(뒤에, 즉 항문에 투약하시오)'라고 오해하여 귀에 넣어야 할 약을 환자의

항문에 집어넣고 말았다. 귀에 염증을 앓고 있는 환자를 위하여 항문에 투약하는 것은 아무리 생각해도 이해되지 않는 일이지만 환자나 간호사 어느 누구도 이 처방전에 이의를 달지 않았다.[2]

(6) 사회적 증거 효과

사회적 증거 효과는 모방 심리와 안전 요구 심리에 기인하는 것으로 사람들은 다수의 편에 서야 심리적 안정감을 느낀다. 어떻게 해야 할지, 또 어떤 물건을 사야 할지에 대한 확실한 아이디어가 없는 사람일수록 남이 하는 대로 따라 하려는 경향이 강하다.[3]

천만 관객 돌파 영화, 줄을 서서라도 기어코 먹고자 하는 맛집, 사람이 많이 몰린 곳에 시선과 관심이 머무는 것, 유행하는 상품을 하나쯤은 구매하는 것 등은 모두 사회적 증거 효과와 관련이 깊다.

주위에서 '가장 많이 팔린', '무섭게 성장하는', '30대 워킹맘들에게 가장 인기 있는', '동종업계에서 시장 점유율 선두를 달리고 있는' 등과 같은 광고 카피들을 자주 접할 수 있다. 이러한 광고 카피들 역시 사회적 증거 효과와 관련된 심리 효과를 기대한 것이다.

(7) 희소 효과

사람들은 희소성이 있는 것일수록 가치를 높게 평가하는 경향이 있다. 최근 런던 소더비 경매에서 15억 원이 넘는 고가에 팔린 뱅크시(Banksy)의 '풍선과 소녀' 그림이 경매 직후 저절로 찢어지는 사건이 발생했다. 영국 출신의 얼굴 없는 거리 예술가로 불리는 뱅크시는 전 세계 도시의 거리와 벽 등에 그라피티(낙서처럼 그리는 거리 예술)를 남기는가 하면 유명 미술관에 자신의 작품을 몰래 걸어두는 등의 파격적인 행보로 유명하다.

[1] Milgram, S.(1974), Obedience to authority, New Work: Harper & Row: 로버트 치알디니(2005), pp. 292-301 참고.

[2] 로버트 치알디니(2005) p. 291.

[3] Cialdini, R. B.(1988) , Influece: Science and practice, Glenview, Illinois: Scott, Foresman and Company.

소더비 측은 누군가가 리모컨으로 액자 내 기계 장치를 작동시킨 것으로 추정하고 있다. 일각에서는 이번 일로 작품의 가치가 더욱 높아질 수 있다고 본다.

(8) 호감 효과

사람들은 친근한 것이나 자신에게 호의적인 사람에게 더 호감을 느끼는 경향이 있다. "같은 입장에 처해 있다든지, 같은 업종에 종사하고 있다든지, 같은 생각을 하고 있다든지…." 또는, "같은 학교, 같은 고향이라든지 등…." 뭔가 상대방과 일치되는 면이 있으면 호감을 느낀다. 따라서 상대방과 서로의 배경에 대해 얘기하거나 화제에 동감을 표시함으로써 정서적인 동질감을 이끌어 내는 것은 커뮤니케이션에서 중요하다. 또한 상대방과 비슷한 처지에 있는 사람들이나 그가 모델 케이스로 삼을 만한 인물들을 인용해서 이야기하면 효과적으로 설득할 수 있다.

(9) 반발 효과

사람은 남이 자신의 자유를 제한하려 한다는 판단이 서면 무작정 반발부터 하는 경향이 있다. 상대가 하는 말이 합당하다 하더라도 그가 자신의 행동을 통제하려 한다는 생각이 들면 상대가 원하는 방향과 반대 방향으로 움직이게 된다. 이러한 심리를 반발 효과라고 하는데 (Brehm,1966), 반발 심리 중에서 대표적인 것이 '로미오와 줄리엣 효과(Romeo & Juliet Effect)'이다.★

이는 주위 사람들이 자신의 연애 관계를 깨뜨리려 하면 할수록 상대를 더욱 사랑하게 되는 경향을 말한다. 당사자의 입장에서 보면 사랑은 자신의 자유인데, 이것을 남이 통제하려 하기 때문에 반발심이 생겨나 더욱 상대를 사랑하게 되는 것이다. 반발하게 되면 오히려 설득하려는 방향과 반대로 움직이게 되므

로 상대의 비위를 자극하는 일은 피하는 것이 좋다. 이성적으로는 잘못이라는 판단을 하면서도 반대를 위한 반대를 하는 경우를 우리는 흔히 볼 수 있다.

토의 3-3

설득 심리학에서 말하는 심리학적 원리를 일상의 커뮤니케이션과 비즈니스 상황에서 어떻게 활용할 수 있는지 연구하고, 그 결과를 다른 사람들과 토의해보자.

심리학적 원리	사례(일상·비즈니스 상황)	심리학적 원리의 활용 방법
❶ 선택적 인식 원리		
❷ 상호성의 원리		
❸ 일관성의 원리		
❹ 대조 효과		
❺ 권위 효과		
❻ 사회적 증거 효과		
❼ 희소 효과		
❽ 호감 효과		
❾ 반발 효과		

★ Brehm, J. W.(1966), A theory of Psychological reactance, New York: Academic Press.

수행 과제

다음의 두 가지 사례는 어떤 설득 심리를 설명하고 있는지 판단해보자. 이와 같은 유사 사례가 어떤 것들이 있는지 경험한 바를 이야기해보자.★

사례 1 보람이가 집에서 TV를 보고 있는데 심장병 돕기를 하는 프로그램이 방송되고 있었다. '세상에 저렇게 고통받는 불쌍한 아이들이 많구나' 하고 가슴 아프게 생각하고 있던 차에 아나운서가 "도움이 많이 필요합니다. 이 어린이들을 위해서 자그마한 정성을 모아서 도와줍시다. 지금 즉시 전화 한 통만 걸어주시면 여러분의 따뜻한 마음이 그들에게 큰 보탬이 될 것입니다."라고 애절한 목소리로 호소했다. 그 순간 내 눈에는 ARS 숫자가 굉장히 빠른 속도로 올라가면서 집계되고 있는 화면이 보였다. 가만히 있을 수 없어서 바로 전화를 걸었다. 기분이 좋았다. 얼마 안 되는 돈이지만 누군가를 도울 수 있어서 참 기뻤다.

사례 2 예슬이는 퇴근 후에 한 케이블 홈쇼핑 채널을 보게 되었다. 예전부터 사려고 했던 물건이 마침 방송을 통해 판매되고 있었다. 그 제품은 성능도 괜찮았고 가격도 괜찮아 보였다. 그런데 그녀는 수중에 돈이 별로 없었기 때문에 군침만 흘리면서 방송을 바라만 보고 있었다. 그렇게 채널을 돌리려는 순간 그녀는 그 제품을 한정 판매하고 있다는 사실을 알아차렸다. 순간 그녀는 이상한 기분을 느꼈다. 뭐라고 할까, 조급함이라고 할까, 왠지 저 제품을 지금 사지 않으면 후회할 것이라는 생각을 하는 사이에도 제품의 수량은 하나둘씩 줄어가더니 급기야 두 개밖에 남지 않았다.

이러한 예슬이의 마음을 알고나 있는 듯 방송 시간 내내 쇼핑 호스트는 물건이 몇 점밖에 남지 않았으니 서둘러 주문하라고 말했다. 제품 판매 마감 시간 2~3분을 남겨 놓고는 시계 초침이 움직이는 모습까지 보여주면서 시간이 없다는 사실을 강조했다.

그녀는 여전히 주문할까 말까 망설이고 있는데 쇼핑 호스트는 전화가 폭주하여 연결이 잘 안되고 있으니 다른 전화번호를 이용하라고 새로운 전화번호를 알려주었다. 그녀는 그 소리를 듣자 자기도 모르게 전화를 끌어당겨 제품을 주문하고 말았다. 그리고는 왠지 모를 안도감에 휩싸이면서 커다란 만족감을 느꼈다.

★ 이현우(2002), 사람의 마음을 움직이는 설득 심리, 더난출판, pp. 99-100, 182-183.

인간관계 명언

다음은 카네기 '인간관계론'에 나오는 좋은 글귀를 발췌한 것이다.★

사람의 존엄성에 상처를 주는 것이야말로 죄악이다.

당신이 잘나서 오늘날의 당신이 된 것이 아니다.

나는 대단하지 않지만 나에게는 내가 전부이다.

강과 바다가 온갖 시냇물의 왕이 될 수 있는 것은 자기를 잘 낮추기 때문이다.

남에게 대접받고자 하면 남을 대접하라.

다른 사람을 움직일 수 있는 유일한 방법은 그들이 원하는 것에 관해 이야기하고, 그것을 어떻게

하면 얻을 수 있는지 보여주는 것이다.

사람의 마음은 낙하산과 같아서 펼쳐지지 않으면 아무

소용이 없다.

당신은 논쟁에서 이길 수 없다. 왜냐하면 논쟁에서 지면

지는 것이고, 이긴다고 해도 지는 것이기 때문이다.

비난은 집비둘기와 같다. 집비둘기는 언제나 자기 집으

로 돌아오게 되어 있다.

★ 데일 카네기, 최염순 옮김(2008), 카네기 인간관계론, 씨앗을 뿌리는 사람,
   pp. 38-330.

PART
02

대인
커뮤니케이션

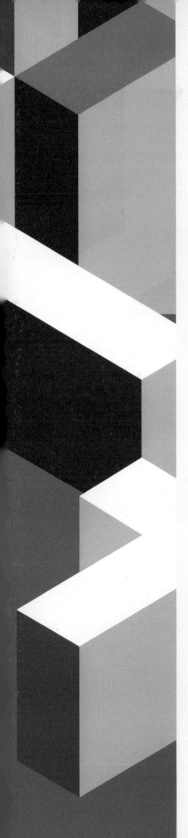

사람과 **사람** 간의
'관계'를 평안하게 하는 커뮤니케이션이 먼저다.
마음의 문이 닫히면 관계는 끝이다.

커뮤니케이션의 원칙과 방법

미리보기

어제 팀장님께 우리 팀의 활동 실적과 향후 계획에 대한 보고를 하는 미팅이 있었다. 팀장님은 좀 더 현장감 있는 보고와 대화를 위해 업무 담당자가 직접 프레젠테이션하도록 주문했고, 파트장인 나는 후배인 최영미 씨에게 프레젠테이션할 수 있도록 사전 준비를 철저히 하라고 당부했다.

어제 최영미 씨의 보고 내용은 비교적 결론이 명확하고 새로운 아이디어가 제시되었지만, 결론을 뒷받침하는 근거 자료가 부족했을 뿐 아니라 보고서가 거의 텍스트 중심의 서술형으로 되어 있어 이해하는 데 어려움이 따랐다. 나는 이 부분에 대해 최영미 씨에게 이야기하려고 한다.

역할 연기 ❶

(파트장) 영미 씨, 이리 와 앉아 봐. 자기 대체 일을 어떻게 하는 거야?

(최영미) 죄송합니다.

(파트장) 이게 죄송하다고 될 문제야? 도대체 한두 번도 아니고… 맡기는 일마다 이렇게 사고를 치면 나보고 어쩌란 말이니? 대체 정신을 어디 두고 다니는 거야? 어?

(최영미) 드릴 말씀이 없습니다.

(파트장) 보고 자료는 그게 뭐야. 줄줄이 사탕도 아니고, 뭔 내용을 구구절절이 다 말로 하냐. 신입 1년 차도 그 정도는 만들겠더라.

(최영미) (얼굴이 붉으락푸르락하며 뭔가 얘기를 하려다 꾹 참는다.) ….

(파트장) 말이 나온 김에 하는 말인데, 지난 주에도 보고서 문제로 한바탕 난리를 쳤잖아? 최영미 씨, 대체 무슨 생각으로 사세요? 네? 제발 이름 값 좀 하세요. 휴~.

(최영미) ….

위의 사례를 읽고 파트장의 커뮤니케이션에 어떤 문제점이 있는지 여러분의 의견을 제시해보자. 이때 최영미 씨의 생각과 감정은 어떠할지에 대한 견해를 말해보자.

연구문제

제4장에서는 다음과 같은 질문에 대해 탐색하고 학습한다.

1 커뮤니케이션과 연관하여 좋아하는 행동과 싫어하는 행동은 무엇인가?

2 대화의 다섯 가지 원칙과 실행 기법은 무엇인가?

3 야비(YABe)한 대화는 무엇인가?

4 지혜로운 IQ도 대화법은 무엇인가?

5 건설적 소통(疏通)과 파괴적 소통(疏痛)의 차이는 무엇인가?

① 커뮤니케이션 선호 행동 조사

개방형 SNS인 카카오 톡(Kakao Talk)과 폐쇄형 SNS인 밴드(BAND)를 통해 "커뮤니케이션과 연관해서 가장 좋아하는 사람과 정말 싫은 사람의 행동 특성을 한 가지씩만 얘기해 달라"는 문항을 통해 조사한 결과 다음과 같이 나타났다.[1]

① 좋아하는 행동

커뮤니케이션과 연관해서 가장 좋아하는 사람의 특성으로는 "끝까지 말을 잘 들어주는 사람(경청), 눈을 보면서 맞장구를 쳐주며 호응(리액션)을 잘 해주는 사람, 그리고 관심과 호기심을 가지고 상대의 말에 집중하며 배려를 잘하는 사람"의 순으로 조사되었다. 이런 결과는 남녀별로 차이가 없는 것으로 나타났다. 상세한 조사 결과는 〈표 4-1〉과 같다.[2]

표 4-1_ 좋아하는 커뮤니케이션 행동

좋아하는 사람	남	여	계
말을 잘 들어주는 사람(경청)	22	33	55
호응 잘하는 사람(눈맞춤 · 맞장구)	19	21	40
호기심과 관심을 가지고 배려해주는 사람	13	20	33
공감해주는 사람	8	17	25
새로운 아이디어·정보·피드백을 제공해주는 사람	5	13	18
상호 의견을 교환하며 협의하는 사람	8	6	14
말이 통해 고충을 털어놓을 수 있는 사람	6	6	12
이해를 잘하는 사람(핵심 파악)	3	7	10
유머와 위트가 있는 사람	1	7	8
열린 마음과 솔직하고 진정성이 보이는 사람	3	5	8
긍정적인 생각과 말	6	0	6
쉽게 설명하는 사람	1	4	5
다양한 주제의 대화가 가능한 사람	0	4	4
언행이 일치하는 사람	2	2	4
기타	5	4	9
계	102	149	251

★ 응답자에 따라 두 가지 이상의 특성을 제시한 경우도 있음.

② 싫어하는 행동

커뮤니케이션과 연관해서 정말 싫은 사람의 특성으로는 "상대방의 말을 끊고 자기 이야기만 계속하는 사람(말 많은 사람), 항상 부정적으로 말하고 상대방을 무시하는 듯한 느낌을 주는 사람, 그리고 잘난 척(있는 척)하는 사람"의 순으로 조사되었다. 남녀별로는 남성이 자기 주장이 강한 사람보다는 잘난 척하는 사람을 더 싫어하는 반

★1 조사 대상에 참여한 사람은 성인 남녀 149명(남성 67명, 여성 82명)으로, 조사는 2014년 4월 14일 하루에 걸쳐 SNS를 통해 실시했다. 조사 문항은 다음과 같다.
"커뮤니케이션과 연관해서 가장 좋아하는 사람과 정말 싫은 사람의 특성을 한 가지씩만 얘기해주세요. (급)오늘 중으로… (예)잘 들어주는 사람, 잘난 척하는 사람. 지인들 몇 사람의 의견을 조사해 알려주시면 정말 감사하겠습니다."

★2 응답 내용을 일부 통합하거나(예를 들어 경청과 공감), 커뮤니케이션과 직접적 연계성이 부족한 응답(예를 들어 진정성, 긍정성)은 제외했다. 가능한 한 응답자의 언어를 그대로 사용하여 분류했다.

면, 여성은 자기 주장이 강한 사람을 잘난 척하는 사람보다 더 싫어하는 것으로 나타났다. 상세한 조사 결과는 〈표 4-2〉와 같다.

표 4-2_ 싫어하는 커뮤니케이션 행동

싫어하는 사람	남	여	계
말허리 끊고 자기 이야기만 하는 사람	26	50	76
부정적 어투와 상대를 무시하는 듯한 사람	11	19	30
잘난 척(있는 척)하는 사람	11	14	25
자기 주장이 강한 사람	7	17	24
대화 중에 딴짓하는 사람	6	10	16
비논리적이고 장황하게 얘기하는 사람	3	6	9
호응(리액션)이 없는 사람	1	7	8
언행이 불일치하는 사람	2	5	7
지적하고 가르치려 드는 사람	1	5	6
자기 의사를 표현하지 않는 사람	3	3	6
내용을 이해 못하는 답답한 사람	2	3	5
아무 얘기 없다가 나중에 뒤에서 딴말하는 사람	1	4	5
배려심이 없는 사람	0	5	5
거짓말하는 사람	1	3	4
이기적인 사람	0	3	3
말을 옮기고 이간질하는 사람	0	2	2
주제와 관련 없는 얘기를 하는 사람	0	2	2
기타	1	2	3
계	76	160	236

토의 4-1

커뮤니케이션 선호 행동 조사 결과 자료를 참고로 하여 당신이 좋아하는 커뮤니케이션 행동과 싫어하는 커뮤니케이션 행동에 대한 의견을 제시해보자. 이를 통해 알 수 있는 소통 노하우는 무엇인가? 이에 대한 의견을 다른 사람들과 이야기해보자.

② 대화의 다섯 가지 원칙

인디언 사이에서 '돌아가며 말하기'라는 대화 방식이 있다. 독수리 깃털 같은 신성한 물건을 원을 이루고 있는 사람 중 한 명에게 전달한다. 이 물건을 가진 사람이 말하는 동안 다른 참석자들은 그의 말에만 귀를 기울인다. 이 물건은 원을 따라 돌아가는데 각 참석자들은 자기 차례가 오기 전에 말하거나 끼어들지 않는다. 발표자의 의견에 공감할 경우 부드러운 소리로 공감한다는 표시를 할 수 있을 뿐이다.

그리고 말할 차례가 된 사람은 먼저 감사의 말부터 시작한다. 그곳에 있게 해준 창조주에게 감사하고, 한 생명으로 낳아 주신 부모님에게 감사하며, 둥글게 함께 앉아 귀를 기울여주는 동료들에게 감사하다는 말을 하고 난 다음에야 비로소 자기 마음에 있던 이야기를 시작한다. 이것은 서로를 결합해주는 아주 특별한 경험이며, 참석자들은 이 모임에서 인내와 존중을 배운다.

대화의 원리는 간단하다. 상대가 싫어하는 짓을 하지 않고, 상대가 좋아하는 행동은 하는 것이다. 이를 위해서 말 자르지 않기, 평가·조언·충고 미루기, 관심 유지하기, 표현하기, 그리고 핵심 파악하기의 다섯 가지 대화 원칙을 실천한다.

① 말 자르지 않기

대화할 때는 상대의 말을 끊지 말고, 상대가 말을 마칠 때까지 기다리는 것이 기본 예의이다(Avoiding Interrupt). 상대방이 말하는 중에도 습관적으로 "그런데~" 하고 중간에 끼어들어 자기 말을 하는 사람이 있다. 이야기하고 있는 중간에 상대방으로부터 제지를 받고 기분이 좋을 사람은 없다. 앞의 커뮤니케이션 선호 행동 조사 결과에서도 '상대방의 말을 끊고 자기 이야기만 계속하는 사람(말 많은 사람)'을 가장 싫어하는 것으로 나타났다. 한편, '끝까지 말을 잘 들어주는 사람(경청)'을 가장 좋아하는 것으로 나타났다. 이를 종합하면 사람들은 **상대방의 말을 경청하며, 말이 많지 않은 사람'을 가장 선호한다**고 할 수 있다. 소통과 관련하여 깊이 새겨야 할 조사 내용이다.

말할 때는 다음의 규칙을 지킨다.

- "70%를 듣고 30%를 말한다"라는 규칙을 지킨다. 귀가 두 개이고 입이 하나인 이유는 '소통의 7 : 3 원리'를 의미한다. **소통의 기본은 말을 잘하는 것보다 잘 들어주는 것이다.**
- 상대방의 말을 자르고 끼어들지 말고, 질문이 있으면 상대방의 말이 끝난 다음에 한다.

2 평가·조언·충고 미루기

상대방이 이야기할 때 주의 깊게 듣지 않고 자신의 경험이나 동기에 근거하여 판단하고 평가하려는 사람들이 있다. 이들은 겉으로 보기에는 상대방의 말을 듣고 있지만(히어링), 머리 속으로는 다른 생각에 빠져 있다. 이들은 상대방이 말하는 사이에 자신이 말할 내용을 구상하거나 상대방 말의 허점을 찾으려고 한다. 그러다 보니 상대방의 이야기를 왜곡하여 해석하거나 주의 깊게 듣지 않는다.

대화할 때는 먼저 상대방의 감정과 상황, 의견을 파악하려고 노력한다. 그러기 위해서는 상대방에게 무슨 말을 해야 할지 미리 생각하지 않는다. 상대방의 이야기를 끝까지 듣고 나서 판단하고 평가한 이후에 조언·충고를 해도 늦지 않다(Postponing Evaluation). 내 머릿속이 복잡하면 다른 사람의 말에 집중할 수 없다. 커뮤니케이션 선호 행동 조사에서 '새로운 아이디어나 정보, 건설적 피드백을 제공하는 사람'이 베스트 5위로 나타났다. 한편, '모든 것을 다 아는 듯이 잘난 척하고, 자기 주장이 강한 사람'이 **싫어하는 사람 3, 4위로 나타났다.**

3 관심 유지하기

대화할 때에는 상대방의 말을 적극적으로 관심 있게 듣는 것이 필요하다(Maintaining Interest). 비록 자신이 알고 있는 이야기이거나 흥미가 없는 내용이라도 인내를 가지고 들어주는 노력을 한다. 이때 대화의 열쇠를 사용하면 도움이 된다. 커뮤니케이

션 선호 행동 조사에서 '관심과 호기심을 가지고 상대의 말에 집중하며 배려를 잘 하는 사람'이 베스트 3위로 나타났다. 한편 대화 중에 스마트폰을 보거나 건성건성 들으며 '딴짓하는 사람'이 싫어하는 사람 5위로 나타났다.

📢 대화의 열쇠

★ 대화의 열쇠란 상대방이 자유롭게 자신의 감정이나 문제를 이야기할 수 있도록 유도할 수 있는 간단한 말들을 가리킨다. 대화의 열쇠는 상대방으로 하여금 계속 이야기할 수 있게 격려해주는 것으로, 그렇게 할 때 상대방은 당신과 더욱 친밀감 을 느끼게 된다.

> "오 그래?", "그래서?", "속상했겠네?", "그래서 어떻게 됐는데?", "어디 한번 이야기해 봐.", "한 번 들어 보자", "그것 참 재미있는 생각인데?", "너한테는 아주 중요한 것 같은데"

④ 표현하기

다른 사람의 이야기를 들을 때 아무런 반응을 보이지 않으면 말하는 사람은 자신 의 이야기가 잘 전달되고 있는지에 대해 궁금해하고 답답해할 것이다. 그러므로 상 대방이 이러한 느낌을 갖지 않도록 적 절한 반응(reaction)을 보이는 것이 중요 하다. 눈을 마주 보거나 말로 반응을 보이거나 고개를 끄덕여 상대의 말을 적극적으로 듣고 있다는 것을 표현한 다. 또한, 이야기 내용이 바뀔 때마다 얼굴 표정에 변화를 주는 것도 필요하

다(Showing Interest). 커뮤니케이션 선호 행동 조사에서 "눈을 보면서 맞장구를 쳐주며 호응(리액션)을 잘해주는 사람, 자신의 감정에 공감해주는 사람"이 각각 베스트 2위 와 4위로 나타났다.

📢 **눈 마주침**

★ 몸을 앞으로 기울여 상대의 눈을 바라보면서 이야기를 듣는다.

📢 **음성 반응과 맞장구**

★ 상대방의 감정과 의도를 이해한다는 표시의 음성 반응과 함께 상대방의 말에 적극적으로 맞장구를 친다. 이야기를 하면서 틈나는 대로 상대를 칭찬한다.

> **음성 반응** → "아!", "와!", "으음", "응, 그렇구나," "세상에", "재미있네"
> **맞장구** → "맞아, 나도 그렇게 생각해", "나라도 그렇겠다", "그러게 말이야"

📢 **고개 끄덕임**(nodding)

★ 고개를 끄덕이는 것은 상대방의 생각과 감정에 대한 동의나 인정을 표현하는 것으로 "당신의 이야기를 경청하며 잘 이해하고 있다."는 긍정적 메시지를 전달한다.

> "당신이 말하고자 하는 의도를 잘 알겠습니다.", "당신의 입장을 이해합니다.", "당신의 말에 일리가 있습니다.", "그렇겠네요.", "당신의 이야기에 흥미가 있습니다."

5 핵심 파악하기

　상대방의 말을 주의 깊게 경청하면서 상대가 말하고자 하는 핵심 내용이 무엇인지, 진짜 말하고자 하는 바(이면 메시지)가 무엇인지 등을 알아차리려는 의도적 노력을 해야 한다(Organizing Information). 이때 메시지의 내용뿐만 아니라 느낌에도 주의를 기울여 듣는다. 상대방이 하는 말의 핵심을 파악하기 위해 반복, 환언, 그리고 요약과 같은 적극적 경청 기법을 활용하거나 이해 반응의 말을 사용하는 것이 도움이 된다. 상대방의 말을 들으면서 메모하는 것도 효과적이다.

커뮤니케이션 선호 행동 조사에서 "서로 의견을 교환하면서 대화하는 사람, 말이 잘 통하는 사람, 그리고 핵심을 파악하고 이해를 잘하는 사람"이 각각 베스트 6, 7, 8위로 나타났다.

🔊 이해 반응

★ 이야기를 들으면서 상대방이 말하는 것을 이해했는지 못했는지를 적절하게 표시하는 것이 중요하다. 이때의 적절한 이해 반응으로는 다음과 같은 표현이 있다.

> "…한다는 것이 이해된다", "내가 느끼기로는…", "네가 말한 것이 당신에게 어떤 의미가 있는지 알겠다", "잘 이해하지 못했는데 다시 말해주겠니?"

당신의 말과 행동, 누군가의 눈물을 흘리게 할 수 있습니다.

🔍 자가진단 | 소통 현황 분석

다음 각 문항을 읽고 평상시 자신의 대화 습관이나 언행에 비추어 어떠한지 다음 기준에 따라 객관적으로 평가해보자.

> **기준**   1. 전혀 아니다   2. 아니다   3. 보통이다   4. 그렇다   5. 정말 그렇다

문항 내용	평 가
1. 나는 상대방의 이야기가 끝날 때까지 잘 듣는 편이다.	1 2 3 4 5
*2. 상대방의 의견이 나와 일치하지 않는 경우 '상대방을 어떻게 설득할까?' 생각한다.	1 2 3 4 5
*3. 나는 종종 팔짱을 끼거나 등을 의자에 기대고 이야기를 듣는다.	1 2 3 4 5
4. 나는 대화할 때 상대방의 눈이나 얼굴을 바라보며 이야기한다.	1 2 3 4 5
5. 나는 상대방의 의견을 듣는 동안 집중하고 메모한다.	1 2 3 4 5
*6. 대화할 때 나의 의견을 먼저 제시하는 편이다.	1 2 3 4 5
*7. 나의 의견에 대한 평가나 부정적 피드백에 대해 바로 반응한다.	1 2 3 4 5
8. 나는 상대방의 말에 관심이나 재미가 없더라도 집중하는 편이다.	1 2 3 4 5
9. 나는 대화할 때 고개를 자주 끄덕인다.	1 2 3 4 5
10. 상대방의 의견을 이해하기 전까지는 나의 의견을 제시하지 않는다.	1 2 3 4 5
*11. 대화가 길어지면 내가 말을 많이 하는 편이다.	1 2 3 4 5
*12. 나는 상대방 말에서 논리상의 오류나 허점을 찾으려고 한다.	1 2 3 4 5
*13. 나는 대화 중에 스마트폰을 보거나 문자를 확인한다.	1 2 3 4 5
14. 나는 대화 중에 '아!', '응! 그렇구나', '세상에!'와 같은 말을 자주 한다.	1 2 3 4 5
15. 질문을 통해 상대방의 의견을 묻고, 내가 정확히 이해했는지 확인한다.	1 2 3 4 5
*16. 상대방의 의견이 나와 일치하지 않는 경우 나의 의견을 주장하는 편이다.	1 2 3 4 5
*17. 나는 상대방의 이야기를 들으며 그(녀)에게 해줄 말을 생각한다.	1 2 3 4 5
18. 나는 상대방이 이야기를 계속할 수 있도록 '오, 그래?', '그래서?', '헐, 대박!', '웬일이야' 등과 같은 반응을 한다.	1 2 3 4 5
19. 나는 상대방의 의견에 맞장구(맞아, 나도 같은 생각이야, 좋겠다 등)를 친다.	1 2 3 4 5
20. 나는 상대방의 말을 간단히 반복하거나 요약해서 진의를 확인한다.	1 2 3 4 5

각 문항에 대한 응답 결과를 다음의 집계표에 옮겨 적고 범주별로 소계 점수를 계산해보자. 이때 별표(*)가 있는 항목(집계표에 색칠된 부분)은 점수를 거꾸로 옮겨 적는다.(즉, 1이라고 응답한 경우는 5, 2이라고 응답한 경우는 4, 4라고 응답한 경우는 2, 5라고 응답한 경우는 1로 옮겨 적는다. 3으로 응답한 경우는 그대로 옮겨 적는다.)

대화 수준 진단 집계표

대화의 원칙	문 항				소 계
말 자르지 않기	1.	6.	11.	16.	
평가 · 조언 · 충고 미루기	2.	7.	12.	17.	
관심 유지하기	3.	8.	13.	18.	
표현하기	4.	9.	14.	19.	
핵심 파악하기	5.	10.	15.	20.	

토의 4-2

자신의 대화 수준을 진단해보자. 향후 팀원들과의 대화에서 개선해야 할 부분에 대한 자신의 의견과 실천 행동에 대해 정리하고, 그 결과를 다른 사람과 공유해보자.

❶ 대화 수준 진단 결과 향후 커뮤니케이션에서 개선해야 할 부분은 무엇인가? 이에 대한 당신의 느낌은 어떤가?

❷ 필자의 강의에 참석한 남녀 직장인을 대상으로 측정한 대화 수준 진단 평가 결과는 평균 63.2점으로 나타났다. 팀원들과의 상호 비교와 토의를 통해 소통의 효과를 높이기 위한 개선 방향과 실천 행동을 탐색해보자.

❸ 직장(사회)생활에서의 바람직한 대화 수준 점수는 몇 점이라고 생각하는가? 그 이유는 무엇인가?

③ 파괴적 소통과 건설적 소통

소통에는 두 가지 의미가 있다. 파괴적 의미의 소통과 건설적 의미의 소통이 그 것이다. 이때 쓰이는 **한자 소(疏)**는 그 뜻이 다르다.

🐝 그림 4-1_ 파괴적 소통과 건설적 소통

1 파괴적 소통

파괴적 소통 방식인 야비(YABe)한 대화는 상대방을 주어로 하는 대화(You-message)로 상대방의 잘못이나 결점에 대한 충고·조언(Advice), 그리고 상대방의 생각이나 행동에 대한 비평·비난이 중심이 되는 대화(Be-language)를 말한다.

(1) You-message(너 전달법)

너 전달법(You-message)은 '너(상대)'를 주어로 하여 메시지를 전달하는 대화 방법이다. 즉, 말은 내가 하고 있어도 내 말에 담긴 행동의 주체가 상대방인 대화법을 말한다. 너 전달법의 대화는 상대방에 대한 조언(Advice)이나 충고를 수반하거나 존재감에 상처를 주는 말(Be 언어)을 하게 된다. 그리고 너 전달법의 대화는 감정이 실린 격앙된 표현과 무시하는 듯한 얼굴 표정, 책망과 비난의 뜻이 담긴 제스처를 수반하는 경우

가 많다.

> 자네 지금 입사 몇 년 차야? 일을 이 정도밖에 못해? 대체 정신을 어디다 두고 다니는 거
> 야? 참, 갑갑하다. 일을 할 때는 말이야, 응? 좀 미리미리 계획을 세우고 중요도에 따라 우
> 선순위를 정해서 처리해야 할 것 아냐? 지금 이런 얘길 내가 해야 하겠냐? 휴….

(2) Advice(조언 · 충고)

상대방의 이야기를 충분히 듣고 그(녀)의 생각이나 감정, 느낌을 이해하기 전에 자신의 관점과 경험을 토대로 조언이나 충고를 먼저 하는 것(설득하거나 해결책을 제시)은 오히려 역효과를 가져온다. 상대방이 조언, 충고를 수용할 마음의 준비가 안 되어 있거나 그(녀)가 처한 상황에 적합하지 않은 조언, 충고일 경우가 많기 때문이다.

 설득하는 말투

> 자네가 선배로서 행동하는 걸 조심해야지. 명색이 선배라면 후배들의 모범이 되어야 할
> 것 아닌가?
> 너도 이제 어른이니 자기가 맡은 일은 스스로 해야지.

 해결책을 제시하는 말투

> 자네가 말을 너무 많이 해서 발생하는 문제이니 가능한 한 필요한 말만 하고 입 꼭 닫고
> 사는 게 상책이야. 제발 요청하거나 묻는 것 외에는 얘기하지 마.
> 너는 좋은 뜻으로 하는 말이지만 요즈음 얘들은 그걸 간섭이라고 생각한단 말이야. 그냥
> 신경 끊고 살아. 그게 니 신상에도 좋아.

더욱이 어떤 사람이 당신의 약점을 이야기하면서 고치라고 조언한다면 이를 기쁘게 받아들일 수 있을까 생각해보자. 이런 경우 당신은 이성적으로는 옳다고 생각하면서도 마음으로는 내심 "웬 참견이야" 하는 부정적 감정이 들 것이다.

(3) Be-Language(Be 언어)

다른 사람들과 비교하거나 상대방을 비평, 비난, 질책함으로써 부끄러움, 수치심을 느끼게 하거나 자존감에 상처를 주는 말을 Be 언어(Be-Language)라고 한다.

 비교

> 보람이 남자 친구는 저렇게 잘해주는데, 너는 그 사람 반만이라도 나에게 해봐라.
> 이모네 한울이는 이번에 우수상을 탔다고 하는 데 너는 왜 그 모양이냐?
> 김 대리는 지시만 하면 일을 바로바로 처리하는 데, 자네는 왜 그렇게 동작이 느린가?

 비평·비난·질책

> 너 언제나 철들려고 그러냐.
> 자네 그 실력가지고 어떻게 대학을 졸업했지?
> 당신 누굴 닮아 이래? 이럴 때 보면 꼭 자기 아버님을 보는 거 같아 무서워.

🔊 경고·위협·강요

> 내 말대로 하는 게 좋을 걸, 그렇지 않으면, 자네에게 별로 좋지 않을 거야.
> 내일 아침 출근하자마자 볼 수 있도록 오늘 안으로 이 보고서를 수정해서 가지고 와.
> 하지 말라고 하면 하지 마, 제발.

🔫**미리보기** 사례를 보면 파트장은 주로 영미를 질책하는 '너 전달법'을 사용하고 있으며, 잘한 행동에 대한 인정이나 칭찬도 없이 과거 일을 들먹이며 상대방을 책망하고 있다. 이에 따라 영미는 파트장에 대한 불신과 의욕 상실은 물론 마음의 상처를 입게 된다.

한편 사례에서 영미는 '죄송하다'는 말 이외에 아무 말도 하지 못했으며 파트장에게 일방적으로 언어 폭력을 당했다. 원래 소통(疏通)은 정보 공유와 설득, 동기 부여와 같은 긍정적 결과를 목적으로 하는 데  에서와 같은 대화에서는 파괴적 소통(疏痛)의 결과를 낳는다.

여기서 소통(疏痛)의 소(疏)는 '멀어지다'는 뜻으로 '관계가 소원(疏遠)해지다', '요즘 나한테 소홀(疏忽)히 대하는 이유가 뭐야?' 등과 같이 쓰이는 경우이다. 통(痛)은 '아프다'라는 뜻으로 '진통(陣痛)이 심하다', '통증(痛症)이 재발되었다' 등과 같이 쓰이는 경우이다. 즉, **파괴적 소통(疏痛)**은 대화를 하고 난 이후에 상대방에게 마음의 상처를 남기고 두 사람의 관계를 멀어지게 하는 대화를 말한다. 야비한(YABe) 대화의 결과가 바로 파괴적 소통(疏痛)이다.

2 건설적 소통

건설적 소통은 대화 결과 상대방과의 관계가 좋아지는 IQ도(IQDo) 쓰는 지혜로운 대화 방법을 말한다. IQ도 쓰는 지혜로운 대화 방법은 나를 주어로 하는 대화(I-message)로, 조언·충고보다는 질문(Question)을 먼저 하여 상대방의 생각과 감정을 들어보고, 비평·비난보다는 상대방에게 도움(Doum)이 되는 실질적이고 구체적인 해결책을 제시하는 대화 방법이다.

(1) I-message(나 전달법)

나 전달법(I-message)은 '나'를 주어로 하여 메시지를 전달하는 대화 방법이다. 즉, 상대방의 행동에 대한 자신의 생각이나 감정을 '나'를 주어로 표현하는 대화 방식이다. '내 생각에는~(I think ~)', '나의 의견은~(In my opinion~)', '나는 ~하는 게 좋겠어(I ask~)'와 같이 표현하는 것이다.

'나 전달법'은 자신이 상대방의 행동을 수용할 수 없다고 느낄 때 활용할 수 있는 기술이다.* 즉, 상대방은 잘 인식하지 못하지만 상대방의 어떤 행동으로 내가 화가 나거나 불편한 감정이 되었을 때 적합한 대화 기술이다. 상대의 행동이나 말 때문에 속상하거나 손해를 본다면 사람들은 보통 감정적으로 대응하는 것이 보통이다. 그렇게 되면 상대도 감정적으로 대응하여 싸움으로 변하기 쉽다.

그러나 나 전달법은 상대를 비난하거나 탓하지 않음은 물론, 인신공격을 하지 않으면서도 상대방의 잘못된 행동을 알려주기 때문에 나쁜 상황으로 가지 않게 한다.

상대방으로 하여금 자발적으로 행동을 변화시키도록 하기 위해서는 자신의 문제가 무엇인지를 확실히 알릴 필요가 있다. 이를 위해서는 다음 세 가지의 정보가 필요하다. 이러한 세 가지 요소를 포함하고 있는 의사 전달 방법을 '나 전달법'이라고 한다.

첫째, 문제를 유발하는 상대방의 행동은 무엇인가?
둘째, 그 행동이 자신(말하는 사람)에게 어떤 영향을 끼치는가?
셋째, 자신(말하는 사람)은 그 결과에 대해 어떤 감정 혹은 느낌을 갖는가?

'나 전달법'의 핵심은 상대방의 행동을 비난 없이 묘사하고, 자신에게 미치는 구체적인 영향과 그로 말미암아 자신이 갖게 되는 감정이나 느낌을 전달하는 것이다. 불만스러운 상대방의 행동에 대해 훈계나 비난 등을 하기보다는 나의 감정이 불편하다는 것을 알려줌으로써 상대방으로 하여금 책임감을 느끼게 할 수 있다.

나의 감정이 격해 있을 때 이런 세 가지 요소(행동, 영향, 감정 혹은 느낌)를 포함하지 않고 단순히 주어를 '나'로 표현하는 것만으로도 대화가 훨씬 부드러워지고 원활한 소통이 될 수 있다.

 예시

나는 자네가 보고서를 완성하지 않은 걸 보니 **행동**, 좀 당황스럽네 **느낌**. 그로 인해 내가 해야 할 일들도 자연스레 늦어지게 되었으니 말일세 **영향**.

자전거를 차고 앞에 놓아두면 **행동**, 나는 주차를 할 수가 없습니다 **영향**. 이런 일이 반복되니 당황스럽습니다 **느낌**.

📢 행동의 서술

★ 문제가 되는 상대방의 행동과 상황을 구체적으로 말한다. 이때 평가나 판단, 비난 의 의미를 담지 말고 객관적인 사실만을 말한다. '도대체, 결코, 항상' 등과 같은 가치 판단이나 과거 행동을 묘사하는 말을 사용하지 않는다.

> "자네가 말대꾸하니까…"(○)
> "자네가 나에게 건방지게 말대꾸를 하니까…"(✕)
> "자네가 말대꾸 할 때마다…"(✕)

📢 구체적 영향

★ 상대방의 언짢은 행동으로 인해 당신이 해야 할 일이 지체된다거나 즐거운 감정이 나 자존감에 상처를 입는 등 당신이 받는 부정적인 영향을 구체적으로 전달한다.

> "자네가 말없이 자리를 비울 때 나는 자네가 해야 할 일을 다른 사람에게 시키거나 기다리고 있어야 하네."

★ 윤옥한(2003), 윤옥한의 대인 관계 Q 자신있게 만나라, 새로운 사람들, pp. 253-254.

📢 감정

위와 같은 부정적 영향 때문에 생겨난 마음의 상처, 슬픔, 걱정, 실망 등의 감정을 표현한다. 자신의 감정을 적절하게 표현하기 위해서는 희·노·애·락·애·오·욕과 같은 인간의 감정, 즉 칠정(七情)에 관련된 어휘들을 많이 알고 그것들을 일상생활에서 사용하는 것이 좋다.

❶ 기쁨(喜)

기쁜, 힘찬, 생생한, 화사한, 활기찬, 황홀한, 후련한, 흐뭇한, 가슴 벅찬, 따사로운

❷ 분노(怒)

분한, 가혹한, 끔찍한, 막막한, 무서운, 비참한, 암담한, 억울한, 역겨운, 참담한, 초조한, 허탈한, 기분 나쁜, 기가 막힌, 성질나는, 어이없는, 충격적인, 넌더리 나는, 당황스러운, 미칠 것 같은, 세상이 싫은, 신경질 나는, 원망스러운, 위태위태한, 자포자기의, 짜증스러운, 절망스러운, 참을 수 없는, 속이 부글부글 끓는

❸ 슬픔(哀)

공허한, 먹먹한, 뭉클한, 서글픈, 서운한, 쓰라린, 쓸쓸한, 암담한, 애석한, 애끓는, 외로운, 우울한, 울적한, 적적한, 처량한, 침울한, 허전한, 허탈한, 가슴 아픈, 낙심되는, 눈물겨운, 무기력한, 울고 싶은, 애처로운, 목이 메는, 가슴이 저미는, 설움이 복받치는, 애간장이 타는

❹ 즐거움(樂)

놀라운, 상쾌한, 신나는, 짜릿한, 활기찬, 황홀한, 끝내주는, 살맛나는, 피가 끓는, 흥분되는, 날아갈 듯한, 신바람 나는, 의기양양한, 자신만만한, 전율을 느끼는

❺ 사랑(愛)

그리운, 뭉클한, 반가운, 아늑한, 애틋한, 정다운, 포근한, 감미로운, 보고 싶은, 기대고 싶은, 사랑스러운, 두근두근하는

❻ 미움(惡)

괘씸한, 귀찮은, 불쾌한, 불편한, 얄미운, 언짢은, 열받는, 못마땅한, 심술나는, 약오르는, 부담스러운, 불만스러운, 피하고 싶은

❼ 욕심(慾)

목마른, 갈구하는, 갈망하는, 게걸스러운, 탐닉하는, 탐욕스러운, 욕심이 과한, 버리지 못하는, 헤어나지 못하는, 멈추지 못하는

나 전달법과 너 전달법의 차이를 비교하면 〈표 4-3〉과 같다.

표 4-3_ 나 전달법과 너 전달법 비교

구 분	나 전달법(I-message)	너 전달법(You-message)
개 념	• '나'를 주어로 상대방의 행동에 대한 자신의 생각이나 감정, 의견을 표현하는 대화법	• '너'를 주어로 상대방의 행동에 대한 자신의 생각이나 감정, 의견을 표현하는 대화법
표 현	• 아빠가 신문을 보고 있는데 네가 떠들면(행동) 신문을 제대로 읽을 수 없어(영향) 아빠가 화가 난단다(감정). 잠깐만 조용히 해줄래?	• 야! 조용히 안 해? 숙제는 다 한 거야? 당장 네 방에 들어가 공부나 해. 도대체 누굴 닮아 저렇게 부산스러운지….
결 과	• 상대방에게 자신의 생각과 감정을 전달함으로써 상호 이해를 도울 수 있다. • 상대방에게 개방적이고 솔직하다는 느낌을 갖게 한다. • 상대방은 나의 느낌을 수용하고 자발적으로 자신의 문제를 해결하고자 하는 의도를 가지게 된다.	• 상대를 비난하고 상대에게 문제가 있다고 표현하므로 상호 관계를 파괴한다. • 상대방에게 일방적으로 강요, 공격, 비난하는 느낌을 갖게 한다. • 상대방은 변명하려 하거나 핑계를 대고 반감, 저항, 공격성 등을 보이게 된다.

📢 상황별 커뮤니케이션 기법

대화는 다양한 상황에서 이루어진다. 대화하는 당사자들의 심리 상태에 따라 서로를 대하는 방식이 달라지고, 결국 대화의 결과도 커다란 차이를 나타낸다. 먼저, 나와 상대방 모두의 감정이나 기분, 정서 등이 괜찮은 경우(I am OK, You are Ok)이다. 이때는 즐겁고 유익한 대화를 할 수 있는 상황으로 특별한 경우가 아니면 소통의 문제가 발생하지 않는다.

둘째, 나와 상대방 모두의 감정이나 기분, 정서 등이 좋지 않은 경우(I am not OK, You are not Ok)이다. 이때는 일단 대화를 회피하거나 멈추고 시간을 가지는 것이 좋다. 두 사람 모두 감정이 가라앉고 이성적으로 판단할 수 있게 되었을 때 대화에 임하는 것이 좋다.

셋째, 나의 감정이나 기분, 정서 등은 좋지만 상대방의 기분이 좋지 않은 경우(I am OK, You are not Ok)이다. 이때는 적극적인 경청이 바람직하다. 상대방의 생각과 감정을 들어주고 공감함으로써 슬프거나 화나거나 억울한 것과 같은 부정적 감정을 낮추고 이성적으로 판단할 수 있도록 돕는다.

끝으로, 나의 감정이나 기분, 정서 등은 나쁘지만 상대방은 좋은 경우(I am not OK, You are Ok)이다. 이때는 '나 전달법(I-message)'을 사용하여 대화하는 것이 바람직하다. 나 전달법을 사용함으로써 자신의 감정을 제어할 수 있고 말소리의 톤을 낮출 수도 있다. 자기를 주어로 대화하면서 화를 내거나 목소리 톤을 높이기는 쉽지 않다. 상황별 커뮤니케이션 기법을 정리하면 〈표 4-4〉와 같다.

표 4-4_ 상황별 커뮤니케이션 기법

구 분		I am	
		OK	Not OK
You are	OK	즐겁고 유익한 소통	나 전달법
	Not OK	적극적 경청	회피

그러나 상황별 커뮤니케이션 기법을 안다고 하더라도 스스로가 익숙하지 않으면 사용하기 힘들다. 모든 것에는 연습과 훈련이 필요하듯이 의사소통 기법도 마찬가지다. 처음에는 이러한 표현법이 쑥스럽고 힘들겠지만, 계속 연습하다 보면 익숙해지고 자연스럽게 된다.

(2) Questioning(질문하기)

지혜로운 대화는 상대방에 대해 평가하고 조언하고 충고하기에 앞서 질문을 통해 상대방이 처한 상황이나 생각, 행동, 감정, 느낌을 청취하여 그(녀)의 입장을 이해하는 것이다. 상대방의 의견을 들어보지도 않고 조언, 충고를 먼저 하게 되면 조언에 대한 심리적 저항에 부딪히거나 상대방의 기분을 상하게 하여 오히려 갈등을 유발하고 역효과를 가져올 수 있다.

(3) Do-Language(Do 언어)

Do 언어는 상대방의 생각과 감정을 이해한 후에 그(녀)의 문제나 잘못을 개선하는 데 도움(Doum)을 줄 수 있는 실질적이고 구체적인 조언이나 해결책을 제시하는 것이다. 즉, 상대방의 일이나 삶에 긍정적 영향을 미칠 수 있는 건설적 피드백을 제공하는 것이다.

🎥 **미리보기** 사례와 같은 상황에서 커뮤니케이션 방법을 달리한 다음의 사례를 역할 연기 해보자.

🎬 역할 연기 ❷

(파트장) 영미 씨, 할 얘기가 있는데 잠깐 차 한잔할까?

(최영미) 예, 파트장님.

(파트장) 말할 내용은 어제 영미 씨가 발표한 우리 팀 활동 실적과 향후 계획에 대한 거야.

(최영미) 죄송합니다. 준비가 많이 부족했던 것 같습니다.

(파트장) 아니야. 내 의견으로는 다른 직원들보다는 결론이 명확했고 2/4분기 활동 계획 부문에서는 특히 새로운 아이디어가 돋보였어. 다만, 결론을 뒷받침하는 근거 자료가 부족하다는 생각이 들었는데, 혹시 자료 준비에 무슨 문제라도 있었나?

(최영미) 예, 사실 2020년도 이전 자료는 문서를 아무리 찾아봐도 없고, 예전 담당자에게 전화도 해 봤는데 모른다고 해서 첨부할 수가 없었습니다.

(파트장) 그랬구나. 그럼 다른 해결 방안으로 뭐가 있을까?

(최영미) 파트장님, 시간을 좀 주시면 강남 지점에서 자료 협조를 받아 보완할 수 있을 것 같습니다. 거기는 저희와 프로젝트를 시작한 시기도 비슷하고 인원 규모도 비슷해서 그 자료를 토대로 유추할 수 있을 것 같습니다.

(파트장) 아, 그런 방법이 있었네. 역시 영미 씨는 내가 믿을 수 있는 사람이야. 믿음직스러워.

(최영미) 파트장님, 믿어 주셔서 감사드립니다. 사실 어제 보고를 잘못한 것 같아 마음이 많이 불편했었는데….

(파트장) 참, 영미 씨, 앞으로 수치와 관련된 자료는 가급적 도표를 활용해주고, 특히 예산 지원 사항은 매우 중요하니 막대 그래프로 해서 연도별 비교를 한눈에 알아볼 수 있도록 하는 게 좋을 것 같아.

(최영미) 잘 알겠습니다. 좋은 조언을 해주셔서 감사드립니다.

토의 4-3

역할 연기를 통해 느낀 점과 소통 노하우에 대한 각자의 의견을 이야기해보자.

❶ 2인 1팀이 되어 각자 파트장과 영미의 역할을 한다.
❷ 파트장과 영미는 역할 연기 결과에 대한 각자의 느낌을 공유한다.
❸ 이 역할 연기를 통해 학습할 수 있는 소통 노하우를 토의한다.
  이때 **미리보기** 사례와 비교하면서 의견을 나눈다.

미리보기 사례와 달리 역할 연기❷의 대화에서 파트장은 자신의 의견(잘한 점과 부족한 점)을 나 전달법으로 표현하고 있으며, 질문을 통해 영미가 부족했던 점에 대한 원인과 해결 방안을 이야기할 수 있도록 기회를 제공했다. 또한, 파트장은 앞으로 영미가 업무를 수행하는 데 실질적인 도움이 될 수 있는 조언을 제공했다. 그 결과 영미는 파트장에 대한 감사를 느끼고 동기가 부여되었다.

98

미리보기 사례에서 영미는 '죄송하다'는 말 이외에 아무 말도 하지 못했지만 이 대화에서는 파트장에게 문제의 원인과 해결 방안에 대한 다양한 의견을 제시했다. 원래 소통(疏通)의 목적인 정보 공유와 설득, 동기 부여와 같은 긍정적 결과가 모두 달성된 셈이다. **미리보기** 에서와 같은 대화에서는 파괴적 소통(疏痛)의 결과를 낳았지만 여기서는 건설적 소통(疏通)이 이루어진 것이다.

여기서의 **소(疏)는 '트이다'는 뜻**으로 '말을 트다', '물꼬를 트다' 등과 같이 쓰이는 경우이다. 통(通)은 '통하다'라는 뜻으로 '관통(貫通)하다', '정통(精通)하다' 등과 같이 쓰이는 경우이다. 즉, **건설적 소통(疏通)**은 대화하고 난 이후에 상대방과 정보 및 의견의 공유뿐 아니라 감정과 느낌을 공감함으로써 상호 이해의 폭을 넓히는 대화를 말한다. 아이큐도(IQDo) 쓰는 지혜로운 대화의 결과가 바로 건설적 소통이다. **우리는 소통(疏通)과 소통(疏痛)의 차이를 명확히 구분할 줄 알아야 한다.**

파괴적 소통에서 건설적 소통으로 전환하여 관계를 증진시키기 위한 대화 규칙을 정리하면 다음과 같다.

표 4-5_ 파괴적 소통에서 건설적 소통으로 전환

줄여야 할 행동	늘려야 할 행동
You – 메시지	I – 메시지
조언 · 충고	질문 · 반응
비난 · 비하	도움 · 격려

 대화 규칙

❶ 'You-메시지' 말고 'I-메시지'로 대화한다.
❷ '조언 · 충고'보다는 질문하고 리액션(반응)한다.
❸ 비난 · 비하'보다는 도움을 주고 격려한다.

과제 1 다음은 123 화법에 대한 다양한 의견이다. 이 123 화법을 일상생활에서 생활화하는 것은 대인 관계 향상과 소통을 증진하는 데 도움이 된다. 123 화법에 대한 당신의 지혜를 만들어보자.

 123 화법

- 사회생활에 꼭 필요한 것은 첫째도 소통, 둘째도 소통, 셋째도 소통이라는 사실을 명심한다.
- 자신은 한 번 칭찬하고, 상대방을 두 번 칭찬한다. 그리고 여기 없는 그(녀)는 세 번 칭찬한다.
- 한 번 실수한 것을 두 번, 세 번 꺼내지 않는다.
- 화가 났을 때는 한 번 참고, 한 번 더 참고, 마지막으로 한 번 더 참은 다음에 이야기한다.
- 하나의 주제에 대해 2분 안에 세 가지 핵심 메시지를 중심으로 표현하는 습관을 들인다.
- 발표할 때는 현상과 사실을 단순하게 나열하는 것이 아니라 '첫째~, 둘째~, 셋째~'와 같이 내용 유사성에 따라 분류하여 '스텝 바이 스텝(step by step)'으로 전개한다.

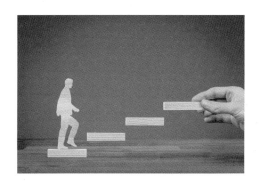

과제 2 인간의 감정과 관련된 다양한 표현을 더 알아보자. 특히 순우리말 중에서 아름다운 감정 표현을 찾아보자. 그리고 그 결과를 다른 사람들과 공유해보자.

 존엄성과 품격 있는 가정

사랑하는 딸에게

아빠는 너희 둘이서 '자존감과 평안함이 충만한, 솜털구름처럼 포근한 가정'을 만들어 갔으면 한다. 이를 위해 다음 세 가지를 명심하거라.

먼저 '배우자에게 어떤 대우를 받느냐'에 따라 나의 존엄성에 대한 인식, 즉 자존감이 영향을 받는다. 따라서 재현이는 예슬이를 신뢰하고 존중하여 우리 딸의 자존감을 지켜주기 바란다. 마찬가지로 예슬이는 재현이를 신뢰하고 존중하여 가장의 자존감을 지켜주기 바란다. 지금까지 둘이 살아온 환경도 다르고 추구하는 가치와 성격도 다르기 때문에 살다 보면 갈등은 피할 수 없다. 갈등을 줄이기 위해서는 무엇보다 함께하는 시간을 많이 갖는 것이 중요하다. 아울러 어떤 경우에도 서로의 자존감을 훼손하는 일이 없도록 "이것만은 꼭 지키자!" 하는 둘 만의 부부생활 규칙을 만들기 바란다.

두 번째로 '내가 배우자를 어떻게 대하느냐'도 자존감에 영향을 미친다. 배우자에 대해 긍정적 생각과 행동을 하게 되면 자신도 긍정적으로 되고, 그 결과 자존감도 높아진다. 따라서 "고마워, 다 잘될 거야, 난 항상 자기 편이야"처럼 사랑이 담긴 긍정의 표현을 많이 하기 바란다.

세 번째로 '내가 나를 어떻게 대하느냐'도 자존감에 영향을 미친다. 존엄성을 유지하며 사는 삶의 근간은 '나'를 소중히 여기는 것이다. 세상에 온전히 하나밖에 없는 존귀한 나를 사랑하기 바란다. 직장을 다니며 살림을 하다 보면 너무 바쁘고 할 일이 많아 힘에 부칠 때가 있다. 따라서 평소에 활력을 유지하고 스트레스를 줄일 수 있도록 자신에게도 '시간과 돈'을 썼으면 한다. 미래에 대한 걱정이나 바쁘다는 핑계로 현재의 행복을 너무 미루지 말고 '지금 여기'에 집중하기 바란다. 이 세 가지 행동을 실천함으로써 너희 가정을 솜털구름같이 포근한 안식처로 만들고, 더불어 서로의 존엄성을 지켜주는 품격 있는 부부 생활을 하기 바란다.

이제 아빠의 바람이다. **재현아, 예슬아! 언제나 꿈꾸기를 바란다. 별을 바라보고 뭉게구름 위에 앉아보고 바다를 품어보는 평안하고 넉넉한 삶을 살거라.** 너희 둘의 맑고 곱고 밝은 미래를 소망한다. 예슬아, 혹여 살다가 너무 힘들거나 먹먹할 때는 아빠에게 오너라. 작고 좁은 어깨지만 기꺼이 내어주마. 재현아, 우리 예쁜 딸 잘 부탁한다. 딸아, 엄마 아빠가 웃을 수 있도록 재현이랑 행복하게 잘 살거라, 아빠가 항상 응원한다.

Chapter 05
경청과 질문

미리보기

세 가지 의문에 대해 현명한 대답을 듣기 위해 왕은 지혜가 높기로 이름난 숲 속의 은자(隱者)를 찾아갔다.★

"현명한 은자여, 당신에게 세 가지 질문에 대한 대답을 듣기 위해 여기까지 왔소. 인생을 살면서 나중에 후회하지 않을 가장 중요한 시간은(때는) 언제이고, 가장 중요(필요)한 사람은 누구이며, 가장 중요한 일은 무엇입니까?"

당신은 왕의 세 가지 질문에 대해 무엇이라고 대답하겠는가? 이에 대한 당신의 대답은 인생에서 매우 중요하다.

★ L. N. 톨스토이, 장한 옮김(2002), 세 가지 질문, 바움, pp. 7-26.

연구문제

제5장에서는 다음과 같은 질문에 대해 탐색하고 학습한다.

❶ 경청의 의미와 적극적 경청을 위한 기법은 무엇인가?

❷ 효과적 질문의 조건은 무엇인가?

❸ GROW 질문법은 무엇인가?

① 경 청

토크쇼의 황제로 알려진 래리 킹(Larry King)은 자신의 성공 비결은 초대 손님의 말을 잘 듣는 데 있다고 이야기했다. 그가 이야기하는 대화의 황금률은 바로 '경청'이다. 나보다는 너, 즉 상대방의 말을 듣는 과정이 있어야 자신과는 다른 관점의 의견도 있음을 느낄 뿐 아니라, 어떤 말을 해야 할지에 대해서도 다시 한 번 생각할 수 있기 때문이다.

① 경청의 의미

상대방의 말에 관심을 가지고 집중하여 듣는 경청은 효과적인 의사소통을 위해 무엇보다도 중요한 부분이다. 경청은 모든 인간관계의 기본으로서, 대인 관계의 개발과 유지, 의사 결정, 문제 해결의 핵심적인 요소이기도 하다.

'들을' 청(聽)을 자세히 들여다보면 "처음부터(一) 끝까지(十) 마음(心)의 문을 열고 눈(目)을 마주보고, 무엇보다 귀(耳)를 크게 열어 놓고 소통할 때 가장 큰 효과(王)가 있다"는 뜻을 담고 있는 듯하다.

듣기에는 히어링(hearing)과 리스닝(listening)이 있다. 전자는 귀라는 감각 기관을 통해 외부의 소리를 인식하는 것(들리는 것)으로, 아무 연관도 없는 사람이 하는 말이나

지나가는 자동차 소리를 인식하는 것 등이 이에 해당한다. 반면 리스닝은 말하는 사람의 생각과 느낌, 의미를 파악하기 위하여 관심과 주의를 집중하여 듣는 것을 말한다. 들을 청(聽)은 후자에 해당하며 이것이 곧 경청의 뜻이다.*

❷ 적극적 경청

적극적 경청(active listening)은 상대방이 전달하고자 하는 말의 내용은 물론 그 내면에 깔려 있는 동기나 정서에 귀를 기울여 듣고(공감) 이해한 바를 자신의 언어로 상대방에게 피드백(확인)하는 것이다.

이것은 분석하고 평가·조언·충고·비평하는 것이 아니라 상대방이 의도하는 것이 무엇인가에 초점을 두고 듣는 것이다. 남의 얘기를 적극적으로 들어준다는 것은 대인 관계에서 중요한 역할을 한다. 적극적 경청을 위해서는 그(녀)가 한 말을 되풀이해서 말하고(반복) 내용을 다른 표현으로 재정리하거나(환언) 핵심 사항을 재언급(요약)하는 등의 방법으로 확인하는 것이 중요하다.

(1) 공감

공감(empathy)이란 상대방의 입장에 서 보는 것이다. 대화에는 기쁨, 슬픔, 즐거움, 두려움, 사랑, 걱정, 분노 등과 같은 많은 인간의 감정들이 수반된다. 공감은 상대방이 이야기할 때 단순히 그가 말하는 내용뿐만 아니라 그가 무엇을 생각하고 어떻게 느끼고 있는가를 이해하려고 애쓰는 것이다.

★ 경청(傾聽)에서 경(傾)은 '기울다, 기울어지다', '(마음을) 기울이다'라는 뜻이다.

다른 사람과의 공감을 방해하는 장애물에는 다음과 같은 것들이 있다.*

 공감을 방해하는 장애물

- 조언하기 "내 생각에 너는 ~해야 해."
- 한술 더 뜨기 "그 정도는 아무것도 아니야. 옛날에는 더한 일도 있었는데…"
- 가르치려 들기 "좋는 경험이 될 테니까 그냥 다녀."
- 위로하기 "그건 네 잘못이 아니야. 누구라도 다 그랬을 거야."
- 다른 이야기 꺼내기 "그 말을 들으니 문득 생각나는데…"
- 심문하기 "언제부터 그랬어?"
- 설명하기 "그게 어떻게 된 거냐 하면…"
- 바로잡기 "그건 네가 잘못 생각하고 있는 거야."

(2) 반복

상대방이 한 말의 일부를 반복(echo response)하는 것은 상대방에게 그의 말을 "경청하고 있다, 이해한다. 계속하라"는 메시지를 준다. 상대방이 강조해서 한 말이나 중요한 부분이라고 생각되는 곳을 반복하면 상대방과 소통하는 데 도움이 된다.

(3) 환언

환언(paraphrasing)은 상대방이 말한 내용에 대해 같은 뜻을 가진 한두 개의 다른 단어를 사용하여 간단하게 확인하는 것으로, 대화 내용을 간단명료하게 해준다.

(4) 요약

요약(summarizing)은 상대방이 말한 내용의 핵심을 압축하여 짧게 말하는 것으로, 종합적인 확인이라고 할 수 있다. 요약을 잘하면 상대방으로 하여금 자신의 말과 심정을 간단명료하게 이해할 수 있도록 돕는 결과도 얻을 수 있다.

다음의 커뮤니케이션 사례를 역할 연기해보자.

역할 연기 ❶

경영기획팀의 성과는 무난한 편이지만, 최유리 대리는 함께 일하는 이기적 주임과의 사이가 좋지 않아 어려움을 겪고 있다. 최 대리는 마음이 여린 편으로 갈등이 발생하면 가급적 참거나 회피하려 한다. 반면, 이기적 주임은 적극적이고 추진력은 높으나 고집이 세고, 항상 믿고 맡겨 달라고 큰소리를 치지만 사실 크게 미덥지는 않다. 경영기획팀 팀장은 조치가 필요하다고 생각한다.

팀 장 최유리 대리, 잠깐 이야기 좀 하지. 다른 게 아니라 지난번에 이 주임 때문에 힘들어하던 것 같아서 그 이야기 좀 들어보려구.

최유리 팀장님께서 알아주시니 말씀드리지만, 지난 분기엔 이 친구가 목표 달성은 염려하지 말라고 큰 소리를 뻥뻥 치더라고요. 그런데 결과가 미달했지 뭡니까? 그래서 제가 부진 원인과 대책을 수립하여 가져오라고 했더니 "일을 하다 보면 그럴 수도 있지 뭘 그러냐면서, 아무튼 연간 목표만 달성하면 될 것 아니냐."며 대드는 겁니다.

팀 장 (공감) 계획도 없이 말만 앞세운다고 생각하니까 답답하기 짝이 없는데, 대들기까지 한다고 느꼈다면 정말 황당하고 화도 나고 속상했겠네.

최유리 맞습니다. 그래도 저는 어떻게 하든 지난 분기 펑크난 거 메워 보려고 백방으로 노력하고 있는데 말이죠.

팀 장 음, 그건 그렇고 이 주임과의 관계 이외에는 다른 문제는 없나?

최유리 연간 목표 또한 너무 높게 설정되어 있습니다. 전임 팀장님께서 작년도 실적을 스트레치하여 잡아야 된다면서 전년 대비 50%나 높게 책정해 놓은 상태거든요.

팀 장 (반복) 전년 대비 50% 상향 설정된 목표 자체가 무리라는 말이군.

최유리 예, 맞습니다.

팀 장 그런데, 자네 이기적, 그 친구에 대해서 어떻게 생각하나?

최유리 이 주임에 대한 판단은 잘 못하겠습니다. 그 친구는 기분에 따라 다른 사람을 대하는 태도가 돌변하여 어떤 때는 좋게 생각되다가도 어떤 때는 형편없다고 생각되거든요.

★ 마셜 B. 로젠버그, 캐서린 한 옮김(2014), 비폭력 대화, 한국NVC센터, pp. 157-158. '상대방을 자극하는 대화' 내용을 참조한다.(p. 138)

팀 장	(환언) 그 친구가 감정 기복이 있다는 얘기처럼 들리는데···.
최유리	예, 맞습니다.
팀 장	그래, 이기적 씨와의 문제를 해결하기 위해 무엇을 해보겠나?
최유리	다음 수요일에 이기적 씨를 만나 저녁 식사를 같이할까 합니다. 이번에 만나 이 주임 입장에서 먼저 생각해보고 이야기를 들어주면서 그를 이해하는 노력부터 한 다음에 제 입장을 전달할 수 있도록 노력하겠습니다. 그리고 앞으로는 문제를 회피하지 말고 적극적으로 나서 해결해야겠다는 생각입니다.
팀 장	(요약) 최 대리가 먼저 나서서 이 주임과 원만한 대인 관계를 이루어 보겠다는 말이군.

 토의 5-1

역할 연기를 통해 느낀 점과 소통 노하우에 대한 각자의 의견을 이야기해보자.

❶ 2인 1팀이 되어 각자 팀장과 최유리 대리의 역할을 한다.
❷ 팀장과 최유리 대리의 역할 연기 결과에 대한 각자의 느낌을 공유한다.
❸ 이 역할 연기를 통해 학습할 수 있는 소통 노하우를 토의한다.

② 질 문

질문은 '듣기' 이후에 상대방과의 대화를 깊이 있게 만들기 위한 적극적 행동이다. 집중해서 듣는 자세뿐만 아니라 상황에 적합한 질문을 할 줄 알아야 원활한 의사소통이 가능하다. 질문의 유형과 내용에 따라 상대의 대답이 달라진다. 따라서 질문하기 전에 질문의 유형과 내용에 대해 생각하고 준비할 필요가 있다.

① 효과적 질문의 조건

질문은 말하는 사람이 스스로 자신의 문제를 인식하고 정리하는 기회를 제공할 뿐 아니라 자기가 말한 내용에 대해 책임 의식을 느끼도록 하는 효과가 있다. 또한, 대화 내용에 대한 상호 이해 여부를 확인하도록 하며, 지적 자극을 통해 새로운 가능성을 발견하거나 방법을 모색하는 계기가 되기도 한다.

질문은 그 사람의 수준과 실력을 드러낸다. 어떤 주제에 대해 잘 알지 못하면 핵심을 찌르는 질문을 할 수 없다. 질문을 잘하는 사람은 쓸데없는 질문을 하지 않고 중요한 포인트에만 집중한다. 질문을 들어보면 그 사람이 상황이나 맥락을 얼마나 이해하고 있는지 바로 알 수 있다.* 지금부터 상대와 원활한 대화를 이끌어 가기 위한 효과적인 질문의 조건에 대하여 알아본다.

(1) 긍정적이고 미래 지향적인 질문을 한다

질문은 상황이나 사건에 대해 부정적으로 질문하는 부정형 질문과 그것을 긍정적으로 묻는 긍정형 질문이 있다. 그리고 과거의 상황이나 사건을 묻는 과거형 질문과 미래의 상황이나 사건에 대해서 질문하는 미래형 질문이 있다. 효과적인 질문은 긍정적이며 미래 지향적인 질문이다.

❶ 부정형 질문보다는 긍정형 질문을 한다

부정형 질문을 하면 사람들은 대부분 문제의 원인이 자신이 아닌 상대에게 있다고 대답한다. 그리고 무언가 해결책을 제시하기보다는 무조건 '안 된다'는 식의 부정적 답변을 하는 경향이 있다. 반면, 긍정형 질문을 하면 무언가 해결책을 제시하려 하고, 그것을 위해 자기가 무엇을 해야 할지에 대해 이야기한다. 그리고 상대의 장점에 대해서 생각하고 상호 협력할 수 있는 긍정적 방안을 모색하려고 한다. 다음의 사례를 보자.

★ 사이토 다카시, 남소영 옮김(2007), 질문의 힘, 루비박스, p. 21.

역할 연기 ❷

❀ 부정형 질문

팀 장 그 사람과는 아무래도 안 될 것 같아?

최유리 예, 그 친구랑은 성격도 안 맞고, 사실 현장에서 마주치는 것조차 싫습니다. 그럴 일은 없겠지만… 그 친구가 변하지 않으면 또 모를까….

팀 장 도대체 어디서부터 잘못된 거야?

최유리 정확한 건 모르겠지만 아마 지난해 팀 실적이 안 좋았던 이유 중의 하나가 그 친구 때문이란 걸 알고부터였던 것 같습니다. 아무튼 우린 처음부터 삐걱거렸던 것 같아요.

❀ 긍정형 질문

팀 장 그 사람과 잘 지낼 수 있는 방법에는 어떤 것이 있을까?

최유리 먼저 이기적 씨를 만나 서로 마음을 터놓고 얘기하는 게 필요할 것 같습니다. 그리고 평상시에도 함께 차를 마시며 서로를 알 수 있는 시간을 가지는 것도 중요하다고 생각합니다.

팀 장 문제의 원인을 제거할 수 있는 방법으로 무엇이 있을까?

최유리 그 친구는 업무의 큰 그림을 잘 보고 추진력도 있습니다. 저는 비교적 세부 실행 부문에 강점이 있는 것 같은데, 그 친구와 업무를 잘 조정하면 시너지 효과가 날 것도 같습니다.

❷ 과거형 질문보다는 미래형 질문을 한다

과거형 질문을 하면 사람들은 대부분 변명하거나 핑계를 대고, 문제의 원인이 자신이 아닌 상대에게 있다고 대답한다. 그리고 무언가 해결책을 제시하기보다는 먼저 감정적 반응을 보이는 경향이 있다. 반면, 미래형 질문을 하면 무언가 해결책을 제시하려 하고, 그것을 위해 자기가 무엇을 해야 할지에 대해 이야기한다. 즉, 문제를 해결하려는 의지를 보인다. 다음의 사례를 보자.

역할 연기 ❸

❀ 과거형 질문

(팀 장) 자네, 지난번에도 이기적 씨랑 대판하지 않았나? 그때는 무엇 때문이었지?

(최유리) 제 얘기를 들어 보지도 않고 짜증부터 내더라고요. 제가 여자라고 무시하는 것 같다는 생각이 들어 짜증이 확 나더라고요. 힘들다고 불평불만만 늘어놓고… 뭐 자기만 힘든가… 참 나!

(팀 장) 자네, 평상시는 침착하고 현명한 사람인데 도대체 그때는 왜 그랬어?

(최유리) 서로 친하지도 않고, 평소 감정의 골도 깊었던 거 같습니다. 사실 그땐 저도 욱했거든요.

❀ 미래형 질문

(팀 장) 그래, 앞으로 이기적 씨와 어떻게 지내는 게 좋겠나?

(최유리) 서로의 의견을 존중해주고, 업무를 도와주는 친한 동료가 되고 싶습니다.

(팀 장) 지난번과 같은 실수를 반복하지 않기 위해서 무엇을 할 수 있을까?

(최유리) 대화할 때 제 감정을 잘 조절해야 될 것 같습니다. 그리고 기적 씨의 상황을 공감하고 문제 해결을 위한 방안도 함께 찾아보는 게 필요할 것 같습니다.

이와 같은 부정형-긍정형 질문, 과거형-미래형 질문을 〈그림 5-1〉과 같이 매트릭스에 표시하면 네 가지 유형의 질문이 있다. 여기서 볼 수 있듯이 질문은 부정형보다는 긍정형으로 하는 것이 문제 해결과 소통을 위해서 좋고, 과거보다는 미래 지향적인 질문이 바람직하다는 것을 알 수 있다.

긍정형

과거 상황에 대해 긍정적으로 질문한다
- 지난번 일을 타산지석 삼아 그 친구하고 잘 지낼 수 있는 방법을 찾아 보는 게 어때?
- 옛날 일은 그렇다 치고 다시 문제가 발생하지 않게 하기 위해 무엇을 할까?
- 지금까지는 팀워크가 부족했지만 앞으로는 서로 잘해보는 게 어때?

미래 상황에 대해 긍정적으로 질문한다
- 앞으로 그 친구와 잘 지내기 위해서 무엇을 할 수 있을까?
- 문제를 해결하기 위해 우리는 무엇을 해야 할까?
- 팀워크를 향상시키기 위해 함께 노력할 수 있는 방법에는 무엇이 있을까?

과거 상황에 대해 부정적으로 질문한다
- 그런 일까지 있었는데 자네 뭐하자는 거야?
- 그 문제는 도대체 누가 잘못한 거야?
- 예전부터 팀워크가 엉망인데 대체 뭐가 문제인 거야?

미래 상황에 대해 부정적으로 질문한다
- 상황을 보아하니 앞으로도 그 친구하고 잘되기는 힘들겠지?
- 이런 문제가 과연 해결될 수 있을까?
- 팀워크를 향상시키기 위한 별다른 방법이 뭐 있겠어?

과거형   미래형

부정형

🐝 **그림 5-1_** 질문의 유형(1)

(2) 구체적이고 본질적인 질문을 한다

질문은 구체적 질문인가, 추상적 질문인가, 그리고 본질적 질문인가, 비본질적 질문인가에 따라 〈그림 5-2〉에서와 같이 역시 네 가지 유형으로 분류할 수 있다.★

여기서 본질적인가 아닌가는 질문의 내용이 삶이나 대화의 주제와 직접적으로 연결성을 가지고 있느냐와 관계가 있다. 질문의 내용이 삶이나 대화의 주제와 직접적으로 연결되고 상대로 하여금 새로운 시각을 가지고 깊이 생각하도록 하는 질문은 본질적 질문이고, 그렇지 않고 대화 주제와는 상관이 없거나 사소한 것에 대한 질문은 비본질적 질문이라 할 수 있다. 비본질적 질문은 상대방으로 하여금 '예, 아니오'로 답하거나 아무 대답도 할 수 없게 해서 당황하게 만든다. 대화 상황에 따라 달라질 수 있겠지만 원활한 소통을 위해서는 구체적이고 본질적인 질문을 하는 것이 좋다.

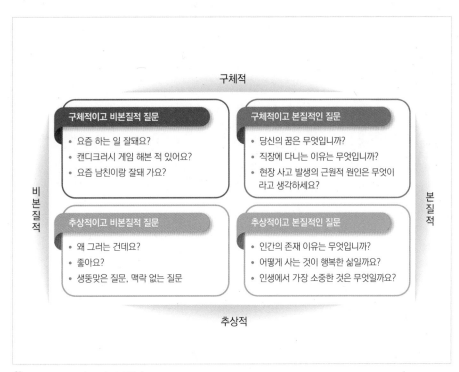

구체적

구체적이고 비본질적 질문
- 요즘 하는 일 잘돼요?
- 캔디크러시 게임 해본 적 있어요?
- 요즘 남친이랑 잘돼 가요?

구체적이고 본질적인 질문
- 당신의 꿈은 무엇입니까?
- 직장에 다니는 이유는 무엇입니까?
- 현장 사고 발생의 근원적 원인은 무엇이라고 생각하세요?

비본질적

본질적

추상적이고 비본질적 질문
- 왜 그러는 건데요?
- 좋아요?
- 생뚱맞은 질문, 맥락 없는 질문

추상적이고 본질적인 질문
- 인간의 존재 이유는 무엇입니까?
- 어떻게 사는 것이 행복한 삶일까요?
- 인생에서 가장 소중한 것은 무엇일까요?

추상적

🐝 그림 5-2_ 질문의 유형(2)

🐾**미리보기** 에서 본 왕의 세 가지 질문에 대해 은자가 대답했다. "기억하시오. 가장 중요한 시간은 단지 현재뿐이라오. 현재라는 시간이야말로 모든 것을 지배하기 때문이오. 가장 중요한 사람은 당신과 함께 있는 사람입니다. 지금 당신과 함께 있는 사람 외에 다른 사람과는 그 어떤 일도 도모하지 못하기 때문이오. 마지막으로 가장 중요한 일은 지금 당신과 함께 있는 사람에게 선행을 베푸는 일입니다. 신이 사람을 보낸 것은 바로 선행을 하도록 하기 위해서니까요."

가끔은 바쁘게 돌아가는 일상에서 멈추어 삶의 본질에 대한 구체적 질문을 통해 자신을 되돌아 볼 필요가 있다. **"내가 원하는 삶은 무엇인지, 나는 내가 원하는 삶을 살고 있는지, 또 어떻게 살아야 할지"**에 대해서 사색하고 탐구하는 것은 꼭 필요한 일이다.

★ 사이토 다카시, 남소영 옮김(2007), pp. 55-59.

토의 5-2

다음 세 가지 질문에 대해 답해보자. 그리고 그 내용을 다른 사람과 함께 나누고 그 결과에 대한 당신의 생각과 느낌을 정리해보자.

❶ 당신이 가장 자신 있게 할 수 있는 일은 무엇입니까?

❷ 5년 후에 당신은 어떻게 살고 있을까요? 그때는 지금과 비교해 무엇이 달라져 있을까요?

❸ 언제 가장 '나답다'고 느낍니까? 자신을 잘 나타낼 수 있는 단어 세 개는 무엇입니까?

(3) 폐쇄형 질문보다는 개방형 질문을 한다

질문은 가능한 한 개방형 질문, 즉 '왜 그렇게 생각하는가?', '…에 대한 당신의 의견은 무엇인가?' 등과 같이 상대방의 생각과 의견을 구하는 질문을 하고, '예나 아니오'와 같이 상대의 선택을 요구하는 폐쇄형 질문은 가능한 한 피하도록 한다. 폐쇄형 질문을 하면 상대방은 새로운 생각을 하지 않고 주어진 범위 내에서 선택만 하게 된다. 사고의 폭이 그만큼 좁아지는 것이다. 개방형 질문을 통해 상대방의 다양한 생각과 의견을 들어보는 것이 좋다. 다음의 사례를 보자.

 **역할 연기 ❹**

❀ **폐쇄형 질문**

(팀 장) 내가 그 친구를 불러 한 번 얘기해 볼까?

(최유리) 아닙니다. 그러면 일이 더 커질 것 같습니다. 어차피 만나서 얘기해 봐야 들어먹을 친구도 아닙니다.

(팀 장) 그럼, 이기적 씨를 아예 라인에서 빼버리는 건 어떨까?

(최유리) 잘 모르겠습니다. 반반입니다. 휴~

❀ 개방형 질문

(팀 장) 우리 이기적 씨가 왜 그러는지 그 사람 입장에서 한 번 생각해 볼까?

(최유리) 지난번에는 장비가 다운되서 서로 신경이 예민하다 보니 그랬던 것 같아요. 저도 모르게 그 친구의 자존심을 건드리는 얘기도 한 것 같습니다.

(팀 장) 음, 그 친구와 관계 개선을 위해서 뭔가 다른 방법이 있을 것 같은데… 뭐가 있을까?

(최유리) 아, 다혜 씨가 이기적 씨와 잘 통한다고 하던데, 다혜 씨를 가능한 한 빨리 만나 이기적 씨가 무엇을 힘들어하는지 한 번 알아보도록 하겠습니다. 다혜씨 말고도 그 친구 동료들과도 두루 얘기해보면 도움이 될 것 같습니다.

② 질문의 절차와 GROW 모델

질문할 때는 상대방이 편안하게 생각하고 대답할 수 있도록 평안한 분위기에서 부드럽게 진행해야 한다. 질문을 너무 간단하고 형식적으로 하면 마치 심문받는 듯한 느낌이 들 수도 있기 때문이다. **사람 간의 대화는 논리보다 감성이 우선되어야 한다. 마음의 문이 열려야 원활한 의사소통이 가능하다.**

질문을 통해 상대방의 상황과 생각, 느낌, 그리고 의견을 가능한 한 많이 청취하고 확인할수록 두 사람 모두에게 도움이 되는 건설적인 소통이 이루어진다. 효과적인 질문의 절차와 관련해 많이 사용되고 있는 **GROW 모델**이 있다. 이 모델은 어떤 과제(문제)에 대하여 스스로 답을 찾을 수 있도록 지원하고 안내하는 코칭(coaching) 과정에서 활용되고 있다. GROW에서 G는 Goal로서 목표 설정을, R은 Reality로서 현상, 사실과 느낌의 파악을, O는 Option으로서 원인과 해결 방안의 탐색을, 그리고 W는 Wrap-up & Will로서 요약과 확인을 하는 단계별 활동을 의미한다.

(1) Goal: 목표 설정

대화 주제를 합의하고, 향후 일정과 구체적인 장단기 목적과 목표를 확인하는 단

계이다. 상대방의 성과 개선이나 행동 변화의 필요성을 설명하고, 내가 선의(善意)를 가지고 도우려 한다는 진실한 마음을 전달한다.

 주제 설정을 위한 질문

- 무엇에 대해 이야기하고 싶나요?
- 우리 어떤 주제로 할까요?
- 혹시 이 주제를 다루고자 하는 이유를 알 수 있을까요?
- 그것에 대해 좀 더 구체적으로 이야기해 줄 수 있나요?

 이상(理想) 확인을 위한 질문

- 정말로 당신이 원하는 것은 무엇인가요?
- 당신이 바라는 가장 바람직한 결과(상황)는 무엇인가요?
- 구체적으로 무엇을 이루고자 하는지 이야기해 줄 수 있나요?

 목표 설정을 위한 질문

- 목표는 정확히 무엇인가요?
- 그것은 도전적이며 달성 가능한 목표인가요?
- 목표 달성 여부에 대한 판단은 어떻게 알 수 있나요?
- 목표가 달성되면 당신한테 어떤 혜택이 있나요?
- 목표가 달성된다면 고객(조직, 팀, 개인)에게 어떤 혜택이 돌아가나요?

 일정과 규칙 설정을 위한 질문

- 이 과제를 언제까지 해결하는 걸로 할까요?
- 특별한 일이 없으면 매주 금요일 오전 10시에 여기서 만나는 게 어떨까요?

(2) Reality: 현상·사실과 느낌 파악

대화 주제와 관련해서 현재 발생하고 있는 구체적 현상이나 사건, 사실, 사례를 파악하고 이에 대한 상대방의 생각과 느낌, 의견을 파악하는 단계이다. 즉, 목표 달성을 위한 현재의 상황을 확인하고, 목표와 현재 상황의 차이(문제점)에 대해 객관적으로 인식하기 위한 질문을 하는 단계이다.

 현상·사실 확인을 위한 질문

- 현재 상황, 성과(실적)는 어떤가요?
- 계획(목표) 대비 어느 정도 달성되었나요?
- 일은 어떻게 진행되고 있나요?
- 그것에 대해 육하원칙(5W1H)에 따라 좀 더 구체적으로 얘기해 줄 수 있나요?
- 문제가 정확히 무엇인가요?
- 예전에도 이와 유사한 문제가 있었나요?
- 여기서 가장 중요한 이슈가 무엇인가요?
- 이 문제에 직간접적으로 누가 연관이 되어 있나요?
- 이 일이 다른 사람들에게 어떤 영향을 미치고 있나요?
- 성공적인 사항은 무엇이고, 보완해야 할 점은 무엇인가요?
- 우리는 이 문제를 해결할 수 있는 자원과 역량을 가지고 있나요?
- 일을 추진하는 데 장애 요인은 무엇인가요?

 생각·느낌 확인을 위한 질문

- 이 문제에 대해 어떻게 생각하나요?
- 이 문제에 대해 다른 사람들은 어떤 생각을 가지고 있나요?
- 이 문제가 당신/팀에게 어떤 영향을 끼치리라고 생각하나요?
- 이런 상황이 지속된다면 앞으로 어떻게 될 거라고 생각하나요?
- 문제가 더 커질 것 같아요, 아니면 유야무야(흐지부지)될 것 같아요?
- 왜 그렇게 생각하지요?

(3) Option: 원인과 해결 방안 탐색

질문을 통해 대화 주제(문제)와 관련된 원인과 해결 방안을 파악하고 상황이나 문제에 대한 실질적 조언과 정보를 제공하는 단계이다. 이 단계에서는 상대방이 생각하는 문제의 다양한 원인과 해결 방안을 경청하는 것이 중요하다.

 원인 탐색을 위한 질문

- 왜 이런 일이 발생했다고 생각하는지 구체적으로 말해보세요.
- 문제의 원인이 무엇이라고 생각하세요?
- 가장 중요한 원인은 무엇이라고 생각하나요?
- 다른 가능한 원인은 무엇이 있을까요?
- 문제 해결에 필요한 자원(인적, 물적 자원)이나 시간은 충분했나요?
- 우리의 장점과 단점은 무엇인가요?

해결 방안 탐색을 위한 질문

- 문제를 해결하기 위해 무엇을 해 봤나요?
- 예전에는 이런 문제에 대해 어떻게 대처했나요?
- 다른 데(다른 회사, 다른 팀)에서는 어떻게 이와 유사한 문제를 해결했나요?
- 혹시 이 문제를 다루어 본 사람이 있나요?
- 혹시 아직 시도해보지 않은 해결 방안이 있나요?
- 어떻게 해결하면 좋겠어요?
- 다른 대안(방법)은 무엇이 있을까요?

 실행 계획 확인을 위한 질문

- 이 해결 방안의 장단점은 무엇인가요?
- 무엇을, 언제까지, 어떻게 할 생각인가요?
- 예상되는 어려움이나 리스크는 무엇인가요?
- 리스크에 대한 대책은 무엇이 있나요?
- 내가 도와줄 사항은 무엇인가요?
- 누구의 도움을 받을 수 있나요?
- 누가 이 사항들에 대해 알고 있어야 하나요?
- 그들이 이 방안에 대해 흔쾌히 받아들일까요? 어떻게 생각하세요?
- 다음에는 무엇을 해야 하나요?

 정보 제공 및 해결 방안 권유의 피드백

- ~사실, 경험, 통계, 조사 자료, 사례 등을 참고해보세요.
- ~에게 도움을 청해보세요. 그 친구가 이 문제에 대해서는 전문가입니다.
- 이렇게 해보는 것은 어떨까요?
- 이 방법을 한번 시도해보세요.

(4) Wrap-up & Will: 요약과 확인

지금까지 나눈 대화 내용을 요약·정리하고 새로이 배우거나 느낀 점이 있는지 성찰하는 단계이다. 또한 다음 미팅의 이슈와 일정, 필요 사항 등에 대해 합의한다. 상대방에 대한 감사와 신뢰의 표현을 하고 격려하며 종료한다.

 요약을 위한 질문

- 오늘 나눈 대화의 결론(요점)은 무엇인가요?
- 오늘 나눈 대화의 핵심 사항과 실천 과제는 무엇인가요?
- 오늘은 ~을(까지) 완료했습니다. 내 말이 맞나요?
- 오늘 대화에서 어떤 것이 의미가 있었나요?
- 오늘 우리가 무엇을, 어떻게 하기로 했는지 정리해 볼까요?
- 어떻게 하면 실행력을 더 높일 수 있을까요?
- 내가 더 지원해 줄 사항은 무엇인가요?

확인과 격려(다짐)를 위한 질문

- 다음 미팅에서 다룰 주제는 무엇으로 할까요?
- 그럼 다음번에는 …을 끝내는 것으로 합시다. 어때요, 혹시 다른 의견이 있나요?
- 다음 미팅 때까지 완료되어야 할 사항은 무엇인가요?
- 다음 미팅 때에는 무엇을 준비해 와야 하나요?
- 다음 미팅은 언제, 어디서 하는 게 좋겠어요?
- 오늘 수고 많았어요.
- 당신이라면 이 일을 충분히 잘해낼 것이라고 믿어요.
- 자, 우리 파이팅 한 번 하지요.

지금까지 각 질문 단계에 따라 사용할 수 있는 질문들에 대해 알아보았다. 실제 현장에서 우리는 대화 주제나 상황에 따라 각 단계별로 적정한 질문을 선정하여 사용할 수 있다.

다음은 논문을 쓰는 상황에서 지도 교수와 학생 간에 이루어지는 대화 내용이다. GROW 모델에 따라 대화가 이루어지고 있다. 매주 비슷한 패턴(GROW 모델)으로 이루어지는 이와 같은 논문 지도 활동을 통해 최종적으로 논문이 완성되고, 학생은 이런 과정을 통해 스스로 논문 주제를 선정하고 가설을 설정, 입증할 수 있는 능력을 갖추게 된다.

역할 연기 ⑤

❀ Goal(목표 설정)

교 수 우리 논문 주제를 무엇으로 할까요? 평소 관심 있는 주제나 연구하고 싶은 테마가 있습니까?

학 생 네, 저는 요즘 사회적 이슈로 대두되고 있는 여성 리더십이나 우리가 학습한 교육 내용이 실제 현장에서 얼마나 활용되는지와 연계된 학습의 전이 효과에 대해 관심이 많습니다. 그리고 이슈 리더십도 더 연구하고 싶습니다.

교 수 그래요? 그럼 우리 이슈 리더십을 더 연구해보는 거로 합시다. 이번 논문의 주제는 "이슈 리더십과 조직 성과 간의 관계에 대한 실증 연구"로 하는 게 어때요?

학 생 네, 좋습니다. 교수님께서 말씀하신 대로 하겠습니다.

교 수 음, 그럼 논문은 이번 학기에 끝내는 걸로 하고, 논문이 끝날 때까지는 특별한 경우가 아니면 매주 금요일 아침 10시에 여기 연구실에서 만나 논의하는 걸로 합니다.

학 생 네, 알겠습니다.

(1주일 후에 연구실에서 만나)

❀ Reality(현상·사실과 느낌 파악)

교 수 이 선생, 이슈 리더십에 대한 문헌 조사는 다 마쳤습니까? 그리고 현재 데이터는 얼마나 모았나요?

학 생 네, 일전에 교수님께서 말씀하신 논문과 이슈 페이퍼를 다 조사한 후 내용 정리를 끝냈습니다. 그리고 설문지는 5개 기업에 총 750부를 배포하여 현재 약 80부를 회수했습니다. 이번 달 안으로 데이터 수집을 마칠 예정입니다. 데이터 수집에는 문제가 없을 것 같습니다. 그리고 지난 주에 회수된 데이터를 가지고 1차 통계 작업을 해보았습니다.

교수 아, 그래요. 수고했어요. 통계를 돌리는 데 어려움은 없습니까?

학생 교수님, 요인 분석 결과 다행히 저희가 예상한 대로 변수들이 제대로 묶였습니다. 그런데 이슈 리더십과 조직 성과 변수들에 대한 가설을 검증하기 위해 위계적 회귀 분석을 실시해보았는데, 〈가설 3b〉의 주 효과가 예상과 달리 나오질 않습니다.

❀ Option(원인과 해결 방안 탐색)

교수 그래요, 왜 그럴까요?

학생 잘 모르겠습니다.

교수 내 생각에는 아마 데이터 수 자체가 너무 적어서인 것 같아요. 일단 자료를 더 수집한 후 다시 돌려봅시다.

학생 네, 잘 알겠습니다.

교수 그리고 요인 적재량이 떨어지는 항목을 제거해서 다시 한 번 돌려보면 다른 결과가 나올 수도 있으니 그렇게 한 번 해보세요. 그리고 통계 처리는 김영민 조교가 많이 해봐서 잘 알고 있으니 혹시 통계 작업하다 문제가 생기면 김 조교와 상의해보세요. 내가 미리 얘기해 둘게요.

학생 네, 교수님. 감사합니다.

❀ Wrap-up & Will(요약과 확인)

교수 오늘은 데이터 수집과 1차 통계 분석 방법, 그리고 통계 결과에 대한 얘기까지 끝냈습니다. 다음주는 요인 적재량이 떨어지는 변수를 제거한 후 다시 요인 분석한 결과와 가설 검증 결과에 대해 논의하는 걸로 하지요.

학생 네, 알겠습니다.

교수 그럼 다음 주 금요일 여기서 다시 만납시다. 일하면서 논문 쓰느라 고생 많아요. 우리 조금만 더 고생합시다. 이 선생에 대한 기대가 높습니다.

학생 교수님, 열심히 최선을 다해 노력하겠습니다. 감사합니다.

토의 5-3

개인적으로 해결해야 할 문제나 어려운 점을 한 가지씩 생각하여 정한다.(코칭 주제 설정) 그리고 두 사람이 한 조가 되어 다음의 코칭 활동을 하고 느낀 점을 서로 이야기해보자.

❶ 먼저 각자의 문제나 어려운 점에 대해 이야기할 때 자연스럽게 대화를 진행해 가기 위해 적합한 GROW 단계별 질문 리스트를 선정한다.(본인 문제에 대한 질문은 스스로 정한다)

❷ 질문 리스트가 정해졌으면 각자 질문 리스트를 교환한다. 두 사람이 협의하여 상대방의 질문 리스트를 수정·보완할 수 있다.

❸ 최종 질문 리스트에 따라 처음 10분 동안 한 사람은 질문만 하고 상대방은 질문에 대한 답변만 한다.

❹ 역할을 바꿔 다음 10분 동안 역시 한 사람은 질문만 하고 상대방은 질문에 대한 답변만 한다.

❺ 두 번의 활동이 모두 끝나고 난 후 GROW 코칭 대화법의 효과성에 대해 서로 이야기해본다.

비즈니스 **커뮤니케이션**

123

수행 과제

이 팀장이 강 대리에게 질문을 던졌다. "강 대리의 꿈은 무엇인가?" 이 팀장은 강 대리의 입술과 표정, 태도에 집중하면서 귀를 기울였다.

"제 꿈은 스트라디바리와 1밀리도 틀리지 않는 치수에 정확한 모양과 소재를 갖춘 교육용 바이올린을 대량 생산해 내는 것입니다."

이 팀장은 선배 덕분에 중요한 대목을 다시 묻곤 하는 버릇이 생겼다. 말하는 사람은 되물어주는 것을 좋아한다. 상대가 자신에게 집중하고 있다는 것을 확인할 수 있기 때문이다.

"스트라디바리와 동일한 치수, 소재, 칠을 한 바이올린의 대량 생산 말인가? 그게 어떻게 가능하지?" (중략)

이 팀장은 강 대리의 말에 고개를 끄덕였다. 중간에 메모도 잊지 않았다. 분명하지 않은 부분은 다시 물었다.

"팀장님과 이런 깊은 얘기까지 나누게 될 줄은 생각지도 못했습니다. 팀장님과 대화하는 동안 정말 편안하고 즐거운 느낌이 들었어요." 강 대리의 말에는 진심이 묻어났다. 강 대리의 말이 계속되었다.

"저도 그렇고 대부분의 사람들은 남의 말에 귀 기울여주는 법이 없습니다. 모두 자기 판단과 생각으로 가득 차 있죠. 상대의 말은 들을 생각도 하지 않고 조금의 틈만 생기면 말을 자르고 비집고 들어와서 자신의 경험과 생각을 주장합니다. 결국 상대는 하려던 말을 꺼내보지도 못한 채 씁쓸하게 입을 닫고 맙니다."

상대방의 마음을 여는 가장 좋은 방법은 질문을 하는 것이다. 질문할 때는 관찰한 결과를 토대로 구체적인 예를 들어가면서 짧게 상대를 칭찬해준다. 진심이 담긴 칭찬을 받은 사람들은 예외 없이 마음의 문을 여는 법이다. 답답한 문제가 있을 때, 그저 누군가에게 이야기하는 것만으로도 큰 도움이 된다.★

위의 글을 읽고 다음 질문에 대한 의견을 나누어보자.

❶ 상대방과의 대화에서 많은 사람이 저지르는 오류는 무엇인가?
❷ 이 사례를 통해 학습할 수 있는 소통 노하우는 무엇인가?

★ 조신영, 박현찬(2007), 경청, 위즈덤하우스, pp. 105-110 내용 수정.

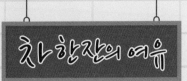 **여유의 멋스러움**

　　김연아 선수의 피겨스케이팅 경기에 대한 한국과 서양 해설자의 설명을 비교한 내용이다. 같은 현상과 사실을 놓고도 이렇게 다른 인식과 표현을 한다는 것이 놀랍다. 이성과 논리보다는 감성과 상상, 획일보다는 여유, 판단보다는 질문이 주는 멋스러움이 부럽다.

（한국）　저 기술은 가산점을 받을 수 있는 고난이도의 기술입니다.

（서양）　한 마리의 나비 같지요? 마치 꽃잎에 사뿐히 내려 앉는 나비의 날갯짓이 느껴지네요. 참 아름답습니다.

（한국）　아, 코너에서 착지 자세가 불안정하면 감점 요인이 됩니다.

（서양）　은반 위를 쓰다듬으면서 코너로 날아오릅니다. 실크가 하늘거리며 잔무늬를 경기장에 흩뿌리네요.

（한국）　저런 점프는 난이도가 매우 높지요. 경쟁에서 아주 유리합니다.

（서양）　아! 제가 잘못 봤나요? 저 점프, 마치 투명한 날개로 날아오르는 듯 합니다. 천사인가요? 오늘 그녀는 하늘에서 내려와 이 경기장에서 길을 잃고 서성이고 있습니다. 정말 아름답습니다.

（한국）　경기를 완전히 지배했습니다. 금메달, 금메달을 확신합니다.

（서양）　울어도 되나요? 정말이지 눈물이 나네요. 저는 오늘밤을 언제고 기억할 겁니다. 이 경기장에서 연아의 아름다운 몸짓을 바라본 저는 행운아입니다.

피드백과
난처한 상황에서의
대화법

미리보기

　박예민 사원이 고객의 클레임을 전화상으로 응대하고 있는데, 고객이 매우 까다롭게 구는 것 같다. 옆에서 보니 예민 씨도 감정을 조절하지 못하고, 고객과 다툼을 벌이는 듯한 말투이다.

역할 연기 ❶

박예민 (전화상으로) 예, 그런데 정확한 날짜와 청구서 번호를 모르시면… 조금만 제 얘기를 더 들어주세요. 다시 말씀드리지만 청구서 번호를 모르시면 도와드릴 방법이 없습니다.
(전화가 끊긴 모양이다.)

박예민 (전화기에 대고 허탈한 듯) 여보세요, 안녕히 계세요!
(이를 지켜보던 파트장이 여러 직원들에게 들으라는 듯이 예민 씨에게 말한다.)

파트장 예민 씨, 설마 다른 고객에게도 이런 식으로 하는 건 아니지?

박예민 아니오.

파트장 내가 지켜 보니 지금 예민 씨가 하는 고객과의 대화는 전혀 이해할 수가 없어.

박예민 파트장님, 그건 파트장님이 그 고객의 얘기를 못 들어봐서 그래요. 제게 큰 소리로 반말까지 하고 그랬단 말이에요.

파트장 예민 씨, 우리가 고객의 태도를 바꿀 수는 없어. 문제는 당신의 태도야. 지난번 고객 만족 교육은 한 귀로 듣고 한 귀로 흘려버린 거야?

박예민 …

　이 대화에서 무엇이 잘못되었는가? 이때 박예민 씨의 생각과 감정은 어떠할지에 대한 의견을 말해보자. 여러분이 파트장이라면 박예민 씨에게 어떻게 말하겠는가?

연구문제

제6장에서는 다음과 같은 질문에 대해 탐색하고 학습한다.

❶ 피드백의 정의와 유형은 무엇인가?

❷ 피드백의 조건과 규칙은 무엇인가?

❸ 잘못된 행동에 대한 피드백 지침은 무엇인가?

❹ 반대 의견을 어떻게 제시하는가?

❺ 화가 날 때의 STOP 대화법은 무엇인가?

❻ 슬기롭게 요청하고 거절하는 방법은 무엇인가?

---

① 피드백 스킬

① 피드백의 정의와 유형

(1) 피드백의 정의와 기능

피드백(Feedback)은 관찰된 행동이나 목표 대비 성과에 대하여 객관적 평가와 의미 있는 메시지를 전달하는 것이다. 피드백은 특정 행동에 대해 상대방이 어떻게 생각하고 있으며 조직에 어떤 영향을 주고 있는지에 대한 정보를 본인에게 알려주는 중요한 소통 수단이다. 피드백은 의사소통 과정에서 서로의 생각과 정보가 분명하게 전달되었는지를 확인해주는 역할을 한다. 또한 피드백은 자신의 행동을 되짚어보고 개선하도록 촉진하며, 성과 달성을 용이하게 해준다.

이와 같이 피드백은 과거 행동이나 성과에 대한 평가, 질책의 의미보다 향후의 성장과 발전

을 위한 미래 지향적 활동이다. 즉, 피드백은 바람직한 행동이나 훌륭한 성과를 유지 · 강화하거나 잘못된 행동, 또는 기대에 미치지 못하는 성과를 개선하기 위한 것이다.

(2) 피드백의 유형

피드백은 크게 강화, 조언, 침묵(회피), 그리고 비난의 네 가지 유형으로 나누어볼 수 있다. 각 피드백 유형별 개념과 영향을 보면 〈표 6-1〉과 같다.

🦋 **표 6-1_ 피드백의 유형**

구 분	개 념	영 향
강화	• 적극적 피드백으로 바람직한 행동이나 결과에 대해 이야기하여 지지·격려한다.	• 상대방의 자신감을 높이고 동기를 강화시킨다. • 성과가 향상된다.
조언	• 기대에 미치지 못하는 행동이나 결과에 대해 이를 개선·보완하기 위한 방법을 권유하거나 제시한다.	• 행동을 교정한다. • 성과를 향상시킨다.
침묵 (회피)	• 아무런 반응을 하지 않는다. 갈등 상황을 모른 체하거나 더 지켜본다.	• 자신감이 떨어지고 불안감을 초래한다. • 문제가 심화된다.
비난	• 기대에 미치지 못하는 행동이나 결과에 대해 규명하고 지적하고 질책한다.	• 변명이나 핑계·저항을 가져온다. • 행동이나 성과를 왜곡하고 관계를 악화시킨다.

각 피드백의 유형별 예시를 들어보면 다음과 같다.

 예시

"향후 전략 방향에 대한 새로운 아이디어가 많은 도움이 되었네. 그동안 보고서 작성하느라 수고 많았어. 고맙네." **강화**

"이번 자료를 보니 데이터가 작년 1/4분기 자료이던데 최종 보고서에는 4/4분기 기준으로 작성하고, 그룹장님께 보고하기 전에 파트장과 미리 상의해보세요." **조언**

"음 …. **침묵** 이 문제는 다음에 다시 얘기하자." **회피**

"도대체 회의 자료를 어떻게 작성했기에 이 모양인가? 당신이라면 이 자료를 납득할 수 있겠어?" **비난**

토의 6-1	나는 ~유형의 피드백을 사용한다	대부분	자주	가끔	결코
	강화				
	조언				
	침묵(회피)				
	비난				

평소 당신이 사용하는 유형별 피드백의 빈도를 생각해보자. 가장 많이 쓰는 유형은 무엇이고, 주로 하는 피드백의 내용은 무엇인가? 이에 대한 당신의 의견과 느낌을 다른 사람과 공유해보자.

② 피드백의 조건과 규칙

(1) 피드백의 조건

바람직한 피드백은 초점, 적합성, 그리고 상황(시간·장소)의 세 가지 핵심 조건을 충족해야 한다.

📢 **초점**

★ 피드백은 개인적 특성이 아닌 관찰된 특정 행동이나 성과 이슈에 초점(Focus)을 맞추어야 한다. 훌륭한 성과나 바람직한 행동에 대한 칭찬과 인정, 성과 부진이나 잘못된 행동에 대한 개선 요구에 초점을 맞춘다. **피드백은 객관적 사실에 기초해야 한다.**

★ 피드백할 때에는 과거의 일을 다시 제기해서는 안 된다. 피드백은 당면한 문제에만 초점을 맞추는 것이다. 옛날 이야기를 들추어내는 것은 상대방의 잘못에 대해 근거를 찾고 책망을 하기 위한 경우가 흔하다. 특히 화가 났을 때나 감정이 좋지 않을 때는 옛일을 들먹이지 않도록 한다. 피드백이 상대방의 인격이나 능력에 대한 판단이 되어서는 안 된다.

🔊 적합성

★ 피드백은 행동 개선이나 성과 부진을 해소할 수 있도록 유용한 정보나 실질적 조
  언을 제시해야 한다. 즉, 피드백은 상황에 적합한 메시지(Informative)를 담고 있어야
  한다.

★ 또한, 상대방의 능력 수준에 맞추어 피드백하고, 상대방이 소화할 수 없을 정도로
  많은 피드백을 한 번에 제공하지 않도록 조심해야 한다. 한 번에 여러 가지 유형의
  피드백을 혼합해서 제공하면 그 효과가 희석된다. 개선해야 할 점이 많은 경우에
  도 피드백 내용을 2~3개로 한정하는 게 바람직하다. 적합성이 있는 피드백을 하기
  위해서 피드백 내용은 일관성, 수용성, 현실성의 세 가지 요소를 갖추어야 한다.

> **일관성**➤ 피드백 내용이 관찰된 행동이나 성과 이슈와 직접적으로 관련이 있
> 는가?
> **수용성**➤ 피드백 내용은 상대방이 받아들일 수 있는 것인가?
> **현실성**➤ 피드백 내용이 실행 가능한 것인가?

🔊 상황(시간·장소)

★ 피드백은 필요할 때(타이밍) 적절한 공간에서 이루어져야 한다. 타이밍(Timing)에는
  시간적 의미뿐 아니라 상대방이 피드백을 받아들일 수 있는 마음의 상태와 같은
  심리적 요인을 포함한다. 피드백 장소, 분위기 등과 같은 물리적 환경도 중요한 영
  향을 미친다.

> • 특정 행동이 관찰되거나 이슈가 발생했을 때 바로(최근 사항), 수시로 피드백한다.
> • 민감한 이슈이거나 어려운 문제는 어느 정도 시간이 지나 상대방이 피드백을 받아들일
>   마음의 여유가 생길 때 한다.
> • 피드백 내용에 적합한 장소와 시간을 선택한다.

(2) 건설적 피드백을 위한 규칙

건설적 피드백은 명확한 목적 설정, 구체적이고 긍정적인 표현, 실질적 조언 제시, 권유·요청, 그리고 강화와 비난, 조언과 충고의 균형을 갖춘 피드백을 말한다.

 피드백하는 목적을 명확히 한다

★ 상대방이 피드백을 통하여 무엇을 얻게 될 것인지 자문해본다. 자신이 정말로 상대방의 성장과 발전을 위해 피드백하는가, 혹시 별 생각없이 피드백하는 건 아닌가, 단순히 기분이 상해서 화풀이하고 있는 것은 아닌가를 생각해본다. 효과적인 피드백이 되기 위해서는 **메시지**(사실+생각+감정+요구)를 사전에 충분히 검토한 후 메시지가 피드백 목적에 부합하는지 판단해야 한다.

특정 행동에 대해 구체적이고 긍정적으로 한다

★ 상대방이 어떤 사람인가를 지적하거나 좋다, 나쁘다, 옳다, 그르다 등의 판단을 하기보다는 그 사람이 어떤 행동을 했는가에 초점을 맞추어 구체적이고 긍정적으로 피드백한다. 사람을 직접 비판하거나 공격하지 말고 문제 자체에 집중한다. 이를 위해서 감정을 잘 조절해야 한다.

"강 대리, 요즈음 업무 태도가 별로 좋지 않아."	(×) 태도 비난
"강 대리, 지난 1주일 동안 3번 지각했군. 무슨 이유라도 있는가?"	(○) 행동 언급
"민영 씨, 지난번 발표는 훌륭했어요. 앞으로도 계속 노력하기 바랍니다."	(×) 추상적
"민영 씨, 지난번 발표는 논리적이었고, 특히 최근 자료를 토대로 한 새로운 아이디어 제시가 참 좋았어요. 수고했어요."	(○) 구체적
"이 음식은 맛이 왜 이렇게 엉망이야."	(×) 비난(부정적)
"지난번 음식이 내게는 더 맞는 것 같아."	(○) 긍정적

 비난보다는 도움이 되는 실질적 조언을 제시한다

★ 비난과 질책의 피드백은 꼭 필요한 경우에 한다. 이때는 먼저 피드백을 하게 된 배경이나 내용에 대해 설명한다.

> "나 대리, 이번 프레젠테이션은 아주 엉성했어. 다음 주의 프레젠테이션 계획에 대해서는 내가 미리 검토해보았으면 하네." (×) 비난
>
> "나 대리, 내 생각에는 프레젠테이션 자료는 중요 내용에 대해서 그래프나 차트를 활용해 시각화하는 게 필요할 것 같네. 자네에게 내가 도움이 될 수 있으면 하네. 그래서 말인데 다음 주 발표할 내용에 대해서 우리가 함께 미리 검토해보는 게 어떨까 싶은데…." (○) 실질적 도움

강요하지 말고 권유, 요청한다

★ 피드백은 받는 사람에게 강요하기보다는 사실을 알리고 스스로 판단할 수 있도록 권고하는 것이다. 선택은 상대방에게 맡긴다.

> "정미 씨, 왜 전화를 그렇게 요란하게 받아? 소리 좀 줄여라." (×) 강요
>
> "정미 씨, 전화 통화를 크게 하니까 업무하는 데 집중력이 떨어집니다. 목소리를 좀 작게 해줄 수 있어요?" (○) 권유, 요청

강화와 비난, 조언과 침묵의 균형을 맞춘다

★ 일반적으로 강화가 가장 효과적인 피드백 형태이다. 비난은 가장 비효과적인 피드백으로 다른 모든 피드백을 무의미하게 만들기도 한다. 같은 내용이라도 비난이 아닌 조언으로 제공할 수 있다.

★ 항상 강화와 조언의 긍정적 피드백만 할 수는 없다. 침묵과 비난의 피드백도 필요한 경우가 있다. 이때는 다음 절에서 살펴 볼 '난처한 상황'에서의 대화법에 따라 피드백한다. 기업 내 커뮤니케이션 행태에 대한 연구 결과 긍정적 발언과 부

정적 발언의 적절한 비율은 5.6 : 1인 것으로 나타났다.[1] 따라서 긍정적 피드백과 부정적 피드백을 적절한 비율(5.6 : 1)로 조합하는 것이 필요하다.

③ 피드백을 받는 요령

피드백을 하는 것도 중요하지만 피드백을 받는 사람의 생각과 태도도 피드백의 효과에 큰 영향을 미친다.

- 피드백을 성장의 기회로 인식한다.[2]
- 적극적으로 상대방의 피드백을 요청한다.
- 상대방에게 구체적인 조언을 구한다.
- 피드백 내용을 경청한다.
- 피드백 내용에 대해 의문이 있으면 질문을 해서 명확히 확인한다.
- 감정적 반응을 하지 않는다.
- 피드백에 대하여 방어적 태도를 보이거나 핑계를 대지 않는다.
- 특히 기대에 미치지 못하는 결과나 행동에 대해 교정적, 부정적 피드백을 받을 때는 받는 사람도 열린 마음으로 피드백 내용을 겸허하게 받아들이도록 노력한다.
- 비평이 불명확할 때는 명확하게 이야기해 줄 것을 부탁한다.
- 만일 당신이 다른 견해를 가지고 있을 때는 비평에 대해서 공격하지 말고, 당신의 의견을 밝힌다.
- 피드백 내용을 잘 실천하겠다고 표현한다.
- 건설적인 비평과 조언을 해준 상대방의 노력에 감사의 뜻을 표시한다.

② 난처한 상황에서의 대화법

난처한 상황에서의 대화는 두 사람 이상의 사이에 중요한 이해관계가 걸려 있고, 의견 차이나 대립이 있으며, 감정이 격한 경우일 때 일어나는 대화이다. 난처한 상황들은 다음과 같다.

- 상대방의 잘못된 행동에 대해 이야기한다.
- 반대 의견을 제시한다.
- 화가 나고 감정이 격해진 상황에서 대화한다.
- 원하는 것이 있어 상대방에게 뭔가를 요청한다.
- 상대방의 부탁을 거절한다.

난처한 상황에서 대화할 때는 기본적으로 지적 겸손(intellectual humility)에 대한 인식이 필요하다. **지적 겸손은 세상에 전지전능하고 완벽한 사람은 없기 때문에 '내 생각이 틀릴 수 있다'는 사실을 인정하는 것이다.** 지적으로 겸손한 사람은 남을 가르치려고 들지 않으며 새로운 지식과 정보에 대해 개방적인 태도를 보이고 지속적으로 학습한다. 또한, 다른 사람의 관점을 존중하고 상대의 의견이 타당하면 자신의 생각과 판단을 수정하고 실수를 인정할 줄 안다.

① 잘못된 행동에 대한 피드백 지침

민감한 이슈에 대해 듣기 좋은 얘기도 아니고 논란이나 반발의 여지가 많은 의견을 말하기란 여간 어려운 일이 아니다. 특히 주제가 상황이나 사물이 아닌 사람일 경우에는 말하기가 더 어렵다.

★1 R Losada ,M. & Heaphy, E., The role of positivity and connectivity in the performance of business teams: A Nonlinear dynamics, American Behavioral Scientist, 47, pp. 760-765.
★2 "양약(良藥)은 고구(苦口)이나 이어병(利於病)이요, 충언(忠言)은 역이(逆耳)이나 이어행(利於行)이라." 몸에 좋은 약은 입에는 쓰나 병을 다스리는 데는 이롭고, 올바른 말은 귀에 거슬리지만 행동에는 이롭다는 공자(孔子)의 말씀을 기억하자.

🎬 **미리보기** 의 파트장과 박예민 사원의 상황에서 다음과 같이 대화법을 바꾸어 역할 연기를 다시 해보자.

🎬 역할 연기 ❷

(박예민) (전화기에 대고 허탈한 듯) 여보세요, 안녕히 계세요!

(이를 지켜 보던 파트장이 예민 씨에게 말한다.)

(파트장) 예민 씨, 그 전화 꽤 힘들어 보이네. 괜찮아?

(박예민) 예, 그런대로요. 파트장님, 큰 소리 나게 해서 죄송합니다.

(파트장) 아냐, 이해해. 그런데 걱정되는 게 그 고객이 다시 전화하면 뭐라 하지? 좀 더 좋은 방법이 있을 것 같은데….

(박예민) 사실 전화를 끊고 나서 생각하니 제가 너무 흥분했다는 생각이 들어 후회가 되더라고요. 그래서 다음 번부터는 차분하게 고객님께서 얘기를 마칠 때까지 다 듣고 나서 정중하게 말씀을 드려야겠다는 생각을 했어요.

(파트장) 예민 씨, 나도 그렇게 생각해요. 흥분한 고객은 진정할 때까지 그냥 놔두는 게 좋을 것 같아.

(박예민) 맞아요. 그런데 그 다음에는 어떻게 하죠?

(파트장) 음, 내 생각에는 역으로 한 번 질문을 하거나 제안을 해보는 것도 좋을 것 같아. 이렇게 말야. "고객님, 이 문제를 잘 해결할 수 있는 방법을 말씀해 주시면 고맙겠습니다."라고 말야.

(박예민) 아, 그거 좋은 방법이네요. 역시 파트장님은 뭐가 달라도 달라요. 좋은 조언 감사드립니다.

(파트장) 예민 씨, 이번 일은 좋은 경험했다 생각하고, 아무 생각 말고 오늘은 편히 쉬어.

토의 6-2

역할 연기를 통해 느낀 점과 소통 노하우에 대한 각자의 의견을 이야기해보자.

❶ 🎬 **미리보기** 의 [역할 연기 ❶]과 [역할 연기 ❷]의 차이점은 무엇인가?

❷ 난처한 상황에서의 소통 노하우는 무엇인가?

일을 잘못했을 경우와 같은 난처한 상황에서는 다음과 같이 피드백한다. 앞서 기술한 건설적 피드백을 위한 규칙을 따른다.

(1) 피드백의 목적과 태도를 점검한다

상대방에 대한 자신의 진실한 마음이 있는지 확인한다. 평가, 질책의 목적이 아니라 문제 해결, 상황 개선, 갈등 해소, 상대방의 성장을 지원하는 등의 선의의 목적에서 피드백한다는 사실을 명심한다. 만일 스스로 마음의 준비가 되어 있지 않으면 준비가 될 때까지 기다린다. 그 후 상대방을 생각하는 진실된 마음으로 대화에 임한다.

(2) 남이 보지 않는 곳에서 긍정적으로 한다

부정적 이슈에 대한 피드백은 둘만의 공간에서 개인적이며 긍정적으로 이야기한다. 대화는 편안한 분위기 속에서 기본적으로 상대방의 인격을 존중하는 태도를 가지고 이루어져야 한다.

(3) 질문을 한다

질문을 통해 스스로 책임질 수 있는 해결책을 찾고 선택하도록 한다. 피드백은 상대방으로 하여금 대안을 스스로 찾아내도록 도와주기 위한 것이다. 피드백할 때는 당장 구체적인 해결책을 제시해주기보다는 새로운 가능성을 탐색하는 태도로 임한다.

(4) 간단하고 실질적인 조언을 한다

먼저 좋은 해결책에 대해서 칭찬하고, 부족한 부분에 대한 조언이나 방법은 과도하지 않은 범위 내에서 짧게 한다. 지나치게 많은 정보를 제시하면 상대방이 부담을 느낄 수 있고 행동으로 옮기기도 어렵다. 그리고 "상대방 입장에서 내가 제공하는 정보나 조언이 가치가 있을까?" 하고 질문해본다. 아울러 상대방이 비난과 질책에 대해 수용하지 않거나 감정적으로 반응하는 경우를 예상하여 어떻게 할 것인가에 대한 리스크 플랜을 미리 생각하고 대화에 나선다.

난처한 상황일수록 상대방을 자극할 수 있는 다음과 같은 대화는 하지 않는다.

 상대방을 자극하는 대화

- 지시·명령하기 지각 좀 그만해라.
- 경고·위협하기 한 번만 더 지각하면 시말서감이야.
- 설명·설교하기 근태는 직장에서 지켜야 할 ABC 아닌가?
- 비평하기 이런 식으로 직장생활해도 괜찮다고 생각하나?
- 비난·질책하기 왜 이렇게 자주 늦는 거야? 나한테 반항하는 건가?
- 비꼬기 자네는 직급은 사원인데 사장처럼 출근하는군.

② 반대 의견을 제시하는 대화법

새로운 프로젝트가 시작되어 PM인 홍 팀장이 프로젝트 인원 할당 및 일 분배를 위해 회의를 소집했다. 홍 팀장은 2파트에 새로운 프로젝트를 할당하기로 하고, 프로젝트 일정상 1, 3 파트의 몇몇 인원을 2파트에 배정해 일정 내에 프로젝트를 완료했으면 한다. 이에 1파트장인 김 파트장은 못마땅한 표정을 짓고 있다. 다음 사례를 역할 연기 해보자.

역할 연기 ❸

(홍 팀장) 이번 신규 프로젝트는 고객이 긴급하게 요청한 제품을 시간 내에 개발해야 하니 1파트와 3파트에서 여유 인원을 2파트에 할당해주셨으면 합니다. 아시다시피 2파트 인원만으로는 1개월 안에 개발하기가 힘들 것 같습니다.

(김 파트장) 팀장님! 저번 A10 프로젝트를 진행할 때도 일정이 급했는데, 그때는 인원을 더 늘려주시지 않더니 왜 2파트 프로젝트에는 인원을 더 할당해주시는 건가요?

(홍 팀장) 말했다시피 이번 프로젝트가 긴급하고 중요해서 그렇다고 하지 않았나?

김 파트장	팀장님은 너무 2 파트장을 편애하는 거 아닙니까?
홍 팀장	그게 무슨 말인가? 내가 누구를 편애한단 말인가? 말도 안 되는 소리 말게.
김 파트장	사실 프로젝트 할당에도 문제가 있는 것 같습니다. 항상 성과가 날 수 있는 프로젝트는 2파트, 3파트에만 할당하고, 저희 파트에는 할당해주지 않는 것 같습니다. 항상 저희가 하는 프로젝트는 다른 파트의 보조만 하는 것 같습니다.
홍 팀장	아니 김 파트장! 내가 언제 프로젝트를 그런 식으로 구분해서 할당했다고 그러나? 김 파트장이 경쟁력 있는 제품을 제때 개발하지 못해서 양산 제품이 없다고는 생각 안 해 봤나?
김 파트장	(얼굴이 상기된 채) 저는 그렇게 생각하지 않습니다. 저희는 마케팅 팀에서 제시한 대로 기간 내에 개발을 완료했습니다.
홍 팀장	김 파트장! 그럼 당신네 팀은 전혀 문제가 없는데, 내가 괜히 그런다는 건가? 이 양반이 정말….(회의 분위기가 썰렁해진다.)

토의 6-3

이 대화의 문제점은 무엇인가? 홍 팀장과 김 파트장, 그리고 2파트장, 3파트장의 입장에서 각각 생각해보자. 당신의 의견을 팀원들과 공유해보자.

❶ 이 대화가 건설적으로 진행되기 위해서 홍 팀장은 어떻게 해야 할까?
❷ 이 대화가 건설적으로 진행되기 위해서 김 파트장은 어떻게 해야 할까?
❸ 이 대화가 건설적으로 진행되기 위해서 2파트장과 3파트장은 각기 어떻게 해야 할까?

　　상대방과 다른 의견을 표명하거나 반대 의견을 제기해야 할 경우 서로의 관계가 손상되지 않도록 주의해야 한다. 이와 같은 경우는 먼저 '대화의 룰'을 정한 후 'Yes & then 화법'과 '비평의 기술'을 사용하면 효과적이다.

(1) 대화의 룰 정하기

대화하기 전에 꼭 지켜야 할 '대화의 룰'을 정한 후 그 규칙대로만 대화를 이끌어간다. 대화의 룰은 상황과 이슈에 따라 다르게 정한다. 다음과 같은 예를 들 수 있다.

- 상호 존중한다.
- 어떤 경우에도 대화를 하는 선의의 목적을 잊지 않는다.
- 먼저 상대방의 생각과 의견을 경청한 후 나의 생각과 의견을 제시한다.

(2) Yes & then 화법 적용하기

Yes & then 화법은 의견 충돌이 있거나 견해를 달리할 경우의 커뮤니케이션 방법으로 먼저 상대방의 의견에 대해 긍정적 표현을 한 후 자신의 의견을 제시하는 것이다.

- 동의·찬성하는 부분에 대한 내용을 긍정적으로 표현한다.
- 동의·찬성하는 부분이 없으면 '이해한다', '그렇게 생각할 수도 있다', '새로운 관점이다'와 같은 긍정의 의미가 담긴 뜻을 전달한다.
- 이해를 달리하는 부분에 대한 자신의 생각과 의견을 객관적 근거를 가지고 표현한다.
- '그러나~'라고 표현하지 않는다.
- 부드러운 스피치톤으로 이야기한다.

> "매우 좋은 의견입니다. 새로운 시각에서 이 이슈를 생각해 볼 수 있도록 아이디어를 내주셔서 감사드립니다."
>
> "좋은 문제를 제기해주셨는데, 먼저 저의 의견을 끝까지 말씀드리고 나서 그 부분은 다시 논의하기로 하겠습니다."
>
> "어떤 측면에서 그런 말씀을 하시는지 잘 알겠습니다. 저도 충분히 있을 수 있는 일이라고 생각합니다. 그런데 제가 생각하기로는~."
>
> "무슨 말씀인지 이해가 됩니다. 그런데 시각을 달리해서 이 문제를 바라본다면 이런 견해도 있을 수 있다고 봅니다."

❶ Yes

> "네, 저도 ~하다는 말씀에 동의합니다."
>
> "그 부분에 대해서는 저도 같은 생각입니다."
>
> " 네, ~부분의 말씀은 제가 미처 생각해보지 못한 내용으로, 이 문제를 새로운 시각에서 바라볼 수 있도록 해주었습니다."

❷ & then

> "그런데, 한편으로는~"
>
> "그런데, 제 생각으로는~"
>
> "그런데, ~와 제가 견해를 달리하는 부분으로는~"

(3) 비평의 기술 활용하기

비평할 때는 상대의 체면이 상하지 않도록 주의한다. 비평의 기본 원칙은 '상대의 장점을 최대화하고 단점을 최소화하라'는 것이다. 이에 따른 세부 기법은 다음과 같다.★

- 전체를 비평하는 것보다는 부분을 비평한다.

> "별로 좋은 것 같지 않은데요." ▶ "아이디어는 참신한데 실행상의 문제가 있을 것 같습니다."

- 무조건 비평하는 것보다는 기준에 미치지 못함을 전달한다.

> "말도 안 돼요." ▶ "우리가 바라는 해결책은 아닌 것 같습니다."

★ 자신의 잘못이나 단점에 대해 "솔직히 얘기해주세요."라는 상대방의 요청에 정말로 솔직히 얘기해서 좋은 결과를 가져오는 경우는 드물다. 대부분 관계 악화나 관계 단절을 초래한다. 따라서 비평·비난할 때는 발언 수위를 조절하거나 마음에 담아두는 유보의 지혜가 필요하다.

- 장점을 이야기한 다음 단점을 제시한다.

  > "너무 뜬구름 잡는 얘기예요." ▶ "멋진 아이디어군요. 하지만 좀 더 구체화해야겠어요."

- 문제점을 지적할 때는 직설적으로 표현하지 말고 약하게 표현한다.

  > "그런 말을 해서는 안 되죠." ▶ "그런 제안은 약간 문제가 있지 않을까요?"

- 가능성에 주목하고 그것을 칭찬한다.

  > "그 방법은 너무 이상적이에요." ▶ "좀 더 구체화한다면 정말 좋은 방안이 될 수 있겠는데요."

- 비판보다는 개선 방안을 제시한다.

  > "너무 추상적이에요." ▶ "이렇게 구체화하면 어떨까요? 우선…"

3 화가 날 때의 STOP 대화법

화가 치밀어 오르는 순간 사람들은 대부분 흥분하여 소리를 지르거나 나중에 후회할 말을 내뱉는 등의 어리석은 선택으로 관계를 망치곤 한다. **화가 날 때는 일단 멈추는 지혜가 필요하다.** 이를 멈춤(STOP) 대화법이라고 한다.

(1) 일단 대화를 멈춘다(Stop)

화가 치미는 등 감정이 격해지면 일단 대화를 멈추는 것이 핵심이다. 일단 대화에서 물러나 감정을 가라앉히는 것이 무엇보다 중요하다. 대화에 감정이 개입되어 좋은 결과를 얻는 경우는 없다.

- 잠시 대화를 멈추고 침묵한다.
- 양해를 구하고 화장실에 가서 거울에 비친 자신의 얼굴을 바라본다. 간단히 고양이 세수라도 한다.
- 상대방이 무슨 말과 행동을 했기에 '내가 이렇게 흥분했는지' 생각한다.
- 마음 속으로 화를 가라앉히는 말이나 주문을 반복해서 읊는다.
- 도저히 안 될 것 같으면 다음 기회로 대화를 미룬다.
- 화를 내며 자리를 뜨는 등의 극단적 행동은 하지 않는다.

(2) 대화의 목적 생각하기(Target)

한 발 물러선 상태에서 마음을 가라앉히고 대화의 목적에 대해 생각한다. 그리고 그것에 집중한다. 이때 다음과 같은 질문이 도움이 된다.

- 내가 이 대화를 통해 달성하려는 것은 무엇인가?
- 내가 원하지 않는 것은 무엇인가?
- 상대방이 이 대화를 통해 달성하려는 것은 무엇인가?
- 상대방이 원하지 않는 것은 무엇인가?
- 나는 상대방과의 관계를 어떻게 가져가길 원하는가?

(3) 옵션 정리하기(Option)

처음의 동기와 목표를 생각하며 선택 가능한 몇 가지 내용(옵션)에 대해 정리해본다. 진정한 대화란 듣기 좋은 말로 상대방의 기분을 좋게 해주는 것이 아니라 서로의 생각과 의견을 나누는 것이다. 그래야만 변화를 이끌어낼 수 있다.

- 대화의 목적을 달성하려면 나는 무엇을 해야 하는가?
- 상대방은 왜 그렇게 행동했을까?
- 상대방이 무슨 말을 할까?
- 지금 무엇이 우선 사항인가?
- 다시 대화가 어긋나면 어떻게 할까?

(4) 대화 진행하기(Progress)

앞으로 어떤 일이 일어나든 공격, 침묵, 회피 등의 어리석은 선택은 하지 않겠다고 다짐하며 다시 대화에 나선다. 이때 ABC 대화법을 활용한다. 상대방과 의견이 같으면 동의(A)하고, 그가 중요한 정보를 빠뜨리면 추가(B)하며, 의견이 다를 경우 서로의 입장을 비교(C) 설명한다. 이는 앞서 제시한 'Yes & then 화법'과 맥락을 같이 한다.

📢 먼저 동의한다(Agree)

★ 우리는 상대방이 이야기하면 잘못부터 찾으려 들고, 약간의 오류라도 발견하면 크게 문제화시킨다. 그 결과 건강한 대화를 하기보다는 심한 논쟁을 하게 된다. 대화에 능숙한 사람들은 일상에서 사소한 차이나 오류에 집착하지 않고 동의하는 부분들을 찾는다. 그들은 자주 "같은 생각입니다"와 같은 동의의 말로 대화를 시작한다.

📢 다음에 추가한다(Build)

★ 대화에 능숙한 사람들은 먼저 동의한 다음에 자기 의견을 추가한다. 그들은 "그건 틀렸어요. 당신은 ○○○을 잊고 있군요."라고 지적하지 않고 "동감입니다. 거기다가 ○○○을 덧붙이고 싶네요."라고 말한다. 부분적으로 동의한 내용을 말한 다음, 아직 다루지 않은 의견을 추가한다.

📢 마지막으로 비교한다(Compare)

★ 서로 동의하지 않는 경우에는 당신과 다른 사람의 입장을 비교한다. 상대방이 '틀리다'가 아닌 '다르다'고 생각한다. "제 생각은 다릅니다. 그걸 설명할게요."라고 말한다.

4 부탁하기와 거절하기

부탁을 들어주고 도와주는 것만큼이나 부탁하는 것도 중요하다. 어떤 사람은 거절당할 것이 두려워 부탁하지 않는다. 또 어떤 사람은 거절당할 수도 있겠지만 일단 부탁을 해본다.

부탁에는 의존적 부탁과 자주적 부탁의 두 가지가 있다. 의존적 부탁은 자신의 능력을 믿지 않고 남에게 문제를 해결해 달라는 것이다. 반면 자주적 부탁은 문제 해결 능력이 자신에게 있다고 믿고 스스로 해결할 수 있도록 남에게 도움을 요청하는 것이다. 부탁을 제대로 하기 위해 스스로에게 세 가지 질문을 해보자.

- 내가 진정으로 원하는 것은 무엇인가?
- 나에게 필요한 자주적 부탁은 무엇인가?
- 내가 원하는 것을 성취하기 위해 감수해야 할 위험은 무엇인가? 무언가를 이루려면 위험을 감수해야 한다.★

(1) 부탁하기

부탁할 사항이 있으면 상대방이 알아주길 바라지 말고 구체적이고 명확하게 의사 표현을 한다.

- 원하는 것에 대해서 명확히 그리고 구체적으로 한다.
- 요청이 거절될 경우의 대안을 가지고 있어야 한다.
- 상대방이 거절할 때, 그 거절을 받아들일 준비가 되어 있어야 한다.
- 상대방의 대답에 대해 당신의 태도(감사, 실망, 수용)를 표현한다.
- 거절한다고 해서 당신 자체를 거부하는 것은 아니다. 너무 상처를 받지 않는다.

★ 동아일보(2021.4.14.)

(2) 거절하기

상대방의 제의에 대하여 수용 여부를 확실히 밝힌다. 만일 가부(可否)를 밝히기 어려울 때는 생각할 시간을 가진 후 솔직하게 대답한다. 대답은 간단히 하도록 한다. 많은 변명은 필요 없다. 변명이 필요할 때도 가급적 짧게 한다.

- "미안하다"는 말은 꼭 그렇게 느낄 때만 쓰도록 한다.
- 침묵이 필요할 때는 침묵하는 것도 좋은 방법이다.
- 대안을 제시할 수도 있다.
- "거절할 때 거절하지 못하면 결국 사람도 잃고 재화도 잃는다."는 사실을 명심한다.

과제 1 다음의 각 지문은 잘못된 피드백의 사례이다. 두 사람씩 짝을 지어 각각의 지문으로 역할 연기를 한 후 어떤 점이 잘못되었으며 어떻게 하는 것이 건설적 피드백인지 연구하여 발표해보자.

❶ 지난번 프레젠테이션은 훌륭했어요. 앞으로도 계속 노력하기 바랍니다.

❷ 당신은 사보 업무를 하는 데 항상 내 도움을 필요로 하고 있습니다. 그건 내 일이 아닙니다. 이제 스스로 사보 편집하는 방법을 익힐 때도 되지 않았나요?

❸ 너 머리는 폼으로 달고 다니냐? 도대체 무슨 생각으로 사냐?

❹ 제때에 보고 좀 하자. 응?

❺ 앞으로는 우리 얘기하는 거 다 녹음한다!

과제 2 다음의 각 상황에서 그들과의 관계를 해치지 않고 그들에게 어떻게 피드백할 것인지에 대한 당신의 의견을 제시해보자.

❶ 매사에 비판적이고 불만이 많은 후배가 있다. 그는 항상 상황과 일, 다른 사람에 대하여 불평불만을 일삼는다. 그를 만나고 나면 왠지 기운이 빠지고 우울해진다.

❷ 대화하면서 지적(知的) 자극을 주는 고마운 동료가 있다. 그는 자신의 전문 분야뿐만 아니라 문학·예술·역사·철학 등 인문학적 소양도 뛰어나 배울 점이 많다. 그런데 그는 누구를 만나도 거의 대부분 본인이 대화를 주도하여 다른 사람에게 말할 기회를 주지 않는다. 더욱이 그는 말투에서도 가르치려는 경향을 보인다.

❸ 아주 인간적이고 매너가 좋은 친구가 있다. 그는 누구와 대화를 해도 잘들어 주고 공감하며 웃는 얼굴로 대한다. 그런데 문제는 자신의 생각과 의견, 감정을 거의 표현하지 않는다는 것이다. 편한 친구이긴 하지만 그의 속내를 알 수 없어 답답할 때도 많다.

차 한잔의 여유

거절을 두려워하지 않는 부탁의 기술 ★

K는 잘 다니던 직장을 3년 만에 그만둔다. 정말 자신이 원하는 일이 무엇일지에 대해 생각해보는 시간이 필요했다. 하루는 '징거맨'이라는 식당의 음식 서비스를 받게 된다. 음식은 물론 식당 직원들이 행복하게 지내는 모습을 보고 깊은 인상을 받는다. 인터넷 검색을 통해 이 식당 체인이 독특한 운영 철학을 갖고 '미국에서 가장 멋진 중소기업'으로 꼽히게 된 것을 알게 된다. 그는 전공이나 첫 직장에서 하던 일과는 완전히 다른 식당에서 일하고 싶다는 욕망을 갖고 징거맨에 이력서를 보냈지만 거절당한다. 그는 채용 담당자에게 무엇을 개선하면

좋을지 조언을 부탁하면서 거듭 지원했다. 이전 연봉과는 한참 거리가 있는 시간당 1만 원 정도를 받으며 매주 30~40시간을 치즈와 올리브 오일을 파는 일부터 시작했다.

푸드 트럭을 해보고 싶다는 생각에 징거맨 창업자를 찾아가 도와달라고 부탁한다. 푸드 트럭으로 훈련한 뒤에는 아시아 음식 시장을 연구해보고 싶다는 생각이 들었다. 다시 창업자에게 지원을 부탁하고는 한국, 일본, 대만 등을 다녀온다. 식당을 하기 위해서는 음식을 대량으로 만드는 법을 알아야겠다는 생각이 들어 징거맨 주방에서 일하게 해달라고 부탁하고, 뉴욕에 있는 한식당에서 어렵게 무급 인턴 기회를 얻는다. 이렇게 경험을 쌓은 뒤 K는 미시간주 앤아버시에 미스 킴(Miss Kim)이라는 식당을 설립했다. 그는 한국의 전통적인 요리에 대한 자료를 구해 연구하고 이를 현대적으로 재해석하여 인기를 끌었다. 그는 시급 1만 원을 받으며 일했던 징거맨사의 파트너 자리에

까지 올랐다.

K 오너 셰프는 자신이 원하는 것이 무엇인지를 뚜렷하게 한 뒤에는 자신을 도와줄 사람이 누구인지 찾았고, 찾아가서 부탁했다. 그가 자신이 원하는 것을 제대로 알지 못했다면, 거절당할 것이 두려워 부탁하지 못했다면 지금의 성취는 없었을 것이다.

나 역시 오랫동안 거절이 두려워 부탁을 못 했다. 하지만 10가지 부탁을 하면 상대방이 8번 이상 거절하는 것이 당연하다고 마음을 바꾸고 나자 부탁하는 것이 한결 편해졌다. 3년 전 처음 만난 고객과의 회의를 마치면서 내가 어떤 프로젝트를 하고 싶은지에 대해 말하면서 혹시라도 그런 기회가 있으면 기억해달라고 부탁한 적이 있다. 거짓말처럼 6개월 만에 그 고객이 그런 프로젝트를 맡게 되었고 나는 오랫동안 하고 싶었던 프로젝트를 하게 되었다.

★ 김호, 직장인을 위한 생존의 방식, 동아일보(2021.4.14.)

Chapter **07**
비언어적
커뮤니케이션

미리보기

오랜만에 고등학교 동창을 만났는데 아직 결혼을 안 했다고 한다. 결혼은 해도 후회하고 안 해도 후회한다는 말이 있어 친구에게 "이런저런 신경 안 써도 되고 경제력만 있으면 싱글로 사는 것도 좋겠다."라고 말했다.

자식 하나 있는 게 한창 사춘기라 그런지 미운 짓만 골라서 한다. 그래도 자식인지라 귀엽 기도 하고 밉기도 하다. "동현이 아빠 닮아서 정말 좋겠다."라는 말을 했다.

수연이가 기말고사에서 수학 점수를 80점을 받았다. 중간고사에 비해 10점이나 오른 점 수이다. 그런데 학급 평균 점수가 85점이라고 한다. 좋기도 하고 실망스럽기도 하다. "수연이 참 잘했다. 시험 보느라 고생했어."라고 말했다.

위의 각 상황에서 말의 속도나 음의 높낮이, 한숨 소리 등을 사용해 전혀 다른 의미를 전달해 보자. 한 번은 상대방을 기분 좋게 하는 긍정적 표현으로, 다른 한 번은 상대방을 기분 나쁘게 하 는 부정적 표현으로 연습해보자.

연구문제

제7장에서는 다음과 같은 질문에 대해 탐색하고 학습한다.

❶ 비언어적 커뮤니케이션의 유형에는 어떤 것이 있는가?

❷ 의사 언어는 무엇인가?

❸ 신체 언어, 특히 다양한 제스처가 표현하는 심리적 메시지는 무엇인가?

❹ 공간과 시간은 커뮤니케이션에 어떤 영향을 미치는가?

① 비언어적 커뮤니케이션의 중요성

같은 말(내용)을 하더라도 어떻게 표현하느냐에 따라 전혀 다르게 인식되고 이해된다. 즉 억양, 목소리 톤(tone), 말의 속도뿐만 아니라 말할 때의 얼굴 표정, 자세, 제스처, 눈 맞춤(eye contact), 상황 등과 같은 여러 가지 비언어적 상징에 따라 의미 전달이 전혀 다르게 나타난다. 때로는 아무런 말 없이 비언어적 표현만으로 메시지가 충분히 전달되기도 한다.[1]

비언어적인 표현의 중요성에 대하여 버드휘스텔(Birdwhistell)은 얼굴을 맞대고 하는 대화 중에서 음성적 구성 요소는 35% 미만이며, 의사 전달의 65% 이상이 비음성적으로 이루어진다고 했다. 알버트 멜라비언(Albert Mehrabian)은 전달되는 메시지의 전체적인 영향 중에서 약 7%가 말(이야기, what to say)에 의한 것이고, 38%는 목소리(음조, 억양, 속도 등, how to say)에 의한 것이며, 55%가 비음성적인 것(looks)이라고 했다. 이러한 조사 결과는 "말할 때 '무슨 말을 하는가'보다 '상대에게 어떻게 보이느냐'가 더 중요하다."는 사실을 시사하고 있다.

한편, 로펌에 근무하는 변호사는 더운 여름에도 긴팔 드레스 셔츠에 넥타이가 필수다. 전문직에 종사하거나 규율이 엄격한 직업에 종사하는 사람들은 정장 차림으로 권위의 차별화를 꾀한다. 때와 장소, 경우에 따라 적합한 복장이 따로 있다. 옷을 못 입는 쪽보다 잘 입는 사람의 말에 더 귀를 기울이고 신뢰하는 경향을 보이는 건 동서고금을 막론하고 같다.

골드하버(Goldhaber)는 언어를 제외한 메시지를 비언어적 커뮤니케이션으로 주장했으며 비언어적 커뮤니케이션의 유형을 〈표 7-1〉과 같이 세 가지로 분류했다.[2]

표 7-1_ 비언어적 커뮤니케이션의 유형

분 류	목소리	신체 행위	환 경
자원	크기, 높이, 속도, 멈춤(pause), 더듬거림	얼굴(입, 눈), 제스처, 접촉, 외모, 자세	공간과 영역, 건축물, 대상물, 시간

② 의사 언어

비언어적 커뮤니케이션 중에서 음성을 통해 이루어지는 것을 의사 언어(paralanguage)라고 말한다. 여기에는 음색, 음 높이, 발음, 말의 속도, 목소리 크기, 억양, 강세 등이 포함되며 유사 언어, 준(準)언어라고도 한다. 의사 언어는 대부분 언어 표현과 함께 나타나며 의미 전달을 효과적으로 만드는 역할을 한다.

의사 언어는 긍정적으로도 부정적으로도 쓰인다. 감탄을 나타내는 유형의 유사 언어는 말의 내용에 긍정성을 배가해준다. 아침 방송을 보다 보면 명사들이 나와 특정 주제에 대하여 강의하거나 대담할 때 방청석에서 소위 박수 부대라고 하는 여성들이 "와~" 하면서 동의나 감탄의 소리를 내는 것을 볼 수 있다. 물론 이 장면이 연출된 상황이라는 것을 뻔히 알면서도 실제로 긴장된 상황에서 강의하는 출연자 입장에서는 긍정 에너지를 얻고 힘이 난다고 한다.

한편, 아무 소리도 없이 가만히 쳐다보다가 "에휴~" 하고 내뱉는 한숨이나 "음~" 하고 힘이 하나도 없는 듯이 의미 없는 소리를 내뱉는 것은 체념, 무시, 조롱, 힐책과 같은 부정적 메시지를 느끼게 한다.

★1 비언어적 커뮤니케이션에 관한 내용은 "홍미나(2008), 커뮤니케이션 유형과 비언어적 커뮤니케이션 요소가 서비스 제공자 평가에 미치는 영향: 서비스 유형의 조절효과 분석, 경기대학교 대학원, 박사학위 논문, pp. 22-37" 참조.

★2 Goldhaber, G. M.(1983), Organization Communication, Wm. C. Brown, p. 178; 박순(2012), 디지털 콘텐츠에서 내레이터 유형이 커뮤니케이션에 비치는 영향, 홍익대학교 광고홍보대학원, 석사학위논문, pp. 35-36 재인용.

③ 신체 언어

사람은 말을 배우기 시작할 때 직접적인 언어보다는 신체 언어*¹를 먼저 습득한다. 즉, 사람이 태어나서 가장 먼저 접하는 언어가 바로 신체 언어이다. 신체 언어에는 얼굴 표정, 눈 맞춤, 제스처, 자세 등이 있다.

1 얼굴 표정

심리학자인 타라 크라프트(Tara Kraft)와 사라 프레스만(Sarah Pressman)의 연구 결과에 따르면 웃음이 어려움이나 스트레스를 극복하는 데 도움을 주는 것으로 나타났다. 억지로 웃는 웃음도 같은 효과를 낼 수 있다고 한다. 웃음에는 입 주변 근육으로만 웃는 형식적인 가짜 웃음과 입과 눈 주변 근육을 모두 사용하는 진짜 미소로 나눌 수 있다. 진짜 미소라 불리는 '뒤센 미소(Duchenne smile)'는 이 미소를 처음으로 설명한 프랑스의 심리학자 귀욤 뒤센(Guilaume Duchenne)의 이름을 딴 것으로 환한 표정으로 즐겁게 웃는 웃음을 가리키는 말이다. 진짜 미소는 주로 눈가에 표현된다.

🐝 그림 7-1_ 뒤센 미소

얼굴 표정을 보면 그 사람의 내면적 정서를 알 수 있다. 평소에 뒤센 미소를 자주 짓는 사람은 긍정적 정서를 지닌 사람이라고 볼 수 있다. 내면에 있는 긍정적인 인식

이 얼굴 표정을 통해 나타나는 사람은 다른 사람과의 의사소통도 긍정적으로 할 수 있다. 온화한 미소는 긴장된 상황을 편안하게 만들어 주며 상대방의 마음도 온화하게 한다. 에이브러햄 링컨(Abraham Lincoln)은 "사람은 나이 마흔이 넘으면 자기 얼굴에 책임을 져야 한다."고 했다. 지금 거울을 꺼내 자신의 얼굴을 찬찬히 살펴보자. 나의 얼굴 표정이 마음에 드는지 판단해보자.

② 시선

눈은 마음의 창이라고 한다. 시선 맞춤(eye contact)은 대인 관계 유지에 중요한 역할을 하며 호감도, 신뢰도에도 긍정적인 영향을 미친다.

미국 클라크 대학의 연구에 의하면 처음 보는 이성 간일지라도 서로 눈을 마주보고 2분이 지나면 로맨틱한 감정이 증가하는 것으로 나타났다. 그에 비해 아무리 매력적인 얼굴이라도 눈길이 다른 곳을 향하고 있을 경우 상대에게 별다른 반응을 일으키지 못했다. 이와 같이 마주보기는 호감을 갖게 하고 긍정적인 관계를 형성하도록 한다.

사람의 눈이 그려진 액자를 가게에 부착했더니 가게의 도난 사고가 크게 줄었다는 사례가 있다. 비록 그림 속의 눈일지라도 타인의 시선으로 의식한 때문이다. 기계 눈이라고 할 수 있는 CCTV는 사람의 행동을 움츠리게 한다. 지하철에서 마주앉은 사람과 우연히 눈이 마주치면 시선을 금방 다른 곳으로 돌려버리기 마련이다. 괜한 오해를 부르기 싫은 심리에서다. 남의 시선을 의식하거나 마주치기 어렵다는 것은 그만큼 마음이 불편하거나 곤혹스럽다는 것을 나타낸다. 눈을 보면 그(녀)의 마음을 알 수 있다.[2]

말하는 상대의 눈을 피하는 것은 거절, 무관심, 미안함 등을 나타낸다. 시선을 외면하고 턱을 괴는 행동은 상대방을 무시하거나 비판하는 의미로 해석된다.

[1] 앨런 피스, 정현숙 옮김(1992), 보디랭귀지, 을지서적, pp. 7-93 핵심 내용 요약 재정리.
[2] The Science Times(2017. 1. 31.), 그가 내게서 시선을 돌리는 까닭.

③ 제스처

제스처(gesture)는 손동작이나 몸짓 등으로 표현되는 비언어적인 행동으로 말이나 글로 표현하기 어려운 감정, 태도, 의도 등을 전달하는 데 유용하다. 이러한 제스처는 문화적인 배경에 따라 다른 의미를 담고 있으므로 주의하여 사용해야 한다.

📢 손가락 제스처

★ 승인, 허락을 뜻하는 원 또는 'OK' 제스처는 프랑스에서는 제로(zero) 혹은 무(無)를 의미한다. 한국에서는 '돈'을 의미하기도 하며, 몇몇 지중해 국가들에서는 동성 연애를 하는 남성들을 나타내는 신호이기도 하다.

★ 엄지손가락을 세우는 제스처는 최고를 뜻하며, 힘 또는 우월감을 나타내는 신호이다. 영국에서는 여행자들이 지나가는 차를 멈추어 편승을 요구할 때 이 제스처를 사용한다.

★ 윈스턴 처칠(Winston Churchill)이 2차 세계대전 중에 승리의 표시로 사용한 'V' 자 신호는 손바닥이 밖을 향하게 되어 있다. 그러나 손등이 상대방을 향하고 있는 'V' 자 신호는 "나가 죽어라"라는 경멸적 의미가 담겨 있다.

© www.hanol.co.kr

🐝 그림 7-2_ 손가락 제스처

손바닥 제스처

★ 손바닥 제스처는 진실과 정직, 솔직함, 그리고 충성과 복종의 의미가 담겨 있다. 국기에 대한 경례를 할 때 가슴 위에 손바닥을 대고 하며, 국회나 법정에서 증언할 때도 손바닥을 공중에 들어 보인다.

★ 사람들은 두 가지 기본적인 손바닥 제스처를 사용한다. 먼저 손바닥을 위로 향하게 하는 제스처이다. 마음을 터놓고 솔직한 대화를 나누고자 할 때 손바닥을 위로 향하게 하여 다른 사람에게 보여준다. 손바닥을 위로 향하는 것은 순종적이며 '당신의 뜻에 따르겠다'는 표시이기도 하다.

★ 손바닥을 아래로 향하는 것은 누군가를 제지하거나 억누르려는 것으로 힘과 권위를 행사하고자 하는 의지를 표현한다.

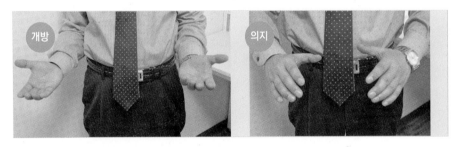

그림 7-3_ 손바닥 제스처

손과 팔 제스처

★ 깍지 낀 손 자세는 실망이나 좌절을 나타내는 제스처이며, 부정적인 태도를 자제하고 있다는 것을 암시한다.

★ 손가락을 맞대고 일으켜 세운 첨탑형 제스처는 유능함과 자신감을 표현한다. 이 제스처는 상사가 부하 직원에게 지시나 충고를 할 때처럼 주로 자신의 생각이나 의견을 제시할 때 사용한다.

★ 주먹을 쥐어 뺨에 대고 검지손가락을 위로 향해 있는 제스처는 관심을 가지고 평가하고 있다는 표시이다.

★ 검지손가락이 수직으로 뺨을 바치고 있고 엄지손가락이 턱을 바치고 있을 때는 듣는 사람이 말하는 주제에 대해 부정적이거나 비판적인 생각을 가지고 있다는 표시이다.

 그림 7-4_ 손과 팔 제스처

얼굴 만지는 제스처

★ 손으로 입을 가리는 제스처는 거짓말을 하거나 무언가를 은폐하고자 하는 동작이다. 코를 만지는 것은 입 가리기 제스처를 세련되게 위장한 변형된 동작이다.

★ 눈을 아래로 향하거나 감고 손으로 눈 주변을 만지는 제스처는 상대방 의견에 대한 부정적 생각이나 거부감의 표시이다.

★ 귀를 만지거나 문지르는 제스처는 '충분히 들을 만큼 들었다'는 신호로서 '말을 그만해라'라는 표현이거나 '이제 내가 이야기하고 싶다'는 의미이다.

그림 7-5_ 얼굴 만지는 제스처

팔짱 제스처

★ 팔짱을 끼는 자세는 방어적이거나 부정적인 태도를 나타낸다. 양팔을 가슴 위로 가로질러 팔짱을 끼는 것은 불편한 상황이나 위협에 대한 심리적 장벽을 만드는 동작으로 과민하거나 부정적일수록 팔짱을 단단히 끼게 된다. 이것은 그만큼 위협을 느끼고 있다는 것을 강하게 암시하는 것이다.

★ 어깨를 으쓱하는 제스처는 상대방이 무슨 말을 하는지 모르거나 이해하지 못한다는 의사를 표현한다.

다리 꼬기 제스처

★ 팔짱 끼기 제스처와 마찬가지로 다리를 꼬는 것도 부정적이거나 방어적인 태도를 나타내는 신호이다. 가슴 위로 팔짱을 끼는 것은 원래 심장과 신체의 윗 부분을 방어하는 것이고, 다리를 꼬는 것은 생식기 주변을 보호하려는 시도이다. 다리 꼬는 제스처가 팔짱 끼는 제스처와 함께 나타나면 '대화를 하고 싶지 않다'는 뜻이다.

🐝 그림 7-6_ 팔짱과 다리 꼬기 제스처

머리 제스처

★ 고개를 끄덕이는 것(nodding)은 보편적으로 동의·수용·관심·경청·승인의 긍정적 의사를 표시한다. 반면, 좌우로 머리를 흔드는 것은 '아니오'나 '마음에 들지 않는다'는 부정의 의미를 나타내는 행동이다.

★ 머리가 어느 한쪽으로 치우치는 것은 관심과 흥미가 생겼다는 표시이다. 머리를 아래로 숙이고 있으면 부정적이거나 더 나아가서는 비판적이라는 뜻을 나타낸다.

 흥내내기(mirroring)

★ 미러링은 다른 사람의 행동을 거울(mirror)에 비춘 것처럼 똑같이(비슷하게) 따라하는 것을 말한다. 여기서 파생된 미러링 효과(mirroring effect)는 호감을 느끼고 있는 상대방의 말투나 얼굴 표정, 자세와 제스처 등을 무의식적으로 따라하는 행동을 의미한다.

★ 유사한 종류의 보디랭귀지를 사용하면 친밀감을 느껴 서로를 더 좋아하게 된다. 따라서 대화할 때 비슷한 형태의 자세와 제스처를 사용하는 것이 도움이 된다.

유튜브를 볼 때 소리를 제거하고 화면만을 보면서 어떤 상황이 전개되고 있는지, 무슨 일이 일어나고 있는지 이해하려고 해보자. 이렇게 음성을 제거하고 영상 자료를 이해하는 연습을 하면 상대방의 비언어적 상징을 이해하는 데 도움이 된다.

토의 7-1

제스처와 기타 의사 언어는 대화 상대의 기분·감정을 좋게 할 수도 있고 상하게 할 수도 있다. 자신의 경험을 팀원들과 공유해보자.

❶ 대화할 때 상대방의 기분을 좋게 할 수 있는 제스처나 기타 의사 언어에는 무엇이 있는가?

❷ 대화할 때 상대방의 감정을 상하게 할 수 있는 제스처나 기타 의사 언어에는 무엇이 있는가?

❸ 당신이 습관적으로 사용하는 제스처나 기타 의사 언어는 무엇인가?

 keep it gentle !

4 퍼스널 이미지

개인의 이미지(Personal Image)는 의사소통에 있어서 매우 중요한 역할을 한다.[1] 긍정적 이미지, 또는 부정적 이미지 형성에 따라 말의 신뢰도에 커다란 차이를 나타내며 한번 형성된 개인의 이미지는 좀처럼 변하지 않는다.

이미지는 특정 개인에 대해 다른 사람이 종합적으로 판단한 결과 형성하게 되는 마음속의 모습, 즉 심상(心象)으로 외적 이미지, 내적 이미지, 그리고 사회적 이미지로 구성된다.

외적 이미지는 언어와 얼굴 표정, 제스처, 외모, 복장 등과 같은 비언어적 표현을 통해 형성하게 되는 심상이다. 내적 이미지는 개인의 가치관이나 신념, 태도, 비전 설정 여부와 같은 자기인식(self awareness)과 일에 대한 자신감인 자기효능감(self efficacy)에 의해 형성되는 보이지 않는 실제이다.[2] 사회적 이미지는 다른 사람과의 상호 작용을 통해 형성하게 되는 심상으로 지적 능력과 관계 능력에 따라 결정된다.

★1 대화형 AI인 챗GPT도 자신의 존재에 대해 명확한 자기 규정을 하고 있다.(p54) 우리는 각자 자신의 개인 정체성(Personal Identity)을 명확하게 규정하여야 한다.
★2 자기효능감은 개인이 특정 상황에서 특정의 일을 얼마나 잘할 수 있는지에 대한 스스로의 믿음이다. 자긍심(self esteem)은 자신의 능력과 태도 등에 대한 일반적인 인식과 관련된 개념인 반면, 자기효능감은 특정한 일에 대한 자신감을 의미한다.

자가진단 소통 현황 분석

다음의 진단지는 자신의 이미지 메이킹 수준을 가늠해볼 수 있도록 개발된 문항들로 구성되어 있다. 각 항목을 읽고 다음 기준에 따라 자신의 현재 모습과 가장 가까운 곳에 체크해보자.

기준 　1. 전혀 아니다 　　2. 아니다 　　3. 보통이다 　　4. 그렇다 　　5. 정말 그렇다

문항	1	2	3	4	5
1. 나는 깨끗한 외모와 깔끔한 헤어스타일을 유지한다.	1	2	3	4	5
2. 나는 밝은 얼굴 표정과 미소로 상대방을 대한다.	1	2	3	4	5
3. 나는 호감 가는 이미지를 연출할 수 있다.	1	2	3	4	5
4. 나는 바른 자세와 걸음걸이를 유지한다.	1	2	3	4	5
5. 나는 듣기 좋은 목소리 톤을 가지고 있다.	1	2	3	4	5
6. 나는 부드러운 말투로 이야기한다.	1	2	3	4	5
7. 나는 스스로를 가치 있는 사람으로 여기고 존중한다.	1	2	3	4	5
8. 나는 낙천적이고 긍정적인 사람이다.	1	2	3	4	5
9. 나는 내 일에 대한 명확한 비전과 목표를 가지고 있다.	1	2	3	4	5
10. 나는 내가 닮고 싶은 역할 모델(role model)이 있다.	1	2	3	4	5
11. 나는 나의 일에 대해 자부심을 가지고 있다.	1	2	3	4	5
12. 나는 업무를 우선순위에 따라 수행한다.	1	2	3	4	5
13. 나는 상황이 별로 안 좋아도 내 일을 잘할 수 있다.	1	2	3	4	5
14. 나는 다양한 사회적 이슈에 대하여 관심을 갖는다.	1	2	3	4	5
15. 나는 문학, 예술, 역사, 철학과 같은 인문학적 소양을 쌓기 위해 노력한다.	1	2	3	4	5
16. 나는 자기 개발을 위해 노력한다.	1	2	3	4	5
17. 나는 다른 사람의 취미나 관심사, 가족 등과 같은 개인적 사항들에 대하여 관심을 가진다.	1	2	3	4	5
18. 나는 칭찬과 지지, 격려가 되는 인정의 말을 자주 한다.	1	2	3	4	5
19. 나는 정중하고 예의 바르게 상대방을 대한다.	1	2	3	4	5
20. 나는 상대방의 사소한 요구일지라도 성실히 대응한다.	1	2	3	4	5

토의 7-2

앞에서 체크한 결과를 다음 집계표에 옮겨 적어보자. 그리고 퍼스널 이미지 메이킹의 현재 수준에 대한 생각과 느낌을 정리해보자. 여러분은 다른 사람에게 어떤 이미지로 인식되기를 바라는가? 자신이 원하는 자기 이미지를 규정해 봄으로써 자신이 원하는 삶의 모습을 그려보자. 그리고 그 결과를 다른 사람과 이야기해보자.

🦋 **이미지 메이킹 수준 진단 집계표**

구 분		응 답				소 계	합 계
외적 이미지	언어	5.	6.				
	비언어	1.	2.	3.	4.		
내적 이미지	자기 인식	7.	8.	9.	10.		
	자기효능감	11.	12.	13.			
사회적 이미지	지적 능력	14.	15.	16.			
	관계 능력	17.	18.	19.	20.		

④ 의사소통 환경

　조직에서 권력을 가진 높은 사람들은 높은 층의 넓은 공간을 차지한다. 그런 공간에서는 아무래도 말을 조심하게 된다. 일에 집중해야 할 시간에 누군가 말을 걸어오면 불편하다. 공간적 거리와 위치, 시간과 같은 환경적 요인도 비언어적 커뮤니케이션 요소로서 의사소통에 영향을 미친다.

① 공간

　동물과 마찬가지로 인간도 자신만의 영역이나 개인 공간을 가지며 그것을 획득하고 지키기 위해 노력할 뿐 아니라 다른 사람과의 갈등이나 싸움도 불사한다. 우리가

자신과 가족이 거주할 집을 갖기 위해 얼마나 많은 노력을 하고 있는지, 그리고 그것을 지켜내기 위해 얼마나 많은 것을 희생하는지 생각해보면 다른 동물들 못지않

게 인간도 자신의 영역과 경계에 대한 욕구가 매우 강하다는 것을 알 수 있다. 누군가 허락도 없이 자기 자리에 앉아 있으면 기분이 상한다.

공간은 권력의 상징이기도 하다. 임원과 상사, 부하는 점유 공간의 면적과 사무용 집기가 다르고 이는 권력 차이(power differ-

ences)를 나타낸다. 승진하게 되면 더 넓은 사무실, 더 큰 책상 등을 제공받음으로써 권력 상승을 상징적으로 인정받게 된다. 모임에서 사진을 찍을 때 보면 가장 중요하거나 힘 있는 사람이 맨 앞줄 중앙에 위치하고 좌우에는 모임에서 비교적 힘이 있는 사람이거나 여성(중요 인물이 남성일 경우)이 자리하는 경우를 볼 수 있다.

서울 강남이라는 공간은 경기 일산이라는 공간에 비해 물질적으로도 사회 심리적으로도 그 힘의 무게가 다르다. 어디에서 사느냐, 주로 어디에서 활동하느냐는 사람의 사회적 평판에 영향을 미친다. **공간은 '내가 누구인지'를 설명하는 정체성(identity)에 영향을 미친다.** 전문가들은 2021년 치러진 4·7 재보궐 선거에서 여당의 주요 참패 원인 중의 하나로 2030 청년 세대의 여당에 대한 지지 철회를 들었다. '벼락거지'라는 말을 잉태한 정부의 연이은 부동산 정책 실패와 한국토지주택공사(LH) 임직원들의 땅 투기 의혹으로 폭발한 이와 같은 민심의 이반 현상은 인간에게 '공간'이 가지는 중요성을 극명하게 보여준 사례이다.

한편 심리적으로 어려운 사람이거나 거리감이 있는 사람과는 가능한 한 멀리 떨어져 앉으려고 한다. 이와 같이 공간적 거리는 심리적 거리이기도 하다.

(1) 친밀감과 안심 공간

인류학자 에드워드 홀(Edward T. Hall)은 개인적 공간(personal space)에 대한 흥미로운 주장을 했다. 그에 따르면 사람과 사람의 거리는 친밀 간격, 개인 간격, 사회적 간격,

그리고 공적 간격이라는 4개의 공간으로 분류할 수 있는데, 개인 간의 친밀성 정도에 따라 편안함을 느끼는 거리, 즉 '안심 공간(safety zone)'이 다르다는 것이다.★

📢 친밀 간격(45cm 이내)

★ 친밀 간격(intimate distance)은 정서적으로 아주 가까운 사람만이 들어갈 수 있는 영역으로 부모, 배우자, 자식, 연인, 친한 친구 등이 이에 해당된다. 애정과 강한 유대감을 가진 이들은 친밀 간격 이내에 있을 때 정서적으로 편안함을 느끼고 이 거리를 벗어나게 되면 심리적으로 불안함이나 불편을 느끼게 된다.

★ 애정이 넘치는 연인끼리 데이트할 때는 옆에 꼭 붙어서 있어야 편안하다. 반대로 연인이 어느 날 갑자기 멀리 떨어져 앉으면 상대방은 '내가 뭘 잘못했나?', '저 사람이 화가 났나?', '갑자기 왜 그러지?' 등과 같이 불안한 감정을 느끼게 된다.

📢 개인 간격(46cm~1.2m)

★ 개인 간격(personal distance)은 직장이나 각종 모임에서 지속적으로 만나는 관계일 때 유지하는 거리이다. 또 동창회나 동아리와 같은 친교 모임이나 직장에서의 회식, 각종 파티 등에서 다른 사람들과 떨어져 있는 거리이다.

★ 이와 같은 관계에서는 다른 사람과 대략 1m 정도 거리를 유지할 때 정서적으로 편안함을 느낀다. 따라서 사회생활을 하면서 지속적인 만남을 가지는 관계일 경우에는 약 1m 정도의 거리를 두고 대화하는 것이 매너 있는 행동이다.

📢 사회적 간격(1.3~3.5m)

★ 사회적 간격(social distance)은 강연이나 각종 일 등으로 만나게 된 잘 모르는 낯선 사람과의 거리이다. 이와 같은 관계에서는 대략 2m 정도의 거리를 유지하고 있을 때 편안함을 느낀다.

★ 앨런 피스(1992), pp. 19-27.

📢 **공적 간격**(3.6m 이상)

★ 공적 간격(public distance)은 대중 연설이나 대규모 집회와 같이 많은 사람이 모이는
공간에서 사람이 서 있고 싶어 하는 거리이다.

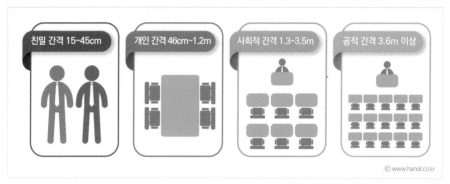

🐝 그림 7-7_ 안심 공간

★ 대인 관계에서 상대하기 편안한 사람이 되기 위해서는 친밀감의 정도, 즉 관계의
정도에 따라 적절한 거리를 지키는 것이 중요하다. 다른 사람과의 관계가 친밀해
질수록 그들과의 간격을 좁힐 수 있다. 반대로 관계가 멀어질수록 공간적 거리도
멀어지게 된다. '**불가근 불가원(不可近 不可遠)**', 즉 너무 멀리 가지도, 너무 가까이 가지도
말라는 불문율은 공간 심리에서도 적용된다.

(2) 공간 위치

어느 위치에 앉느냐에 따라 커뮤니케이션의 효과가 좌우되기도 한다. A와 B 두
사람은 상황에 따라 서로 다른 위치를 선택할 수 있다.★

📢 **정서 위치**

★ 보통 친구들과 일상적인 대화를 나누기에 적합한 위치로 눈 맞춤과 제스처를 자
연스럽게 나눌 수 있다. 심리학적으로 친밀의 공간이라고 한다.

협력적 위치

★ 두 사람이 옆으로 나란히 앉아 같은 방향을 향하고 있는 것은 두 사람 모두 비슷한 생각을 하고 있거나 협력하여 함께 일할 때 앉게 되는 위치이다. 이 위치는 의견을 제시하거나 동의를 요청할 때 효과적이다. 심리학적으로 설득의 공간이라고 한다.

경쟁·방어적 위치

★ 테이블을 가로질러 정면으로 마주보는 위치는 각자 자신의 생각과 의견에 대해 확고한 입장을 유지하도록 도와준다. 이 위치는 주로 협상이나 토의를 할 경우의 좌석 배치로 서로 간에 경쟁과 방어의 분위기를 만들 수 있다. 심리학적으로 이성의 공간이라고 한다.

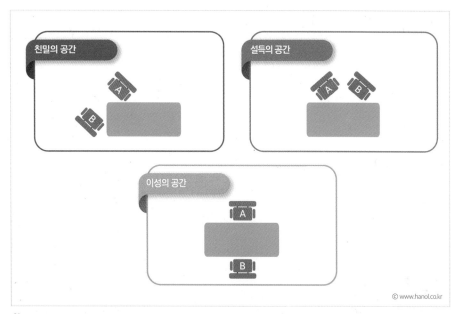

🐝 그림 7-8_ 공간 위치

★ 앨런 피스(1992), pp. 143-151.

❷ 시간

시간도 메시지를 포함하고 있다. 사람들은 중요한 사람을 만나러 갈 때는 일찍 가서 기다린다. 미리 가서 기다린다는 자체가 상대방을 인정하는 메시지를 나타낸다. 중요한 프로젝트에 대한 문서나 이메일에 대해서는 바로 회신한다. 비즈니스 파트너나 친구와의 선약을 연기함으로써 자신이 매우 바쁘고 유능한 사람이라는 메시지를 표현하기도 한다.

비즈니스로 정말 바쁜 사람인데도 아무 이유도 달지 않고 내가 힘들 때 시간을 내어 내 옆을 지켜주는 친구는 그렇게 고마울 수가 없다. 세상살이가 힘에 겨워 지쳤을 때 새벽 한두 시에도 전화해서 불러낼 수 있는 친구는 그야말로 막역한 친구이다.

정서적 공감을 나누기 위해서는 낮보다는 저녁 시간이나 밤 시간이 낫다. 자정을 넘겨 시간을 함께할 수 있는 이성은 마음의 문을 열었다고 볼 수 있다.

한편, 일상생활에서 시간을 어떻게 배분하고 있는지는 현재 삶의 질과 미래 삶의 모습을 예측할 수 있는 주요 척도가 되기도 한다. 하루 24시간 중 어느 정도의 시간을 일(업무)에 할애하고 있는지, 자기 개발이나 건강 관리에 할애할 수 있는 개인 시간은 얼마나 되는지, 휴식 시간은 얼마나 되는지, 출퇴근과 이동에 걸리는 시간은 얼마나 되는지, 수면 시간은 얼마나 되는지 등을 살펴보아야 한다.

토의 7-3

"언제 어디서 누구를 만나 무슨 일을 하느냐"는 삶의 정체성을 형성하는 데 중요한 역할을 한다. 삶을 규정하는 요소는 시간과 공간, 인간(만나는 사람), 그리고 일이다.

❶ 공간과 시간의 개념 및 중요성에 대해 연구해 보자.

❷ 공간과 시간이 사람의 심리와 커뮤니케이션에 미치는 영향을 일상생활 속에서 찾아보고 조사한 결과를 다른 사람과 이야기해보자.

❸ 자신의 최근 한 달 동안의 시간 활용 상태를 분석해본다. 시간 활용 분석 결과에 대한 느낌과 향후 시간 활용 계획에 대해 동료들과 의견을 나눠보자.

두 사람씩 짝을 지어 자신에 대한 소개를 한다. 자기를 소개하기에 앞서 먼저 상대에게 소개할 사항을 다섯 가지 준비하도록 한다. 이때 '나는 성격이 좋다'와 같이 주관적 판단에 따라 다르게 인식될 수 있는 사항은 배제하고 '나의 꿈은 경영 작가이다'와 같이 사실 여부를 명확히 판단할 수 있는 객관적 정보만을 준비하여야 한다. 그리고 다섯 가지 소개 자료 중 한 가지는 거짓 정보를 담고 있어야 한다. 예를 들어 보면 다음과 같다.

> 나는 충북 제천이 고향으로 초등학교 4학년 때 서울로 이사를 왔다. 나는 경영학 중에서 인사 조직을 전공했다. 1남 1녀의 자녀가 있으며 두 자녀 모두 대학을 졸업하고 직장생활을 하고 있다. 현재 비전경영연구소에서 리더십을 연구하고 있으며 리더십과 변화관리, 전략 등에 대한 강의와 글을 쓰고 있다. 은퇴 후에는 여유롭고 자유로우며 품격있는 삶을 살고 싶다.

이와 같이 두 사람 모두 자신에 대한 소개 자료가 준비되었으면 한 사람씩 자기소개를 한다. 이때 말하는 사람은 거짓 정보를 상대방이 눈치채지 못하도록 해야 한다. 듣는 사람은 상대방의 말과 눈빛, 얼굴 표정, 자세, 제스처 등을 관찰하면서 그가 말하는 내용 중에서 거짓 정보가 무엇인지 찾아내도록 한다.

소개가 끝나고 나서 자기소개를 들은 사람은 어떤 정보가 거짓이라고 생각하는지 상대방에게 이야기하고 진위 여부를 확인한다. 거짓 정보를 들키지 않고 상대방을 속인 사람이 이기는 게임이다.

차 한잔의 여유   너의 의미

너의 그 한 마디 말도 그 웃음도
나에겐 커다란 의미

너의 그 작은 눈빛도
쓸쓸한 뒷모습도 나에겐 힘겨운 약속

너의 모든 것은 내게로 와
풀리지 않는 수수께끼가 되네

슬픔은 간이역에 코스모스로 피고
스쳐 불어온 넌 향긋한 바람

나 이제 뭉게구름 위에 성을 짓고
널 향해 창을 내린 바람 드는 창을

너의 그 한 마디 말도 그 웃음도
나에겐 커다란 의미

너의 그 작은 눈빛도
쓸쓸한 뒷모습도 나에겐 힘겨운 약속

비즈니스
커뮤니케이션

PART
03
조직
커뮤니케이션

신속 **정확**한 업무 수행으로
'**일의 성과**'를 내는 직무 수행 능력은
조직 생활의 기본이다.

논리적 사고와
피라미드 논리 구조

미리보기

다음은 한 중앙 일간지에 게재된 신문 기사이다. 현재는 기사의 구체적 수치에 변동이 있으나 '논리'에 대한 의견 제시를 위해 업데이트하지 않았다.

국내 30대 그룹의 평균 연봉이 공개되었다. 재벌닷컴이 지난해 회계 연도 기준으로 자산 순위 30대 그룹 소속 193개 상장사의 임직원 연봉을 조사한 결과 국내 30대 재벌 그룹의 임직원 평균 연봉이 6,300만 원인 것으로 나타났다. 부장급 이하 직원은 6,349만 원을 기록했고, 등기 임원은 8억 4,000만 원이었다.

직원 평균 연봉이 가장 높은 곳은 현대차그룹으로 그룹의 10개 상장사 직원 평균 연봉은 8,401만 원이었다. 이어 2위는 7,636만 원으로 현대중공업그룹이 차지했다. 또 삼성그룹은 7,481만 원으로 3위에 올랐고 대림그룹(6,869만 원), 현대그룹(6,319만 원), 두산그룹(6,291만 원), 미래에셋그룹(6,124만 원)의 직원 평균 연봉이 6,000만 원을 넘었다. 하위권 그룹은 유통 재벌 그룹인 신세계그룹(3,529만 원), 롯데그룹(3,716만 원), 현대백화점그룹(3,795만 원)으로 조사됐다.

각종 매체를 통해 발표되는 통계 자료들은 의사 결정의 기초 자료로 활용되기도 하고 개인의 기분을 들었다 났다 하는 역할을 하기도 한다. 이 기사를 볼 당시 대부분의 사람들은 자신의 연봉 수준과 비교하면서 직장생활에 대한 만족도를 생각했을 것이다. 이 기사에 어떤 오류가 있는가?

연구문제

제8장에서는 다음과 같은 질문에 대해 탐색하고 학습한다.

❶ 타당성과 신뢰성은 무엇인가?

❷ 귀납법과 연역법은 무엇인가?

❸ 비즈니스 메시지의 구성 요소와 오류 유형에는 무엇이 있는가?

❹ So what?/Why so?, MECE 기법은 무엇인가?

❺ 피라미드 논리 구조를 어떻게 적용하는가?

1 논리의 개념과 논증법

통계나 사실 등의 자료를 인용하여 분석하고 의사 결정할 때에는 자료의 타당성과 신뢰성 검토뿐만 아니라 결론과 근거 간의 논리적 관계 등에 대해 과학적으로 판단할 줄 알아야 한다.

1 논리의 개념

논리(logic)는 현상 속에 내재되어 있는 원리나 일관된 법칙 · 규칙 · 패턴을 말하며, 이는 올바른 사유와 판단, 의사 결정을 하는 데 중요한 역할을 한다.

논리는 〈표 8-1〉에서와 같이 현상의 객관적 기술(description) 능력, 분석 도구를 활용한 과학적 분석(analysis) 능력, 그리고 지혜에 입각한 현명한 해석(interpretation) 능력의 세 가지 능력을 필요로 하며, 이들 세 가지 능력이 일관성을 가지고 체계적으로 이루어져야 한다. 이를 위해서는 논리적 사고(logical thinking)가 요구된다.

표 8-1_ 논리적 사고 능력

구 분	내 용
기술 능력	• 현상과 사물을 객관적 관점에서 구체적으로 기술(Description), 설명할 수 있는 능력
분석 능력	• 기술된 자료와 수치 데이터를 분석(Analysis)하는 능력. 분석 틀(frame)과 분석 툴(tool)을 활용하는 능력
해석 능력	• 분석 결과를 정확히 해석(Interpretation)하고 의사 결정할 수 있는 능력

잘못 기술(記述)되고, 잘못 분석되고, 잘못 해석된 자료를 인용하여 결론에 이르게 되면 잘못된 판단과 의사 결정에 따른 자원 손실을 초래하게 된다.

미리보기 의 사례에 대해 생각해보자. 이 기사에서 논리적 오류 가능성은 없는가? 필자는 이 자료를 보면서 몇 가지 의문이 들었다. 먼저, 부장급 이하 직원의 평균 연봉이 6,349만 원인데, 30대 재벌 그룹의 임직원 평균 연봉이 그보다 낮은

6,300만 원이라는 사실이 상식적으로 이해가 가질 않았다. 국내 30대 재벌 그룹의 임직원 평균 연봉 6,300만 원에는 부장 이상의 표본 집단이 포함되었다는 얘기고 부장급 이상이면 일반적으로 부장급 이하 직원들보다 평균 임금이 더 높을 것으로 추정할 수 있다. 따라서 30대 재벌 그룹의 임직원 평균 연봉은 더 올라가야 하는 것이 상식적으로 옳은 판단이다.

두 번째, 임금의 종류에도 통상 임금, 평균 임금 등 여러 가지 종류가 있는데 어떤 기준을 적용했느냐에 따라 통계치는 크게 달라진다. 나는 이 자료가 동일 임금 기준을 적용해서 나왔을 것이라는 데 의문을 가진다.

셋째, 임금 수준을 결정하는 데는 연령, 학력, 직종, 근속 연수, 성별, 직급 등의 여러 가지 임금 결정 요인들이 존재한다. 따라서 자신의 연봉 수준과 제시된 기사 자료를 단순 비교하여 연봉 수준에 대한 만족 여부를 판단하는 것에는 무리가 따른다. 이외에도 조사 기관의 신뢰성과 조사 방법의 타당성 등 과학적 조사 관점에서 보면 몇 가지 더 언급할 점이 있을 수 있다.

❷ 타당성과 신뢰성

타당성과 신뢰성은 연구 조사 결과의 유효성을 평가할 때 사용되는 중요한 개념이다. 연구에서의 과학적 엄격성(scientific rigor)을 유지하기 위해서는 조사 도구와 방법을 설계할 때 이 두 가지 개념을 세밀하게 고려해야 한다.★

(1) 타당성

타당성(validity)은 측정하고자 하는 현상이나 개념을 얼마나 정확히 측정하느냐 하는 문제이다. 이는 측정 도구 자체가 측정하고자 하는 개념이나 속성을 정확히 반영할 수 있어야 한다는 것을 의미한다. 한국을 대표하는 가수를 선정할 때 시청자

★ 과학적 엄격성은 연구를 수행할 때 관련 개념과 이론을 기반으로 해서 정확한 데이터를 수집·분석하고 과학적 절차에 따라 연구 방법을 엄격하게 준수하는 것을 말한다. 연구자는 과학적 엄격성을 준수함으로써 연구 결과의 객관성과 신뢰성, 타당성을 확보할 수 있다.

나 네티즌들의 추천 건수를 가장 크게 반영하여 평가한다면 그 결과를 놓고 이견을 제기하는 사람들이 많을 것임에 틀림없다. 한국을 대표하는 가수는 한때의 인기보다는 가창력이나 한국인의 정서를 가장 잘 표현하는 감성을 가진 사람이 되는 것이 타당하다고 본다.

(2) 신뢰성

신뢰성(reliability)은 동일한 현상이나 개념에 대해 측정을 반복했을 때 동일(비슷)한 결과(측정값)를 얻을 가능성을 의미한다. 신뢰성은 안정성, 일관성, 예측 가능성 등으로 표현된다. 야구 시합 때마다 방어율이 들쭉날쭉한 투수는 감독의 입장에서 볼 때 믿음이 가지 않는다. 말과 행동이 일치하지 않는 사람, 상황과 자기 기분에 따라 사람을 대하는 태도가 달라지는 사람은 믿음이 가지 않는다. 이는 일관성이 없고 행동을 예측할 수 없기 때문이다.* 타당성과 신뢰성을 시각화하면 〈그림 8-1〉과 같다.

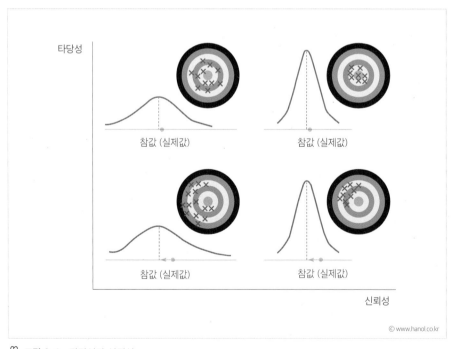

🐝 그림 8-1_ 타당성과 신뢰성

BUSINESS COMMUNICATION

토의 8-1

다음에 제시된 각각의 사례들은 무엇을 이야기하고 있는지 당신의 의견을 제시하고 다른 사람과 토의해보자.

❶ 최인영 주임은 해외 사업 업무를 담당하기로 되어 있어, 영어 실력도 테스트하고 실전 연습도 할 겸 TOEIC 시험을 반복해서 치르고 있다. 그런데 그녀의 TOEIC 종합 점수가 1차 750점, 2차 670점, 3차 800점, 4차 550점, 5차 850점으로 나와 평균 724점을 기록하고 있다. 그야말로 TOEIC 종합 점수가 롤러코스터를 타고 있는 듯하다.

❷ 한국대학교 학생처에서는 글로벌 시대에 부응하기 위해 올해는 학생들의 진로 적성 검사를 실시할 때 표준화된 한글 진로 적성 검사지를 사용하지 않고 영문 진로 적성 검사지를 원본 수정 없이 사용하여 평가했다.

❸ 귀납법과 연역법

귀납법과 연역법은 논리학에서 중요한 개념이다. 이 두 가지 논리적 방법은 모두 추론을 통해 새로운 진리나 원리(지식)를 도출하는 것이지만 추론 방식에는 차이가 있다.

(1) 귀납법

특수한 사실을 전제로 하여 일반적인 진리 내지 원리로서의 결론을 내리는 방법을 귀납법(induction)이라 한다. 즉, 귀납법은 구체적인 사실로부터 일반적인 명제나 법칙, 원리를 도출해 내는 방법으로, 인과 관계를 경험적으로 증명하는 것이다. 귀납법은 여러 가지 상이한 사실, 사건이나 생각 사이의 유사한 점을 파악하여 하나의 그룹으로 묶은 다음 유사점의 의미에 대해 의견을 기술한다.

그러나 개별적 사례를 아무리 많이 수집한다 해도 보편타당한 일반적 원리를 이끌어내는 것은 무리가 있다. 전수 조사를 하지 않는 한 예외의 가능성이 항상 존재하기 때문이다. 따라서 귀납법에 의한 결론은 상대적인 경험 법칙에 불과하다고 할 수 있다.

★ 타당성과 신뢰성에 대한 자세한 설명은 "채서일(2002), 사회과학조사방법론(2판), 학현사, pp. 237-269" 참고.

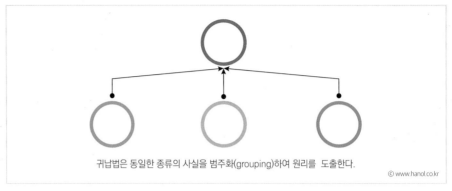

귀납법은 동일한 종류의 사실을 범주화(grouping)하여 원리를 도출한다.

© www.hanol.co.kr

🐝 그림 8-2_ 귀납법

⑩ ・ 종달새는 날 수 있다. 비둘기도 날 수 있다. 독수리도 날 수 있다. 참새도 날 수 있다. 까치도 날 수 있다. 부엉이도 날 수 있다.
・ 종달새와 비둘기, 독수리, 참새, 까치, 부엉이는 모두 조류이다.
・ 따라서 조류는 날 수 있다. (그러나) 닭은 조류이지만 날 수 없다.

(2) 연역법

'사람은 죽는다' 'A는 사람이다' '그러므로 A는 죽는다'와 같이 일반 법칙을 전제로 해서 구체적인 사실이나 개별적인 명제를 성립시키는 논증법을 귀납법과 대비하여 연역법(deduction)이라고 한다.

협의로는 1개 또는 2개의 명제를 전제로 한 다음 다른 명제를 성립시키는 논리적인 방법을 말한다. 연역법은 하나의 논리 라인을 따라 전개되고 마지막에 '그러므로'로 시작하는 결론에 이른다. 연역법은 인과 관계가 경험적으로 증명되지 않더라도 논리적으로 추론하는 것이다.

연역법의 각 포인트(명제 · 사실)는 서로 관련되어 있다.

© www.hanol.co.kr

🐝 그림 8-3_ 연역법

(예) · 성폭력은 인간에 대한 큰 죄악이다. → 우리 사회에서 특히 청소년과 여성에 대한 성폭력이 심각한 수준이다. → 그러므로 사회적 약자에 대한 성폭력을 추방하기 위하여 성폭력법에 대해 가중처벌하여야 한다.

② 비즈니스 메시지와 논리적 오류

모든 비즈니스는 커뮤니케이션을 매개로 하여 이루어진다. 비즈니스 커뮤니케이션의 목적은 메시지의 교환을 통해 정보를 공유하고 상대방을 설득 및 동기 부여함으로써 상대방으로부터 원하는 반응을 이끌어내는 것이다. 비즈니스 커뮤니케이션의 효과성을 높이기 위한 핵심 포인트는 다음과 같다.

먼저 비즈니스 메시지가 명확해야 한다. 명확한 비즈니스 메시지는 과제(이슈, 테마), 반응 및 답변의 세 가지 요소를 갖추고 있다. 비즈니스 메시지의 핵심이 되는 답변, 즉 전달 내용은 결론과 근거, 그리고 방법의 세 가지를 제시해야 한다.

둘째, 다양한 고객과 이해관계자 그리고 상사, 동료, 부하, 후배들과 일을 통해 복잡한 관계를 맺으면서 이루어지는 비즈니스에서는 서로의 생각과 정보를 명확하게 전달함으로써 성과를 달성하는 것이 중요하다. 다시 말해 비즈니스 당사자들이 자신의 메시지를 논리적으로 전달하는 것이 중요하다.

1 비즈니스 메시지의 구성 요소

비즈니스 메시지는 상대방(고객)의 욕구를 중심으로 작성해야 하며 과제, 상대방에게 기대하는 반응, 답변의 세 가지 요건을 갖추어야 한다.*

(1) 과제

모든 비즈니스 커뮤니케이션은 과제(이슈, 테마)를 명확히 하는 것에서부터 출발한다. 자신이 "상대방(고객)에게 답변해야 하는 과제는 무엇인가?"를 질문으로 만들어 보는 것이 중요하다. 예를 들어 경쟁사의 경영 전략을 분석하여 보고하라는 상사의 지시 사항을 질문으로 만들어 보면 "주요 경쟁사의 경영 전략은 무엇인가?"이다. 이와 같이 질문을 정확히 제시할 수 있다면 과제를 명확히 인식하고 있는 것이다.

(2) 반응

비즈니스 대화에서 상대방에게 기대하는 반응은 크게 이해, 피드백, 그리고 행동의 세 가지가 있다. '이해'는 상대방에게 정보를 전달하고 공유하기 위한 것으로 공지 사항 전달, 경영 정보 공유 등이 이에 해당한다. '피드백'은 전달 내용을 이해시킨 뒤에 그 내용에 대하여 상대방은 어떻게 생각하는지, 찬성하는지 반대하는지, 어떤 내용을 보완해야 하는지 등 상대방으로부터 의견이나 평가, 조언 등을 듣기 위한 것으로 시장 조사 결과 보고 회의, 경영 전략 회의 등이 이에 해당한다. '행동'은 전달 내용을 이해시킨 뒤에 상대방이 실제로 어떤 조치를 취하게 하기 위한 것으로 업무 지시, 제안 프레젠테이션 등이 이에 속한다.

같은 과제라도 자신이 전달하는 내용을 상대방에게 '이해'시키기 위한 것인지, 상대방으로부터 어떤 '피드백'을 얻기 위한 것인지, 또는 실제로 어떤 '행동'을 하도록 하고 싶은지에 따라 전달 내용의 깊이와 양이 달라지게 된다. 따라서 내용을 전달한 뒤에 "상대방으로부터 어떤 반응을 이끌어내면 성공적일까?"에 대해 자문자답해보는 것이 필요하다.

(3) 답변

상대방에게 전달해야 할 과제(테마)를 확인하고, 대화 결과 상대방에게 기대하는 반응을 확인하고 나서 '답변' 내용을 구체적으로 생각한다.

답변은 반드시 과제(테마)와 연결되어 있어야 하며 결론, 근거, 방법의 세 가지 요소로 구성된다. 이를 위해 다음 세 가지 질문에 대해 자문자답한다.

- 결론(So what?): 과제에 대한 전달 내용을 한마디로 표현(핵심)한다면 결국 무엇인가?
- 근거(Why so?): 결론에 대한 근거는 믿을 수 있고 타당성이 있는가?
- 방법(How?): 구체적으로 어떻게 실행할 것인가?

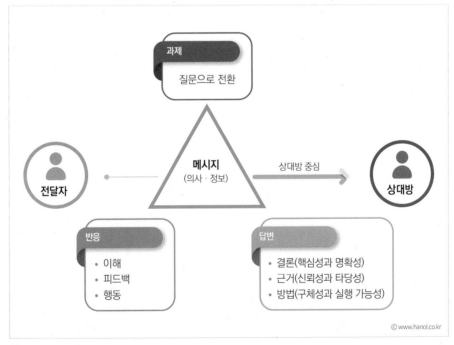

🐝 그림 8-4_ 비즈니스 메시지의 구성 요소

★ 데루야 하나코, 오키다 케이코, 김영철 옮김(2002), 로지컬 씽킹, 일빛, pp. 19-31.

② 논리적 오류

어떤 현상이나 데이터를 토대로 결론이나 주장을 도출할 때에는 결론에 대해 이의를 제기하지 못하도록 상황 조건을 규정하여 판단의 모호함을 배제하고 명확히 해야 한다.

논리적 오류 사례 연구

다음과 같은 비즈니스 메시지는 논리적 오류를 범하고 있다. 논리적 비즈니스 커뮤니케이션을 위해서 다음 각각의 사례는 어떤 점이 고려되어야 하는가? 그리고 이러한 관점을 반영하여 각각의 내용을 다시 작성해보자.

❶ 원칙적으로는 A이지만, 상황에 따라서 B로 할 수도 있다.

❷ 채권 수익률의 변동을 보면서 채권 투자 규모를 결정한다.

❸ 수익성이 제1차 KPI(핵심성과지표)이지만 지역에 따라서는 매출액을 제1차 KPI로 한다.

❹ 금년도 마케팅 팀의 매출 목표를 달성하기 위해서는 신규 고객을 창출할 수 있는 신제품 출시가 무엇보다 중요하다. 왜냐하면 지난해 우리 회사에서 출시된 신제품이 없기 때문이다.

❺ 20, 30대 미혼 직장 여성을 목표 시장으로 한 당사의 A 제품은 최근의 고객 요구를 잘 반영하지 못하고 있다. 따라서 최근의 고객 요구를 반영하여 A 제품의 디자인을 바꿔야 한다.

❻ 우리 사회가 급격히 노령화 사회로 진입하면서 웰빙(Well-being)과 함께 웰다잉(Well-dying)에 대한 사회적 관심이 증가하고 있다. 금번 신규 사업팀의 시장 조사 결과에 따르면 웰다잉 비즈니스 분야의 시장 규모는 약 3조 원에 이르며, 향후 매년 10% 포인트 이상의 지속 성장이 예측된다. 현재 웰다잉 시장의 빅 3업체는 미래웰다잉㈜, 해피랜드㈜, 그리고 하늘나라㈜이다. 당사는 그동안의 웰빙 비즈니스 노하우와 영업망을 활용해 웰다잉 사업에 진출할 경우 회사 매출과 수익성 증대를 함께 달성할 수 있다. 따라서 당사는 웰다잉 사업에 진출해야 한다.

위의 사례 ❶, ❷, ❸은 주장이나 판단에 있어 명확하지 않고 모호하다. 각각의 사례는 다음과 같이 상황 조건을 규정하여 모호함을 제거하고 엄격하게 재진술할 수 있다.

> ❶ A를 추진한다. 다만, A의 매출이 전년 대비 120%를 초과하면 B로 전환한다.
> ❷ 채권 수익률이 1/4분기 대비 90% 이하이면 현재의 채권 투자 계획을 수정한다.
> ❸ 월 매출액이 10억 원 이하인 직영 대리점은 매출액을 제1차 KPI로 한다.

우리가 상황에 대한 판단을 할 때 주로 범하는 세 가지 오류가 있다. 논리적 판단을 하기 위해서는 이런 세 가지 오류를 범하지 않도록 주의해야 한다.

(1) 오류1: "~을 위해서는 A가 중요하다. 왜냐하면 A가 없기 때문이다"

~을 위해서 A 외에도 다른 요인(원인)들이 있을 수 있는데, '왜' A를 선택했는지에 대한 설명이 없다. ❹번 사례는 다음과 같이 재진술할 수 있다.

> "금년도 마케팅 팀의 매출 목표 달성에 영향을 미치는 5대 핵심 요인으로는 영업력 강화, 영업망 확대, 판촉 행사, PR 확대 및 신제품 출시가 있다. 각각의 요인이 매출 증대에 기여하는 정도를 분석하면 각각 ~와 같다. 따라서 매출 증대에 기여도가 가장 높은 신제품 출시를 최우선 과제로 해야 한다."

(2) 오류2: 객관적 사실인지 주관적 판단인지 구분이 잘 안 된다

상황에 대한 판단은 객관적 사실을 근거로 결정해야 한다. 주관적 판단이나 가설을 근거로 할 경우 어떤 점에 착안해서 그렇게 판단했는지 추론(reasoning) 과정을 밝혀야 한다. ❺번 사례는 다음과 같이 재진술할 수 있다.

> "~제품군에 대한 20, 30대 미혼 직장 여성의 요구 사항은 a, b, c가 있다. 이 계층을 목표 시장으로 한 당사의 A 제품은 이러한 고객 요구를 잘 반영하지 못하고 있다. 구체적인 데이터를 살펴보면 ~과 같다. 따라서 최근의 고객 요구를 반영하여 A 제품의 ㅇㅇㅇ을 바꿔야 한다."

(3) 오류3: 판단에 대한 명확한 기준이 없다

근거는 사실의 나열에 그치면 안 된다. 사실과 함께 '사실'을 어떻게 평가할 것인가에 대한 판단 기준과 그에 따른 결과를 제시하여야 한다. ❻번 사례는 다음과 같이 재진술할 수 있다.

> "우리 사회가 급격히 ~(중략)~ 이다. 당사는 그동안의 웰빙 비즈니스 노하우와 영업망을 활용해 웰다잉 사업에 진출할 경우 회사 매출 ○○%와 수익성 ○○% 증대를 함께 달성할 수 있다. 매출과 수익성 증대에 대한 추정 근거는 ~와 같다. 따라서 당사는 웰다잉(Well-dying) 사업에 진출해야 한다."

③ 피라미드 논리 구조

피라미드 논리 구조는 결론을 중심으로 결론에 대한 근거, 혹은 결론을 실현하기 위한 방법이 유기적으로 연결된 구조를 의미한다. 피라미드 구조 내부에서는 과제(테마)를 중심으로 각각의 생각이 수직과 수평으로 서로 연결되어 있다. 수직적 관계는 피라미드의 상위 생각이 하위에 존재하는 생각의 그룹을 요약한 것을 말한다. 또한 수평적 관계는 함께 묶인 동일 계층의 생각 그룹이 어떤 논리적 공통점을 가지고 있다는 것이다. 피라미드 논리 구조는 다음의 세 가지 조건을 만족시켜야 한다.

조건1. 결론은 과제(테마)에 대한 답변이다.

논리를 구성할 때는 먼저 논리 구조의 정점에 있는 결론이 과제(테마)와 직접적으로 관련이 있는지를 확인한다. 결론이 과제(테마)에 대한 답변으로 불충분하다면 논리 구조가 아무리 바르게 구성되었다고 하더라도 '초점이 빗나간 답변'이 되어 그 가치를 상실하게 된다.

조건2 세로 방향은 결론을 중심으로 So what?/Why so?의 관계가 성립한다.
(수직적 관계)

세로 방향으로 'So what?/Why so?의 관계가 성립한다'는 것은 "결론은 X이다. 왜냐하면 A, B, C이기 때문이다."라고 상대방에게 설명할 때 이의가 없어야 한다는 것이다. 여기서 A, B, C는 '근거', 또는 결론이 액션(시책)인 경우에는 실행을 위한 '방법'이 된다.

조건3 동일 계층(level)에 있는 가로 방향의 모든 요소는 MECE한 관계에 있다.
(수평적 관계)

〈그림 8-5〉에서와 같이 레벨2의 A, B, C는 레벨1 '결론'의 근거로서 MECE, 즉 중복과 누락이 없어야 한다. 마찬가지로 레벨3의 a-1, a-2, a-3의 세 가지는 A에 대해서, b-1, b-2, b-3의 세 가지는 B에 대해서, 그리고 c-1, c-2, c-3은 C에 대해서 MECE해야 한다. 이때 동일 계층 내에서 전개하는 요소의 수는 3개 이하가 바람직하다.

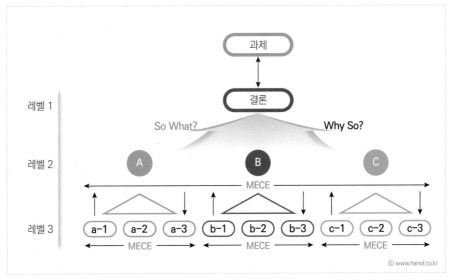

🐝 그림 8-5_ 피라미드 논리 구조

1 So what / why so?

So what/why so? 기법은 내용의 논리적 비약을 방지하는 기법이다. 우리는 결론을 이야기할 때 '~에 의해서', '따라서~', '이와 같이~', '그러므로~'와 같은 말을 자주 사용한다.

이때 '~에 의해서', '따라서~', '이와 같이~' 또는 '그러므로~'의 전후 내용이 서로 긴밀하게 연결되어 있지 않으면 논리적 모순이나 내용의 비약이라는 오류에 빠지게 된다. 이렇게 되면 상대방을 논리적으로 설득하기 어렵다. 전후 내용을 비약하지 않고 자신의 의사를 명확히 전달, 설득하기 위해서는 '결론과 근거', '결론과 방법' 사이에 맥락, 또는 논리적 일관성이 유지되어야 한다.

혹여 지위상의 차이, 상황의 복잡성, 시간적 압박 등의 여러 가지 이유로 자신의 주장이 채택되었다고 하더라도 잘못된 결론에 입각한 잘못된 의사 결정으로 인하여 개인이나 조직에 예기치 못한 부정적 영향을 초래할 수 있다.

📣 So what?

★ 'So What?'은 현재 가지고 있는 사실, 데이터, 국내외 사례, 또는 전문가들의 의견 등을 토대로 특정 과제와 관련된 의미 있는 결론, 주장을 도출하는 것이다. 즉, 다양한 근거를 토대로 특정 이슈, 또는 과제와 관련하여 '결국 어떻다는 것인가?', '핵심이 무엇인가?', '**결론이 무엇인가?**'에 대한 답변을 제시하는 것을 말한다.

📣 Why So?

★ 'Why So?'는 'So What?'한 것, 즉 자신의 결론, 주장에 대해 상대방이 '무슨 근거로 그런 결론을 내렸는가?', '**왜 그렇게 주장하는가?**'라는 질문을 던졌을 때 현재의 정보와 데이터로 명확하게 설명할 수 있어야 한다는 것이다. 즉 'Why So?'는 결론과 주장의 타당성과 신뢰성을 구체적인 사실과 데이터, 사례 등을 통해 검증·확인하는 것이다.

② MECE

MECE는 'Mutually Exclusive and Collectively Exhaustive'의 머리글자를 모아서 만든 용어로서 '어떤 개념이나 사항을 중복 없이, 그리고 누락 없는 부분 집합으로 전체를 파악하는 것'이다. 이는 경영컨설팅 회사인 맥킨지에서 현상의 체계적 분석을 위해 사용하는 기법이다. MECE에는 크게 두 가지 유형이 있다. 첫째는 성별, 연령, 지역 등과 같이 전체 집합을 중복과 누락 없이 완전하게 분류할 수 있는 경우이다. 그리고 다른 하나는 잘 활용하면 커다란 정보의 중복과 누락은 피할 수 있는 MECE 프레임으로, 이는 현상 분석과 결론 도출을 위한 일종의 사회적 약속이자 비즈니스 커뮤니케이션의 수단이다.

예를 들어, 특정 기업의 경영 환경을 분석할 때 많은 사람들이 3C 분석을 한다. 고객(Customer), 경쟁사(Competitor), 자사(Company)의 3C 요인은 경영 환경을 전체 집합으로 했을 때 중복과 누락 없이 기업에 영향을 미치는 제반 요인을 망라했다고 생각하는 일종의 사회적 약속이다. MECE 프레임은 다시 요소형 프레임과 절차형 프레임으로 나눌 수 있다.

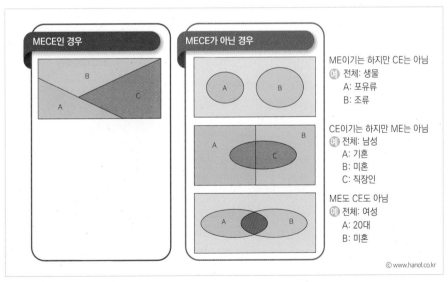

🐝 그림 8-6_ MECE

📢 요소형 MECE 프레임

★ 요소형 MECE 프레임은 정보를 체계적으로 분류하기 위한 것으로 PEST, 3C, SWOT, 7S, 4P, 5W1H 모델 등이 이에 속한다.★

📢 절차형 MECE 프레임

★ 절차형 MECE 프레임은 인과적 관계나 시간적 속성 등 논리적 흐름의 타당성 (Flow, 스텝)과 연관된 것으로 과거-현재-미래순의 분석이나 현황 분석-원인 분석- 대책 수립-세부 실행 계획 수립의 문제 해결 프로세스, 그리고 비즈니스 시스템 (Value chain) 분석 등이 이에 속한다.

토의 8-2

마케팅 전략팀에서는 신규 고객 유치를 위한 방안을 모색하고 있다. 이를 위해 팀장 주재로 팀원들의 아이디어를 모으기 위한 미팅을 개최했다. 구체적인 신규 고객 유치 방안 모색에 앞서 어느 기업을 중점적으로 개척할 것인가에 대해 먼저 논의하기로 했다. 신규 고객 유치 대상 리스트를 작성하기 위한 미팅에서 최 대리는 자신이 준비해온 자료를 토대로 다음과 같은 아이디어를 내놓았다. 당신이 팀장이라면 이에 대해 무슨 코멘트를 할 것인가? 이에 대한 당신의 생각을 제시하고 그 결과를 다른 사람과 비교해보자.

저는 종합 편성 채널인 D사를 신규 고객으로 유치할 생각입니다. D사는 첫째, 모기업인 신문사에서 영입된 전문 기자 출신의 다양한 우수 인재가 제작한 각종 프로그램이 히트하면서 동종 분야 1위로 랭크되었습니다. 둘째, 금번 제작한 다큐멘터리 '아세안의 눈물'이 미주 지역과 아시아 지역에 1,200억에 달하는 판매 계약을 체결했습니다. 끝

으로 D사의 전략 기획본부에 저의 고등학교 선배님이 계셔서 도움을 받을 수 있을 것으로 기대합니다.

토의 8-3

다음은 의류 시장에서 현재 매출 1, 2, 3위를 기록하고 있는 주요 경쟁사의 제품 현황을 정리한 내용이다. 각 회사의 경영 자료를 토대로 경쟁사들의 경영 전략을 피라미드 논리 구조를 활용하여 분석하고 그 결과를 다른 사람과 비교해보자.

미래의류㈜는 '클래식' 콘셉트의 정통 신사복인 고가의 A 제품을 40, 50대의 중장년층을 타깃 마켓(target market)으로 하여 백화점을 중심으로 최근 3년간 꾸준히 매출을 증가시켜온 결과 현재 동종 업계에서 매출 선두를 유지하고 있다.

제일스포츠웨어㈜는 '현대적 감각'의 아웃도어 활동복인 중저가의 B 제품이 20대의 신세대를 중심으로 매출이 증가하며 시장의 새로운 강자로 떠오르고 있다. B 제품은 분당, 일산, 평촌 등 주요 신도시와 주요 위성 도시의 대형 할인 마트를 중심으로 시장 점유율을 높이며 업계 매출 2위로 급부상했다.

글로리㈜는 '세미 클래식' 스타일의 고급 여성복인 중고가의 C 제품을 30대 직장 여성을 타깃 마켓(target market)으로 하여 전문 여성복 매장인 '글로리아뷰티숍' 체인망을 확대하여 꾸준히 시장 점유율을 높여가고 있으며, 현재 업계 매출 3위를 기록하고 있다.

[토의 8-2] 사례에서 최 대리는 D사의 장점만을 이야기하고 있다. 올바른 의사 결정을 하기 위해서는 D사에 대한 장점뿐 아니라 단점도 제시해야 한다. MECE 관점에서 볼 때 의사 결정에 필요한 정보가 누락되어 있다.

[토의 8-3] 의류 시장 현황 사례에서의 과제는 "주요 경쟁사의 경영 전략은 무엇인가?"이다. 주어진 자료를 토대로 이 질문에 대한 답, 즉 결론을 도출해야 한다. 제시된 자료를 보면 고객(목표 시장)과 제품, 가격, 그리고 유통 채널에 대한 정보가 포함되어 있다. 따라서 3C와 4P를 혼합한 MECE 프레임을 사용하는 것이 정보의 누락과 중복을 배제하면서 경영 정보를 체계적으로 분류할 수 있다.

★ PEST는 거시 환경을 분석하기 위한 MECE 프레임으로 정치(political), 경제(economical), 사회(social), 그리고 기술(technical) 환경을 분석하는 것이다. SWOT은 조직의 경영 전략을 수립하기 위해 내부 역량의 강점(strength)과 약점(weakness), 그리고 외부 환경의 기회(opportunity)와 위협(threat) 요인을 분석하는 것이다. 7S는 기업의 내부 역량을 공유 가치(shared value), 조직 구조(structure), 시스템(system), 경영 전략(strategy), 스킬(skill), 리더십 스타일(style), 그리고 조직 구성원(staff)의 측면에서 분석하는 것이다. 4P는 마케팅 전략의 4요소로서 제품(product), 가격(price), 유통(place), 판매 촉진(promotion) 전략을 분석하는 것이다.

3C와 4P를 혼합한 MECE 프레임을 적용하여 제시된 데이터를 분석하면 각 경쟁사는 고객과 제품, 가격, 그리고 유통 채널 측면에서 각기 다른 전략, 즉 차별화 전략을 통해 매출액과 시장 점유율에서 우위를 차지하고 있다. 이상의 내용을 피라미드 논리 구조를 적용하여 표현하면 〈그림 8-7〉과 같다.

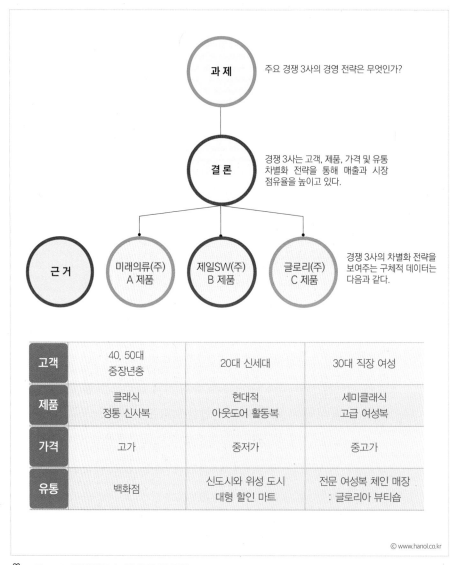

고객	40, 50대 중장년층	20대 신세대	30대 직장 여성
제품	클래식 정통 신사복	현대적 아웃도어 활동복	세미클래식 고급 여성복
가격	고가	중저가	중고가
유통	백화점	신도시와 위성 도시 대형 할인 마트	전문 여성복 체인 매장 : 글로리아 뷰티숍

© www.hanol.co.kr

🐝 그림 8-7_ 피라미드 논리 구조의 적용

수행 과제

    다음의 사례를 당신이 팀장에게 보고하는 상황이라고 가정한다. 보고를 듣던 팀장이 이야기 도중에 "김 대리, 그래서 결론이 뭐야? 도대체 뭘 이야기하려고 하는 건데?"라고 짜증 섞인 질문을 한다.

    당신은 이런 팀장의 짜증 섞인 질문을 듣지 않기 위해서 어떻게 보고할 것인가? 'So what/ Why so?' 기법을 적용하여 간단히 도표로 보고 사항을 작성하고, 보고 내용을 문장으로 표현해보자.

>   "우리 회사 홈페이지 '고객의 소리'란에 금년도에 출시한 A, B, C의 세 가지 세정제에 대한 고객들의 다양한 의견들이 올라오고 있습니다. 그 내용들을 살펴보면 세정력이 기존 제품보다 우수해서 아주 만족한다, B 제품을 사용해보았는데 피부에 닿는 순간 따갑다는 느낌이 들어 몸에 해가 되지 않을까 걱정이 된다, 대만족이다, 서울에 거주하는 주부인데 매장 직원의 고객을 대하는 태도가 불친절하다…" " 등 여러 의견이 있습니다.

차 한잔의 여유   우리 시대의 역설★

건물은 높아졌지만 인격은 더 작아졌다.

고속도로는 넓어졌지만 시야는 더 좁아졌다.

소비는 많아졌지만 더 가난해지고

더 많은 물건을 사지만 기쁨은 줄어들었다.

집은 커졌지만 가족은 더 적어졌다.

더 편리해졌지만 시간은 더 없다.

학력은 높아졌지만 상식은 부족하고

지식은 많아졌지만 판단력은 모자란다.

전문가들은 늘어났지만 문제는 더 많아졌고

약은 많아졌지만 건강은 더 나빠졌다.

> ★ 1999년 미국 콜로라도의 한 고등학교에서 평소 따돌림을 당해온 두 학생이 교사와 급우 등 13명을 살해하고 자살한 총기 사건이 발생했다. 이 끔찍한 사건 직후 한 인터넷 사이트에 제프 딕슨이라는 이름으로 '우리 시대의 역설'이라는 칼럼이 올라왔다. 이 칼럼은 딕슨의 글이 아니라 미국 시애틀의 한 대형 교회 목사인 밥 무어헤드의 설교로 알려졌는데, 실은 달라이 라마의 가르침이라는 지적도 있다. 중앙일보(2013.12.2).; 류시화 엮음(2007), 사랑하라 한 번도 상처받지 않은 것처럼, 오래된 미래, pp. 116-118, 일부 내용 발췌. 제프 딕슨이 처음 인터넷에 이 시를 올린 뒤 많은 사람들이 한 줄씩 덧보태 지금도 이어지고 있다.

너무 적게 웃고 너무 성급히 화를 낸다.

너무 적게 책을 읽고 텔레비전은 너무 많이 본다.

가진 것은 몇 배가 되었지만 가치는 더 줄어들었다.

말은 너무 많이 하고 사랑은 적게 한다.

생활비를 버는 법은 배웠지만 어떻게 살 것인가는 잊어버렸고

인생을 사는 시간은 늘어났지만 시간 속에 삶의 의미를 넣는 법은 상실했다.

달에 갔다 왔지만 길을 건너가 이웃을 만나기는 더 힘들어졌다.

공기 정화기는 갖고 있지만 영혼은 더 오염되었고

자유는 늘었지만 열정은 더 줄어들었다.

키는 커졌지만 인품은 왜소해지고

이익은 더 많이 추구하지만 관계는 더 나빠졌다.

Chapter **09**
비즈니스 문서 작성

미리보기

문제 해결을 위한 정확한 보고서를 쓰기 위해서는 보고서의 구성 요소를 알아야 한다. 직장 생활에서의 한 예를 통해 알아보자.★

부서 회식에 참석한 당신은 오랜만에 과음을 했다. 인사불성이 되어 직원 숙소에 들어와 냉장고 문을 열고 찬 우유를 벌컥벌컥 들이킨다. 술을 마시면 미각도 정신을 잃는가 보다. 우유 맛이 새콤하다. '새로 나온 레몬 맛 우유인가?' 하고 생각할 무렵, 필름은 끊기고 몸은 침대에 쓰러진다. 얼마나 지났을까, 참을 수 없는 복통이 밀려온다. 멈추지 않는 설사로 불면의 밤을 보낸다. 다음 날 아침, 동료가 우연히 쓰레기통을 치우다 발견한다. 당신이 밤에 마신 우유는 유통 기한이 일주일이나 지난 제품이다. 병원에 갔더니 의사가 말한다. "식중독입니다. 상한 음식을 드셨군요."

이 상황에 대해 보고서를 쓴다면 어떻게 쓸 것인가? 이 상황에 대한 보고서를 '보고서의 구성 요소 7가지'를 고려하여 작성해보자. 보고서의 구성 요소 7가지는 개인적으로 선정해보자.

★ 조선일보(2013.12.24.)

연구문제

제9장에서는 다음과 같은 질문에 대해 탐색하고 학습한다.

❶ 비즈니스 문서의 특성과 기본 체계는 무엇인가?

❷ 비즈니스 문서의 작성 원리는 무엇인가?

❸ One page 보고서는 어떻게 작성하는가?

❹ 비즈니스 이메일은 어떻게 작성하는가?

❺ 비즈니스 문서 작성 지침은 무엇인가?

① 비즈니스 문서의 종류와 기본 체계

디지털 사회로 전환되면서 비즈니스 글쓰기의 중요성이 오히려 커지고 있다. 업무와 관련된 많은 부분의 의사소통이 전자 결재 시스템이나 이메일, 메신저 등과 같은 디지털 매체를 통해 이루어짐에 따라 말을 통한 의사소통보다 글을 통한 의사소통의 기회가 더 많아졌기 때문이다.

❶ 비즈니스 문서의 정의와 역할

비즈니스 문서는 문자와 기호, 도표 등을 사용하여 사실·정보와 의사를 기록한 것으로, 업무상 취급하는 일체의 서류를 말한다. 비즈니스 문서는 다음과 같은 역할을 한다.

- 조직의 중요한 정보와 의사를 전달·공유한다.
- 경영 관리 활동의 결과를 보존하고 증빙한다.
- 장래에 발생할 수 있는 경영 관리상의 책임을 명확히 한다.
- 피드백(정보 공유, 아이디어 수정·보완, 의사 결정 지원)을 제공한다.

❷ 비즈니스 문서의 특성과 종류

(1) 비즈니스 문서의 특성

비즈니스 문서는 논리성과 체계성, 정확성과 객관성, 그리고 간결성이 요구된다. 따라서 주관적 판단은 가급적 배제하고 지식과 정보, 자료를 명확하고(clear) 깔끔하게(clean) 전달하는 것이 필요하다. 문학적 글쓰기와 비즈니스 글쓰기의 차이점을 살펴보면 〈표 9-1〉과 같다.

표 9-1_ 문학적 글쓰기와 비즈니스 글쓰기의 차이점

문학적 글쓰기	비즈니스 글쓰기
피보고자가 없다.	피보고자가 있다.
주관적, 정서적이다.	객관적, 논리적이다.
은유, 비유 등의 묘사가 자유롭다.	직접적이고 현실적 문체를 사용한다.
독자가 불특정 다수이다.	이해관계자가 있다.
정확한 메시지를 주지 않아도 된다.	명확한 결론과 메시지, 근거가 있어야 한다.
의미를 과장하거나 함축해도 좋다.	2가지 이상의 해석이 나와서는 안 된다.
장문의 글도 좋다.	이해가 빠른 단문이어야 한다.
미괄식인 경우가 많다.	두괄식인 경우가 많다.
생각, 감정을 표현하고 공유하는 데 목적이 있다.	상대를 설득하여 의사 결정이나 특정 행동을 하게 하려는 목적이 있다.

(2) 비즈니스 문서의 종류

조직의 경영 관리는 크게 '계획-실행-평가(Plan-Do-See)'의 PDS 사이클에 따른다. 그리고 경영 관리 단계마다 비즈니스 이해관계자들 간의 의사소통을 위한 비즈니스 문서가 있다. 비즈니스 문서는 일반적으로 기안서, 시행문, 협조문, 그리고 기획(보고)서, 제안서로 구분된다. 경영 관리 단계별로 생산되는 비즈니스 문서는 〈그림 9-1〉과 같다.

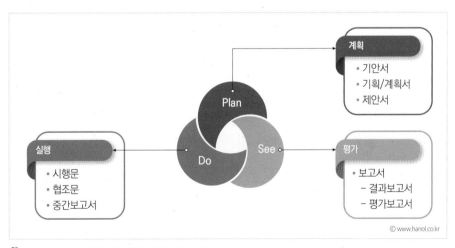

그림 9-1_ 경영 관리 단계별 비즈니스 문서

- 기안서: 결재권자의 승인을 구하기 위해서 실행 과정·내용 및 기대 효과 등을 기록하여 결재를 올릴 때 작성한다.(품의서라고도 함)
- 시행문: 결재를 득한 안건의 실행을 명령·공지하는 공문(대내, 대외)을 말한다.
- 협조문: 수평 부서 간의 업무 협조 요청 시 사용한다.
- 기획(보고)서: 특정 프로젝트나 실행 계획에 대한 정보 공유 및 설득을 주요 목적으로 하는 비즈니스 문서이다.(보고서: 발생한 업무 과정 또는 결과에 관하여 상세히 보고하는 서류) 기획(보고)서는 경영 계획이나 신시장 개척, 신상품 개발을 위한 전략 기획(보고)서, 제도나 업무 개선을 위한 업무 기획(보고)서 및 각종 이벤트 실행을 위한 행사 기획(보고)서가 있다.
- 제안서: 내외부 고객에게 제품이나 서비스를 홍보·판매하거나 프로젝트를 수주·수행하기 위해 작성하는 비즈니스 문서로 성과 창출의 출발점이 된다. 제안서는 고객이나 발주처의 제안 요청 사항과 요구 서식에 맞추어 작성한다.

비즈니스 문서의 대표적인 형태가 기획(보고)서이므로 지금부터는 기획(보고)서 작성을 중심으로 기술한다.

③ 기획(보고)서의 기본 체계 및 구성 요소

(1) 도입부

기획(보고)서의 성격과 기획(보고)서에서 다루고 있는 개략적 내용을 전체 맥락과 함께 인식할 수 있다.

(2) 개요부

기획(보고)서의 효용성과 논리적 타당성을 판단하는 준거로서의 역할을 할 뿐 아니라 기획(보고)서의 큰 틀과 흐름을 판단할 수 있게 한다.

(3) 주요부

요약, 기획 내용 및 실행 계획의 세 부분으로 구성되며 기획(보고)서의 핵심에 해당된다.

❶ **요약**은 기획의 목적과 배경, 전체 동향, 핵심 콘셉트 및 내용, 결론과 향후 주요 계획, 종합 건의 사항 등을 간략하게 표현한다. **요약 부분은 one page 기획(보고)서에 해당된다.**

❷ **기획 내용** 부분에서는 현황 분석의 결과와 해결 방안을 데이터를 기반으로 상세하게 제시한다. 또한 리스크 관리 계획과 함께 건의 사항을 제시한다.

❸ **실행 계획** 부분에서는 단계별 추진 계획 및 과업 활동에 대한 역할과 책임, 스케줄 , 예산 관계를 구체적으로 제시한다.

(4) 보조부

대체안과 참고 자료 부분으로 이루어진다.

❶ 대체안이 있을 때는 제1안과의 장단점을 비교하여 제시한다.

❷ 참고 자료 부분에서는 조사 도구, 통계 자료, 사례 등 기타 관련 자료를 첨부물로 제시한다.

〈표 9-2〉와 같은 기본 체계와 구성 요소를 기반으로 하여 **기획(보고)서의 성격과 목적 등에 따라 특정 부분이나 항목을 선택적으로 활용한다.** 때에 따라서는 기획에 적합한 체제를 개발하여 기획(보고)서를 작성한다.

⚘ **표 9-2_** 기획(보고)서의 기본 체계와 구성 요소

기본 체계		주요 내용
도입부	표지	• 제목: ○○기획서, ○○제안서, ○○보고서(Code #) 　– 전체 내용을 대표할 수 있도록 설정 　– 부제를 활용하여 기획 내용을 명료하게 제시 • 제출 연월일 및 기획자(부서, 대표자, 팀원) 명기
	머리말	• 인사말, 서문
	목차	• 장절 표시
개요부	기획 목적 배경	• 기획 목적 및 목표 • 기획 범위 • 기획의 배경: 현상 분석이나 미래 예측 결과 토대 　– 객관성과 타당성 확보 　– 기획의 중요성과 필요성 인식
	기대 효과	• 조직 내외에 미치는 영향: 재무적, 비재무적 성과
	기획 체계 & 방법	• 기획의 전체 체계 및 핵심 콘셉트, 주요 아이디어 • 기획 방법
주요부	요약	• 전체 동향 및 기획의 핵심 내용 • 결론과 향후 주요 계획, 종합 건의 사항
	기획 내용	• 주요 내용: 현황 분석 및 주요 해결 방안 • 부문별 상세 내용 　– 현황 분석 결과 　– 구체적 해결 방안 • 종합 분석: 결과 분석, 세부 건의 사항 • 리스크 계획: 예상 문제점과 대응책(예방 대책, 비상 대책)
	실행 계획	• 일정 계획(타임 스케줄): 추진 단계별 주요 과업 및 착수, 완료 일정 • 예산 계획: 소요 경비의 산출과 자금 조달 방법 • 인원 계획: 조직 및 인원 계획
보조부	대체안	• 제 2, 3안: 1안과의 장단점 비교
	참고 자료	• 조사 도구 및 상세 분석 자료, 통계 자료 • 타사 사례 등 관련 자료

② 비즈니스 문서 작성 원리

① 고객(상대방) 중심

기획(보고)서 작성의 출발은 "이 기획(보고)서에 최종 결재를 하려면 무엇이 명확해야 하는가?"를 결재권자의 입장에서 생각하는 것이다. 또한, 기획(보고)서의 실행에 따라 영향을 받는 이해관계자들은 "이 기획(보고)서의 실행을 흔쾌히 지지할 것인가?"에 대해서도 함께 고려한다. 특히, 의사 결정권자나 이해관계자들이 비판할 가능성이 있는 문제점을 예상하여 이를 최소화하거나 상대를 이해시킬 수 있는 논리와 객관적 자료를 준비하는 것이 중요하다. 이를 위해서는 제안요청서(Request for proposal)에 해당하는 상사의 니즈 파악이 중요하다.

작성 원리 ❶

기획 실행에 영향을 미치는 의사 결정자와 이해관계자들이 '무엇을 원하는지', '무엇을 회피(제거)하고자 하는지'를 파악하고 그들의 니즈(needs)에 적합하도록 기획(보고)서를 작성한다.

(1) RFP 파악 내용

RFP는 기획(보고)서 준비의 기본이며 출발점이 된다. 어떤 경우에서든 RFP를 통해 다음 사항을 정확하게 파악해 두어야 한다.

- 목적과 목표
- 기획(보고)서 평가 기준
- 기획의 실시 기간 및 예산
- 기획(보고)서 제출 기한
- 반드시 해야 할 것
- 절대로 해서는 안 될 것

(2) RFP 파악 요령

클라이언트의 요청 사항을 잘 파악하기 위해 다음 사항을 주의하여야 한다.

- 상대방(클라이언트 혹은 상사)의 말을 경청한다.
- 메모한다.
- 모르면 질문한다.
- 기획(제안) 요청서를 철저히 분석한다. 특히 과업 내용, 과업 수행 방법, 계약 조건, 평가 요소와 평가 기준을 면밀히 분석한다.
- 요청 사항에 변경이 있는지 체크한다.

❷ 결론과 근거

기획 내용은 전후 관계가 비약됨이 없이 '결론과 근거' 사이의 일관성을 유지하는 것이 중요하다. 이를 실천하는 구체적 기법으로 앞서 살펴 본 So what/Why so? 기법이 있다. 'So what/Why so?'는 기획(보고)서의 결론과 핵심 주장에 대한 근거를 명확히 하여 기획 내용의 논리적 타당성과 신뢰성을 인정받는 것이다.

비즈니스 문서를 작성할 때는 〈표 9-3〉에서와 같이 사례, 비교·대조, 인과 관계, 범주화, 솔루션의 다섯 가지 사항에 집중하여 결론과 근거의 객관성을 확보하도록 한다.

🦋 표 9-3_ 결론과 근거의 객관성 확보를 위한 기법

작성 요령	내 용
사례 제시	주장이나 결론을 뒷받침하는 국내외 사례를 제시한다. 데이터와 팩트 자료, 전문가 의견을 제시한다.
비교 · 대조	자료의 유사점이나 차이점에 대한 비교/대조 분석을 통해 메시지를 명확히 한다.
인과 관계	원인과 결과의 인과 관계를 규명한다. 우연한 결과인지 상관관계인지, 상황 변수인지 아니면 매개(촉진/감소) 변수인지에 대해 분석한다.
범주화	자료를 일정 기준에 따라 분류하여 제시한다.
솔루션	문제(과제) 해결을 위한 방안과 전략, 실행 계획 및 요구 사항을 제시한다. 리스크 관리를 위한 플랜 B를 작성한다.

작성 원리 ❷

기획(보고)서에는 기획 의뢰자의 욕구(needs)를 충족시킬 수 있는 명확한 결론(주장·제안·방법)이 제시되어야 한다. 그리고 결론이 타당하다는 것을 증명하는 객관적 근거 자료가 함께 제시되어야 한다.

❸ 체계적 구성

기획(보고)서를 작성할 때는 기획 목표를 달성하기 위해 수행해야 할 세부 내용을 중복과 누락됨이 없이 체계적으로 구성해야 한다. 이를 위해 기획 테마에 적합한 구성 체계를 따르고, 현황을 분석할 때는 MECE 사고와 프레임을 적용하는 것이 좋다.

작성 원리 ❸

분석 자료와 실행 내용을 중복과 누락됨이 없이 체계적으로 분류하여 제시한다.

❹ 우선순위

새로운 기획안은 기존의 방식이나 내용과 차별성이 있어야 한다. 예를 들어 신규 사업 기획안의 경우 목표 시장, 제품 특성, 운영 방법 등에서 기존 사업과의 차별성을 이해시키고, 시장에서 경쟁 우위를 확보할 수 있다는 점을 설득할 수 있어야 한다. 기획자는 기획의 목적 달성에 영향을 미치는 정도, 즉 내용의 차별성과 경쟁 우위 관점에서 정보나 자료를 평가하여 중요한 사항을 강조해야 한다. 중요성을 강조하는 방법은 중요도에 의한 우선순위에 따라 기획 내용을 배열하고, 제시하는 내용의 수를 제한하는 것이다.

작성 원리 ④

기획의 내용은 중요성에 따른 우선순위를 고려하여 배열한다. 이때 많은 내용을 제시하기보다 핵심적인 내용을 중심으로 5개 이내로 제한한다. 세부 내용은 첨부 자료로 제시한다.

5 이미지 효과

사람들은 문자나 숫자로 된 정보보다는 도형이나 이미지로 된 정보를 더 쉽게 이해하며 오래 기억한다. 이를 이미지 효과라고 하는 데, 기획(보고)서 작성 시 중요 정보는 그래프, 도형, 차트, 그림 등의 이미지 자료를 활용하여 의사 결정자의 이해를 돕도록 한다. 시각화를 할 때에는 데이터나 개념, 아이디어, 정보의 특성에 적합한 도구를 적용하는 것이 중요하다.

작성 원리 ⑤

기획(보고)서의 주요 내용은 그림이나 도형, 차트를 활용하여 이미지화한다. 내용과 관련이 있는 그림을 활용하여 이해를 돕는다. 중요한 수치 자료는 표로 나타내거나 그래프화한다.

🦋 표 9-4_ 수치 데이터의 시각화

구 분		내 용			

개별 데이터를 확인하고 비교 분석 / 표

구 분	20xx	20xx	20xx	20xx
A사	1,250	2,300	2,350	3,000
B사	578	780	1,120	1,780
C사	2,320	1,870	1,725	2,100

변수 간의 비교, 변수(들)의 추세, 시간에 따른 변수들 간의 관계 분석 / 막대 그래프 꺾은선 그래프

요소별 빈도나 분포 분석 / 원 그래프

두 요인을 기준으로 요소들의 분포나 크기, 위치, 추세를 분석 / 매트릭스

복잡하거나 시간대별 변동 사항, 빅데이터 등의 시각화 / 데이터 그림 인포그래픽

🦋 **표 9-5_** 개념·아이디어·정보의 시각화

구 분		내 용
지역별 비교나 관계를 분석	지도	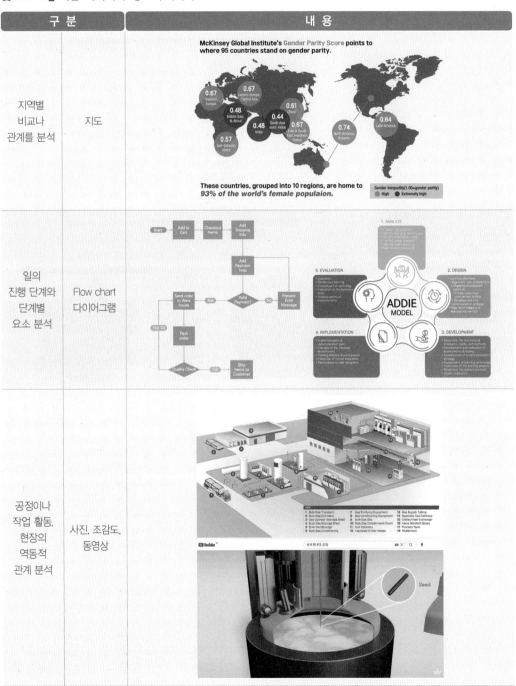
일의 진행 단계와 단계별 요소 분석	Flow chart 다이어그램	
공정이나 작업 활동, 현장의 역동적 관계 분석	사진, 조감도, 동영상	

토의 9-1

과제 1. 셀프 리더십 과정 개발

다음의 시각 자료는 셀프 리더십(자기 경영) 과정 개발을 위한 기본 설계 자료이다. 이 자료를 바탕으로 셀프 리더십 발휘를 위한 주요 내용을 설명해보자.

❶ 셀프 리더십의 제목(과정 명칭)을 정한다.
❷ 공란으로 남아 있는 부문의 주제를 정한다.
❸ 셀프 리더십 발휘를 위한 내용을 설명한다.

Goal Setting : 목표 설정하기
• 장기 미션을 수립한다.
• 중기 비전을 설정한다.
•

Acting: 실행하기
• 할 일을 확인한다.
• 고정 행동(루틴)을 한다.
•

Empowering: 역량 개발하기
• 일을 통해 역량을 개발한다.
• 네트워크를 통해 역량을 개발한다.

Motivating: 동기 부여하기
• 자극을 받는다.
• 심신의 건강을 유지한다.

과제 2. 경영 정보의 시각화

다음 각각의 경영 정보를 차트와 그래프를 사용하여 시각화해보자. 그리고 그 결과를 다른 사람과 비교 · 평가해보자.

❶ 당사의 D램 매출 이익률은 8분기 연속 상승하고 있다.

❷ R&D 투자액과 반도체 메모리 수익률은 서로 관계가 없는 것으로 조사되었다.

❸ 업체별 주요 스마트폰 전자파 인체 흡수율은 삼성전자 '갤럭시S23 울트라'가 0.593, LG전자의 'G9'가 0.497, 그리고 팬텍 '베가 시크릿노트'는 0.412, 애플 '아이폰5S'는 0.959로 조사되었다.

❹ 우리 회사 제품에 대해 판촉을 받은 경험이 있느냐는 질문에 응답자의 31%가 '있다' 고 한 반면 69%는 '없다'고 응답했다. 판촉을 받은 경험이 있는 소비자들을 대상으로 어떤 경로를 통해 판촉 활동을 경험했느냐는 추가 질문을 한 결과 응답자의 40%는 전단지를 통해서, 25%는 전화로, 15%는 직접 방문을 통해, 5%는 메일, 그리고 기타 가 15%로 나타났다.

③ One Page 보고서

이런저런 일정으로 매우 바쁜 의사 결정권자 입장에서는 두툼한 기획(보고)서를 볼 시간적 여유가 많지 않은 것이 현실이다. 이때 이러한 기획(보고)서가 딱 한 장짜리라면 얼마나 좋겠는가? 사실 주요 의사 결정을 내리는 자리에 있는 사람치고 한 쪽 이상의 분량을 읽을 만큼 시간이 많은 사람은 드물다.

One Page 보고서 개념은 오직 한 장만으로 완벽한 기획(보고)서를 만드는 것이다. 1 Page 보고서는 시간에 민감한 서류이다. 빨리 읽힐 뿐 아니라 결정을 내리는 데 필요한 결정적인 자료들이 모두 들어 있는 비즈니스 문서이다.

자신의 프로젝트 계획을 1 Page 보고서 분량으로 압축하는 일은 프로젝트에 대한 스스로의 이해 증진에도 매우 중요하다. 필요할 경우 완벽하고 간략한 설명을 할 수 있게 해줄 뿐 아니라 훌륭한 의사 전달자가 될 수 있도록 자신을 훈련시킨다.

기획(보고)서를 1 Page 분량으로 쓰는 것은 목표를 명확히 해주고 그것에 집중하도록 해주며, 위험(risk)을 찾아내고 판단력을 높여줄 뿐만 아니라 아이디어를 완벽하게 만들어준다. 성공적인 1 Page 보고서를 쓰려면 복잡한 생각을 몇 마디 단어로 표현하는 연습을 해야 한다.

1 page 보고서를 작성하기 위하여 다음 절차를 따른다.

(1) 기초 자료를 2~3회 읽고 초안을 작성한다

- 기초 자료(paper 등)의 목차를 확인하고 대충 넘기며 어떤 테마와 내용을 다루고 있는지 파악한다.
- 기초 자료를 정독하며 중요 내용을 체크한다.
- 작성할 보고서의 체제(전개 순서)를 구상한다.
- 체크한 중요 내용을 입력한다. 이때 기초 자료의 체제를 따르지 않고 본인이 구상한 보고서의 전개 순서에 따라 입력한다.

(2) 테마(체제)별로 초안 내용을 재구성하며 내용을 축약하여 1차 보고서를 작성한다

- 보고서의 체제에 따라 초안 내용을 재배치(Grouping)한다.
- 중요성이 떨어지는 내용이나 중복된 내용을 제거하며, 문장과 용어를 깔끔하게 수정·보강한다.
- 초안의 1/2~2/3 정도의 분량으로 내용을 축약하여 1차 보고서를 작성한다.

(3) 보고서의 목적, 테마별 내용, 결론, 건의 사항이 포함된 2차 보고서를 작성한다

- 1차 보고서를 토대로 보고서의 목적이나 결론, 건의 사항 등을 구상한다.
- 기초 자료(paper 등) 내용 중 오래된 데이터나 사례, 의견은 업데이트하거나 제외한다. 이때 인용 자료의 출처를 명확히 밝힌다.
- 구조화 원리를 적용하여 내용을 논리적으로 재배치한다. MECE 프레임을 활용하면 좋다.
  - ▷ 거시적 내용을 먼저 제시하고 미시적 내용을 나중에 배치한다.
  - ▷ 중요한 내용을 먼저 제시하고 사소한 내용을 나중에 배치한다.
- 1차 보고서를 1/2~2/3 정도의 분량으로 축약하여 2차 보고서를 작성한다. 이때 구성 체제를 수정할 수 있다.

(4) One page 보고서를 완성한다

- 상사의 스타일을 고려하여 문장 간격, 글자 크기, 글자체를 결정한다.
- 2차 보고서 체제에 따라 내용을 1 page로 요약 정리한다.
- 알아두면 좋은 내용과 중요한 내용을 구분한다.
- 내용을 줄일 때는 다음의 원칙을 따른다. 내용을 선택적으로 버릴 수 있는 것이 진짜 실력이다.
  - ▷ 상사 수준에서 알아야 할 필요성이 있는가?
  - ▷ 구체적인가? 즉, 사실과 데이터, 사례, 전문가 의견으로 증명할 수 있는가?

> ◉ 현실적인가? 즉, 너무 당연하고 일반적이거나 뜬구름 잡는 내용은 아닌가?
> ◉ 중간 관리자나 선배, 동료의 의견을 구한다.

- 보고서의 목적과 핵심 메시지, 주요 내용, 결론 및 건의 사항이 일관성을 유지하는지 검토한다.
- 의사 결정자의 RFP에 적합한지 자문자답한다.

토의 9-2

앞서 학습한 의류 시장 경쟁 3사의 경영 전략 분석 결과(토의 8-3)를 One page 보고서로 작성해보자. 각자의 보고서를 비교 분석해보자.

❶ One page 보고서의 구성 항목을 비교한다.
❷ One page 보고서의 주요 내용을 비교한다.

④ 이메일 작성

❶ 이메일 작성 및 관리 방법

이메일은 도입부, 본문, 상대의 반응 또는 행동 요구, 그리고 맺음말의 4개 부문으로 작성한다.

(1) 도입부(Introduction)

도입부는 이름과 호칭, 인사말과 자기소개, 그리고 이메일의 배경이나 취지 등으로 이루어진다. 이메일의 도입부는 전달하고자 하는 내용의 서론으로 간결하고 명확하게 작성해야 하는 것이 포인트이다. 한 문장을 너무 길게 쓰지 않는다.

- 이름 + 호칭
- 인사 + 자기소개
- 이메일의 배경 및 취지

(2) 분문(Body)

본문에서는 이메일의 목적이 무엇인지, 어떤 정보를 전달하고자 하는지, 또는 무슨 정보를 요구하는지에 대해 구체적으로 밝힌다. 본문은 간결하게 중요한 내용 중심으로 작성한다. 내용이 많을 때는 문단을 나누어 작성하고, 중요한 내용은 글자색을 달리하거나 밑줄을 그어 강조한다.

(3) 상대의 반응 또는 행동 요구(Call for Action)

상대로부터 얻고자 하는 내용(피드백, 행동, 결정 사항 등)을 구체적으로 요구하여 상대방이 이메일을 읽고 난 이후 어떤 조치(반응)를 취해야 할지에 대해 밝힌다. 회신일자를 정확히 기재한다.

(4) 맺음말(Closing)

이메일 작성이 완료되면 간단한 마무리 문장으로 끝을 맺는다. 맺는 글은 이메일 내용과 관련되는 것이 좋다.

(5) 이메일 관리 방법

공식 용어 사용

★ 업무상의 이메일 문서는 비즈니스 문서이므로 친구 등에게 사용하는 용어나 기호, 이모티콘은 사용하지 않는다. 다만 수신자와의 관계에 따라 적정 수준의 용어나 줄임말, 기호, 이모티콘을 사용할 수 있다. 이 경우에도 메일 내용이 다른 사람에게 전달될 수 있다는 점을 생각해서 사용한다.

📢 참조, 답장(RE:), 전달(FW:) 기능 사용

★ 수신자 외에 메일 내용과 관련된 사람에게 정보를 공유해야 할 필요가 있을 경우 '참조' 기능을 사용한다. 답장을 할 경우는 '답장' 기능을, 받은 메일 내용을 다른 사람과 공유할 경우에는 '전달' 기능을 사용한다. '답장'과 '전달' 기능을 사용할 때에도 인사말과 함께 간단히 내용을 설명한다.

📢 첨부 파일 확인

★ 전송하기 전에 보내는 첨부 파일이 정확한지 확인한다. 간혹 엉뚱한 파일을 전송하거나 아예 첨부 파일이 빠진 채 전송되는 경우도 있다. 첨부 파일의 제목은 생산 일자와 함께 구체적으로 적는다.

📢 서명 기능 활용

★ '서명' 기능을 활용하여 발신자의 소속, 이름, 직책, 연락처, 주소 등의 기본 정보가 항상 내용과 함께 전송되도록 한다. 서명은 수신자에 따라 다르게 사용할 수 있도록 2, 3개 작성해 활용한다.

📢 내용 확인과 미리보기 기능 활용

★ 메일을 보내기 전에 내용이 정확한지, 빠진 내용은 없는지, 오탈자가 있는지 여부를 점검한다. '미리보기' 기능을 활용하여 내용과 형식이 적정한지 최종 확인한다.

📢 예약 발송 기능 활용

★ 정해진 시간에 이메일을 보내고 싶을 때는 예약 발송 기능을 활용한다. 예약된 메일은 '예약메일함'에서 확인할 수 있다. 메일이 발송되기 전에는 메일 수정(내용과 발송 일정)이 가능하다.

📢 수신 여부 확인

★ 보낸 메일의 수신 여부를 '수신 확인' 기능을 활용해 체크한다. 긴급하거나 중요한 메일일 경우 상대방에게 메일을 전송했다고 전화나 문자, SNS를 활용해 알리고 확인 요청을 한다.

📢 메일함 확인과 정리

★ 메일함을 정기적으로 확인하여 업무 처리가 늦어지지 않도록 주의한다. 불필요하거나 완료된 메일은 정리한다.

2 이메일 작성 사례

(1) 한글 이메일 작성 사례

제목: 본문 내용을 알 수 있도록 구체적으로 제시한다.(가능한 한 서술형 기술)

제목: 1차 과제(자기평가·피드백)와 2차 과제(글쓰기 현황 분석 및 개발 방안)를 제출합니다.

이메일 글쓰기는 크게 도입, 본문, 요구 사항, 그리고 맺음말의 4개 부분으로 구성된다.

도입(Introduction)
1) 이름 + 직위(호칭)   2) 인사 + 자기소개(소속, 이름, 직위)

이재희 교수님,
안녕하세요? 미래산업㈜ R&D팀 김명식 선임입니다.

본문(Body)
1) 이메일 목적   2) 사실과 정보 제공

교수님, 1차 과제 및 2차 과제 리포트를 제출합니다.
첨부 파일은 두 가지입니다.
과제1. 파일은 1차 과제 자기 평가·피드백입니다.
과제2. 파일은 2차 과제 비즈니스 글쓰기 현황 분석 및 개발 방안입니다.

요구 사항(Call for action)
1) 상대방의 반응 또는 행동 요구   2) 회신 기일 명기

보내주신 메일을 최대한 숙지하여 작성한다고 했는데, 교수님께서 요구하신 대로 맞게 했는지 모르겠습니다. 혹시 빠지거나 잘못 작성된 점이 있다면 1. 13.(월)까지 회신 부탁드립니다.
제가 1. 14.(화)~1. 17.(금), 3박 4일간 출장인 관계로 회사 이메일을 확인할 수 없습니다. 공지 사항이나 요청 사항이 있으시면 회사 메일과 제 개인 메일(kimms1111@naver.com)로 같이 보내 주시면 감사하겠습니다.

맺음말(Closing)
1) Closing 멘트   2) 감사 표현

20××년, 한 해에도 더욱 건강하시고, 원하시는 모든 일 성취하시길 기원드립니다.
그럼 즐거운 주말 보내세요. 감사합니다.

첨부: '문서 제목_작성자_생산 일자'를 구체적으로 명기한다.

첨부: 과제1. 개인 평가·피드백_김명식_20××0110
　　　과제2. 비즈니스 글쓰기 현황 분석 및 개발_김명식_20××0110.

(2) 영문 이메일 작성 사례

Dear Steve,

Background :
Explain the situation behind the e-mail.

 I hope you've been well. I just finished reading your email regarding _____.

Request:
Tell the reader what you want him(her) to do.

We would like to get more information on your new product. OR We would appreciate it if you could send us the technical specifications for (new product name). Specifically. we would like to know _____. In addition, any technical documentation you can send by attachment would also be very helpful.

Motivation:
Explain the reader why he(she) will benefit from fulfilling the request.

Action :
Remind the reader what action you'd like them to take.

(Formal) Thank you in advance for your attention on this matter. OR (informal) Thanks in advance for your help. Have a good day.

Sincerely,
Jaehee Lee

Leaders Network
Manager for Product Development
T: 010-3754-0942
F: 02-877-0002

Case practice

Dear Mr. Lee,

Thank you for your interest in using Hyspeed memory for HP's new tablet PC's.

As you requested, I am attaching the roadmap and technical data sheet for our MDM product. However, since we are not sure whether the MDM will meet your specific needs, we would appreciate more information on your new product. We will need to know the following:
- Roadmap: Mass production, BBL
- System information: Model name, Sample
- Memory specification: Mode, Density, Duration

After we receive this information, we will be able to recommend another module in our product line-up if necessary.

If you have any questions or further requests, please feel free to contact me any time.
Thank you in advance for your cooperation.

Best Regards,
Susan Kim

(3) SNS를 통한 의사소통 사례

최근에는 카카오톡과 같은 SNS를 통해 수시로 간편하게 업무 관련 의사소통을 하는 경우가 많다. 이메일에 비해 공식성이 떨어지기는 하나 이런 소통 방식 또한 비즈니스 커뮤니케이션의 일종이므로 어느 정도의 규범과 형식을 갖추는 것이 좋다.

🐝 그림 9-2_ SNS를 통한 의사소통

⑤ 비즈니스 문서 작성 실무

① 비즈니스 문서 작성 시의 현안 과제

기업 현장에서 비즈니스 문서 작성과 관련된 상사의 요구 사항, 클레임(claim)과 문서 작성자의 어려움을 조사·분석한 결과를 보면 다음과 같다.[1]

(1) 상사의 요구 사항

상사들의 요구 사항, 클레임 및 문서 작성자의 애로 요인을 조사한 결과 모두 **표현 정교화보다는 내용 전문성에 대한 니즈가 높게 나타났다.**

 표 9-6_ H사 비즈니스 글쓰기 현황 (단위: %)

구 분	문서 수준 결정 요인 및 세부 내용		현 황		
	결정요인	세부 내용	상사요구	자기인식	차 이
내용 전문성	결 론	• 문서의 목적·배경·결론 명확화 • 전달 내용(핵심 메시지)·의견 명확화	27.8	38.3	-10.5
	근 거	• 근거 자료·관련 내용 보강 • 논리적 분석	16.7	19.1	-2.4
	방 법	• 향후 대책 수립(현황·원인·대책) • 세부 실행 계획 수립(인원·일정·예산)	16.7	6.4	10.3
소 계			61.2	63.8	-
표현 정교화	구 성	• 문서 양식과 형식(틀) 준수 • One page 보고서 작성	11.1	8.5	2.6
	문 장	• 간단명료하고 쉽게 기술 • 용어·어휘 선택과 오탈자 확인	19.4	14.9	4.5
	그 림	• 도표, 그래프, 차트, 그림 활용 • Design, Template, Color, Layout	8.3	12.8	-4.5
소 계			38.8	36.2	-
계			100.0	100.0	-

* 자기 인식은 문서를 작성할 때 직면하는 문서 작성자의 어려움에 대한 의견을 나타냄

• H사 상사들의 요구 사항 및 직원들의 비즈니스 문서 작성 애로 사항은 **결론·핵심 내용 명확화, KISS 글쓰기, 근거 자료·관련 내용 보강이 top 3로 나타났다.**[2]

• 결론·핵심 내용 명확화는 상사 요구에 비해 문서 작성자들이 더 어려워하는 것으로 나타났다.

[1] 기술엔지니어 대상 '원 페이지 보고서 코칭 클리닉' 운영 과정에서 조사한 결과로, 조사 항목은 다음과 같다.
　　① 주로 작성하는 문서의 유형과 내용
　　② 작성한 문서에 대한 부서장들의 주요 요구 사항(클레임) 또는 피드백
　　③ 문서 작성 시 겪는 어려운 점
[2] KISS는 'keep it short & simple/stupid'의 약자로서 '글을 간단명료하게 작성하여 바보도 이해할 수 있도록 쉽게 하라'는 것이다.

• 향후 대책 및 세부 실행 계획에 대한 상사의 요구가 문서 작성자의 인식 수준보다 높게 나타났다.

(2) 문서 작성 시 어려운 점

• **소통 부족으로 상사의 RFP**(배경·목적·과제·요구 사항)**를 명확히 파악하지 못한다.**
• 급박하게 주어진 이슈 중심으로 업무를 추진함에 따라 준비가 부족하고, 그 결과 보고서의 질이 떨어진다.(업무 주도성 부족)
• 업무 과중, 시간 부족으로 근거 자료를 확보하고 정확한 분석과 결과를 도출하기 어렵다.
• 논리적 분석 능력이 부족하다.
• 진행 상황에 대한 중간 보고 미흡으로 수정 작업이 발생함에 따라 보고서 납기를 지연하게 된다.
• MS Office 활용(MS Words, Excel) 능력이 부족하다.

2 비즈니스 문서 작성 지침

(1) 보고서의 구성 요소

🏍**미리보기** 사례에 대한 당신의 보고서는 어떻게 작성되었는가? 다음 내용을 읽고 자신이 작성한 보고서 내용을 평가해보자.

보고서를 쓸 때는 7가지 관점에서 봐야 한다. **현상, 원인, 문제점, 조치, 대책, 확인 사항, 발견 경위** 등이 들어가야 한다.★

📢 현상과 원인

★ '현상'이란 말 그대로 어떤 문제로 인해 발생한 상황이다. '설사를 하는 것'이 현상이다. '원인'이란 이런 현상을 유발한 가장 직접적인 이유다. 여기서 원인은 냉장고에 들어 있던 상한 우유를 마신 것이다.

📢 문제점

★ '문제점'이란 이런 원인을 유발한 핵심 요인이다. 왜 상한 우유를 들이키게 됐을까? 술 취해서? 아니다. 문제의 본질은 유통 기한이 지난 상한 우유가 냉장고에 들어 있었다는 사실이다. 술에 취해 우유가 상한 것을 느끼지 못한 것은 핵심이 아닌, 둘째 요인쯤 된다.

📢 조치

★ '조치'란 현상을 해결하기 위해 즉각적으로 취해야 할 행동이다. 병원에 즉각 달려가는 게 적절한 조치다. 누가 상한 우유를 넣어 두었는지 범인을 색출하는 것은 조치가 아니다. 무능한 리더일수록 문제 해결보다는 책임자 색출에 사활을 건다.

📢 대책

★ '대책'이란 앞으로 이런 문제점을 없애기 위한 방법이다. 냉장고에 유통 기한이 지난 음식은 즉각 버리는 게 대책이다. 또는 냉장고 칸을 나눠 유통 기한이 가까워진 제품은 따로 보관해 특별히 주의하도록 한다.

📢 확인 사항

★ '확인 사항'이란 이 같은 대책이 꾸준히 지켜지는지를 제도화, 매뉴얼화를 통해 관리하는 방법이다. 예를 들어, 직원끼리 당번을 정해 일주일에 한 번씩 냉장고 정리를 한다.

📢 발견 경위

★ '발견 경위'란 이런 문제를 '어떻게 알게 됐느냐'는 것이다. 우연히 알게 되거나(다른 직원이 쓰레기통을 치우다가) 외부에 의해 발견(상한 우유를 마셨다는 의사의 진단)됐다면 이는 좋지 않은 신호다. 문제점을 스스로 발견할 수 있는 모니터링 시스템이 있어야

📎
★ 보고서의 구성 요소는 비즈니스 문서의 테마 및 목적, 상황 등에 따라 상이하다. <표 9-2>의 기획(보고)서의 기본 체제와 여기에 제시된 보고서의 7가지 관점을 기본으로 하여 문서에 적합한 구성 요소를 설정한다.

건강한 조직이다. 그런 의미에서 발견 경위는 중요하다. 문제점을 발견할 수 있었던 이유를 '내부 대 외부', '우연 대 시스템'으로 나누고, 문제점을 '내부와 시스템'에 의해 발견할 수 있도록 만드는 게 유능한 리더의 몫이다.

(2) 문서 작성 실무 지침

제8장에 제시된 피라미드 논리 구조를 활용한 '경쟁 3사의 경영 전략 분석 결과'를 보고서로 전환한 예를 참고하여 비즈니스 문서 작성을 위한 실무 지침에 대해 알아본다. 앞에서 여러분이 작성한 One page 보고서와 비교해본다.*(토의 9-2)

❶ 명확한(clear) **내용 작성**(내용 전문성)**을 위한 실무 지침**

📣 **제목**

★ 모든 보고서에는 제목이 필요하다. 제목은 문서의 내용을 이해할 수 있도록 구체적으로 작성한다. 이때 부제를 활용하여 내용을 함축하거나 범위를 제한해도 좋다. 비즈니스 문서에는 ○○기획(보고)서, ○○제안서 등과 같이 문서의 성격이 제목에 나타나도록 표현한다.

📣 **결론 선행**

★ 비즈니스 문서는 **명확한 결론을 한두 줄로 문서 초반부에 제시**하는 게 중요하다. 이때 결론을 구체적으로 기술한다. 결론은 사실, 수치 데이터, 사례, 전문가 의견 등의 **명확한 근거**에 입각해 판단한다.

📣 **추론 금지**

★ 결론, 또는 건의 사항에 "우리 회사는 저가의 아동복 시장에 진출하는 것이 유리하다."는 식의 내용을 제시하는 직원들이 있다. 이는 **지나친 일반화**로 결론에 대한 명확한 데이터, 즉 근거가 부족한 추론에 불과하다. 주요 경쟁사가 차별화 전략을 통해 성공적 경영을 유지하고 있다고 해서 우리 회사도 차별화 전략으로 성공할 수 있다고 판단하는 것은 무리가 있다.(일반화 오류)

📢 전개

★ 문서는 내용의 유사성에 따라 분류하여 제시하고, 그 내용을 잘 표현하는 부제
(sub title)를 명기한다. 이때 요소형이나 절차형 **MECE 프레임**을 활용하면 효과적이다.
사례는 **3C**(Customer, Competitor, Company) MECE 프레임과 **4P**(Product, Price, Promotion,
Place) MECE 프레임을 혼합하여 사용한다.(고객, 제품, 가격, 유통)

📢 항목 구분

★ 문서의 항목 구분은 1. 1), (1), ① 순으로 하되, 지나치게 세분화하는 것은 피한다.

> **보기**   1.   1-1)   1-1-1)   ➡   1.   1)   (1)   ① 또는 1.   1.1   1.1.1

📢 실행

★ 보고서는 상사의 의사 결정 사항을 명확히 하도록 끝부분에 건의 사항이나 요구
사항을 기재한다.

📢 책임 소재

★ 비즈니스 문서는 생산 일자와 작성자의 소속, 직위, 성명을 명시한다.

📢 자료 출처

★ 모든 자료에는 출처를 명기한다.

❷ 깔끔한(clean) 표현(표현 정교화)을 위한 실무 지침

비즈니스 문서는 내용이 중요하지만 배열(Layout), 색깔, 글자체, 도표, 줄 간격, 줄
바꿈, 띄어쓰기, 철자법 등에 따라 결정되는 **전체적인 이미지**(보기)**나 느낌**도 문서를 평
가하는 데 중요한 역할을 한다. **"문서가 보기 좋고**(깔끔하고) **이해하기 쉬운가?"**를 스스로
평가해보는 게 필요하다.

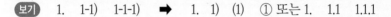

★ 의류 시장 경쟁 3사의 경영 전략 사례는 p. 191, 192, 212, 225를 참조한다.

📢 OSOM 원칙

★ 한 문장은 가급적 40~50자를 넘지 않도록 간단명료하게 서술한다. 문장이 길 경우 2~3문장으로 짧게 나눈다. 가능한 한 하나의 문장에는 하나의 메시지(one sentence one message)를 담도록 한다.

📢 문장 표현

★ 문장은 과거형보다는 **현재형**, 부정형보다는 **긍정형**으로 표현한다.

📢 강조 표시

★ 중요 정보(특히 수치 데이터)에 대해서는 글자색이나 글자체, 굵기, 밑줄 등을 활용하여 강조한다.

📢 이미지화

★ 중요 정보는 나열형보다는 Table, Graph, Chart, Matrix 등의 **시각 자료를 활용**해 한눈에 들어오도록 표현한다. 모든 Table과 Graph, Chart, Matrix에는 제목을 명기한다.

- Table에는 항목을 명기하여 무슨 정보인지 이해할 수 있도록 한다. Table의 항목 구분 cell은 색 채우기를 하는 게 좋다. Table 항목은 중앙 정렬, 항목별 구체적인 내용은 좌측 정렬하는 것이 보기 좋다.
- Table과 Graph, Chart, Matrix를 활용할 때는 범례를 표기하여 도형이나 기호가 무엇을 의미하는지 명확히 한다. 또한 X축, Y축에 수치 자료를 명기한다.

📢 교정

★ 최종적으로 문서 내용 중 **오탈자, 어의 중복 등**이 없는지 점검한다.

📢 마음가짐

★ 보고서는 상사에 대한 예의이고 문서 작성자의 경쟁력을 표현하는 수단이다. 보고서가 부실하면 상사를 무시하는 느낌을 갖게 하고, 실력 없고 성의 없는 사람으로 인식된다.

의류 시장 경쟁 3사 경영 전략 분석 보고서

20××. 10. 25.
(주)비전경영 전략 기획실 박효정 수석연구원

1. 목적

의류 시장에서 매출 1, 2, 3위를 기록하고 있는 주요 경쟁사의 경영 자료를 토대로 각 사의 경영 전략을 분석하기 위함

2. 경영 전략 분석

경쟁사들은 고객·제품·가격·유통 측면의 차별화 전략을 통해 매출액과 시장 점유율에서 성공적 경영 성과를 달성함

[경쟁 3사의 경영 전략 비교]

구 분	미래의류(주)	제일스포츠웨어(주)	글로리(주)
고 객	40, 50대 중장년층	20대 신세대	30대 직장 여성
제 품	클래식 정통 신사복	현대적 아웃도어 활동복	세미클래식 고급 여성복
가 격	고가	중저가	중고가
유 통	백화점	신도시와 위성 도시 대형 할인 마트	전문 여성복 체인 매장 : 글로리아 뷰티숍

★ 자료: (주)비전경영 전략 기획실(20××.12.20.)

• 연령이 증가함에 따라 클래식 스타일의 고가 제품을 선호하는 것으로 분석됨

[제품 Portfolio Matrix]

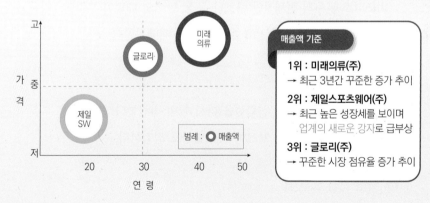

매출액 기준

1위 : 미래의류(주)
→ 최근 3년간 꾸준한 증가 추이

2위 : 제일스포츠웨어(주)
→ 최근 높은 성장세를 보이며
업계의 새로운 강자로 급부상

3위 : 글로리(주)
→ 꾸준한 시장 점유율 증가 추이

3. 실행 건의 사항

• 제일스포츠웨어(주)의 최근 경영 전략에 대한 추가 분석이 요구됨
• 업계 선두 기업(Leading Company)과 차별화되는 당사의 맞춤형 마케팅 전략 수립이 필요함

(3) 문서 작성 체크포인트

비즈니스 문서 작성을 위한 점검 단계에서의 체크포인트는 다음과 같다.

❶ 정확히 무엇을 하려는 것인가?

비즈니스 문서를 통해 달성하고자 하는 바가 무엇인지 한마디로 요약해본다. 그리고 달성하려고 하는 것을 다섯 가지 이내로 명확하게 답해본다.

❷ 핵심 사항이 무엇인가?

비즈니스 문서 내용 중 기존의 것과 차별화되고 참신하며 보다 나은 점이 무엇인지를 자문자답해본다.

❸ 논리적으로 타당한가?

결론과 주장은 사실, 자료, 사례와 같은 객관적 근거를 가지고 있는지 판단한다. 설득력 없는 주장은 없는지 확인한다.

❹ 흐름이 자연스러운가?

비즈니스 문서의 전체적인 구조나 문장, 단어의 배열이 부자연스러운 경우에는 다시 한번 읽어보면서 글의 전체 흐름에 따라 재배치한다.

❺ 틀린 곳은 없는가?

근거 자료의 정확성과 신뢰성을 다시 한번 점검한다. 특히 비용 부분의 근거와 계산상의 오류가 없는지를 체크한다. 오탈자도 점검한다.

❻ 빠진 것은 없는가?

비즈니스 문서를 작성한 후 다시 읽어보면 빠뜨린 부분이 있게 마련이다. 문서의 내용이 미흡하지 않은지, 누락된 부분은 없는지 살펴 추가할 내용이 있으면 보완한다.

❼ 불필요한 것은 없는가?

　내용이 중복되거나 문장이 복잡해 이해하기 어려운 부분이 있으면 불필요한 문장이나 단어를 삭제하여 간결하게 고친다.

❸ 비즈니스 문서 작성 역량 개발

(1) 내용 전문성 향상 방안

- 업무상의 소통(질문을 통한 과제 확인, 초안 작성 후 confirm, 중간 보고)을 강화하여 상사의 RFP에 부합하는 보고서를 작성한다.
- 피라미드 논리 구조, Logic tree, Mind map 등을 활용하여 전체 구조와 핵심을 구상한 후 세부 내용을 작성한다.
- 명확한 결론을 제시하고 핵심 내용 위주로 문서를 작성(1 Best, 2 Better, 3 Max)한다.
- 결론은 객관적 근거(Different, new & accurate 데이터)로 증명하여야 하며, 주관적 추론을 하지 않는다.
- 이슈와 연관된 지식을 습득하고, 평상시 관련 자료를 수집·관리한다.
- 동료와 관련 자료를 공유·협의한다.
- 향후 대책과 세부 실행 계획(Gant 차트 활용), 요구 사항을 명확히 제시한다.
- 문서 작성자의 의견이나 상사에게 요구하는 사항을 제시한다.

(2) 표현 정교화 향상 방안

- 사내외의 Good/Bad 보고서를 벤치마킹한다.
- 상사가 선호하는 스타일(문장체, 글자체, 폰트, 형식(.doc/.ppt), 용어)을 파악한다.
- 자주 사용하는 표준화된 전문 경영·기술 용어를 정리하여 활용한다.
- 간단명료한 글쓰기(Keep it short, simple & stupid/OSOM)를 습관화한다.
- 시각 자료 중에서 중요한 메시지는 요약·설명(Head message)한다.
- 구체적인 자료는 첨부 자료화한다.

(3) 기타

- 최종 문서 작성 전에 상사, 멘토, 동료와 협의하거나 코칭을 구한다.
- 문서 작성 납기를 준수(중간 보고 및 최종 보고 1, 2일 전 confirm)한다.
- 문서가 반려되는 이유를 기록·분석한다.
- 동일 안건에 대한 결재 전후의 문서를 비교 분석한다.
- 문서 작성 체크리스트를 활용한다.
- 문서 작성과 관련된 글쓰기 관련 책자를 학습한다.
- 신문 사설이나 보고서 이슈 관련 동향·기술 자료를 읽고 내용을 1/2 → 1/4 → 한두 줄로 줄인 후 제목을 달아보는 연습을 한다.
- 책을 읽고 일기를 쓴다. 사고력과 표현력이 향상된다.

토의 9-3

신문 사설 한 편을 선정하여 그 내용을 1/4로 축약하고, 사설의 핵심 내용을 잘 표현하는 문장을 3개 이내로 작성해보자. 그리고 사설의 핵심 내용을 사설 제목으로 다시 작성해보고 각자 30초 동안 발표해보자.(엘리베이터 테스트)

과제 1 다음 이메일 작성 실제 사례를 보고 각자 이메일 작성 개선 포인트를 파악해보자.

사례 1

> ☆ **s-ojt참여기업 모집공고문(0720기준)** ✍
>
> ▲ **보낸사람** ☆ 최익상
>
> **받는사람** < ＊＊＊＊＊＊ @gmail.com >, < ＊＊＊＊＊＊＊@vision.com >
>
> **참조** < Jhlee10@vision.com >, < edupartnet@naver.com >, < mjpark@hanmail.net >
>
> ▲ 📎 **일반 첨부파일** 1개 (50KB) 모두 저장
>
> 📥 📄 sojt_모집_공고문(고용부보고0720).hwp 50KB 🔍
>
> 한국산업인력공단에서 "S-OJT참여기업 모집공고문"을 보내왔습니다.
>
> 공유해 드립니다.
>
> 참고해 주십시오.
>
> ＊＊＊＊＊＊＊＊＊＊＊＊＊＊＊＊＊＊＊＊＊＊＊＊＊＊＊＊＊＊＊＊

사례 2

> ☆ **NCS 전문강사 양성과정** ✍
>
> ▲ **보낸사람** ☆ 이사랑<thvm.xm93@naver.com>
>
> **받는사람** <edupartnet@naver.com>
>
> ▲ 📎 **일반 첨부파일** 1개 (166KB) 모두 저장
>
> 📥 ☁ NCS 직업기초능력 전문 강사.pptx 166KB 🔍
>
> 이재희교수님, 안녕하세요.
> 한국HRD기업협회 이사랑입니다.
> 요즘 날씨가 쌀쌀한데 잘 지내시는지요?
>
> 교수님께서 주신 NCS 전문강사 양성과정 설계 내용을 PPT파일로 정리하였습니다.
> 보시고 더 필요한 내용이 있다면, 의견 주시면 감사하겠습니다!
> (수료자격시험이나 강의실습에 대한 내용은 없어서 못 적었습니다.)
>
> 그리고 공통과목과 선택과목의 구분 기준은 무엇인지 궁금합니다.
> 답변 기다리고 있겠습니다, 교수님!
>
> 감사합니다.
> 이사랑 드림

사례 3

☆ **성과지표 개발을 위한 아웃풋 이미지(안)입니다.** 🗐

+ 보낸사람 별친구 <edupartner@hanmail.net> 18.10.13 16:05 주소추가 | 수신차단

− 일반파일 1개 (9KB) 모두저장

⬇ 🔴 공공부문 성과지표 개발 아웃풋이미지_ver1.0_20181012_이재희.hwp 9KB │ 미리보기

김경진 책임연구원님,
안녕하세요, 비전경영연구소 이재희입니다.

지난 목요일(10.4) 보내주신 기초자료를 토대로 성과지표 개발을 위한 아웃풋 이미지를 작성해 보았습니다.
내용 검토하신 후 수정·보완사항 등에 대해 피드백해 주시기 바랍니다.
그리고 SME 워크숍 일정과 참석대상에 대한 안내를 부탁드립니다.

날씨가 많이 쌀쌀해졌습니다. 건강 조심하시기 바랍니다.
감사합니다.

비전경영연구소
이재희 I Ph.D I 경영작가
010-2691-0968
edupartner@hanmail.net
http://leaca.modoo.at
보통사람이 행복한 공동체

과제 2 <그림 9-2>의 SNS를 통한 의사소통 사례를 보고 잘된 점과 부족한 점을 파악해
보자.

 어느 교수의 일상★

저에게는 세상 만물이 다 배움의 원천이며 글감입니다. 신문, 잡지, 책, 저널, 인터넷 자료, 페이스북, 트위터, 블로그 등의 다양한 루트를 통해 글감을 찾습니다.

같이 근무하는 교수님이나 외부의 다양한 사람들과 대화를 하다 보면 생각지도 못한 아이디어를 얻을 때가 많습니다.

일주일에 한 번 정도는 서점에 주기적으로 가서 분야별 신간을 점검합니다. 적어도 책 제목과 목차를 보면서 어떤 트렌드가 나오고 있는지, 어떤 작가가 주로 어떤 문제의식으로 책을 썼는지를 훑어보는 편입니다. 왠지 호기심을 자극하는 책, 저자의 문제의식이나 내공이 남달라 보이는 책, 그리고 색다른 분야를 재미나게 접근했다고 판단되는 책은 분야를 가리지 않고 바로 구입합니다.

시집도 구입을 하는 편인데 시를 통해 영감을 얻기도 합니다. 가급적 일주일에 한 번 영화 한 편을 보려고 노력합니다. 영화를 보면서도 명대사나 명장면이 나오면 기억해뒀다가 글을 쓸 때 영감을 주는 자료로 활용합니다.

글감을 통해서 인용할 만한 문장이나 개념은 바로 메모를 하거나 컴퓨터에 입력해 놓습니다. 제 컴퓨터 폴더는 여러 개로 분류되어 있는데 그중에 대표적인 폴더가 저서와 논문 폴더와 잡글 기고문 폴더입니다.

저서와 논문은 지금 쓰고 있는 논문과 책의 제목대로 정리되어 있어서 책을 읽다가 특정한 부분이 마음에 들면 바로 그 부분을 해당 논문이나 저서를 열어 중간중간에 입력해 놓습니다.

글은 완벽한 준비를 해서 쓰지는 않습니다. 일단 생각나는 대로 쏟아놓고 연결되는 아이디어의 원천을 찾아 다시 완성하기도 합니다. 다양한 글과 책을 읽으면서 쓰고, 쓰다가 다시 글을 읽는 방법이 반복됩니다.

토요일은 주로 별다른 약속을 잡지 않고 주로 집중적으로 책을 읽고 글을 쓰는 시간으로 활용합니다. 글을 쓰는 일은 언제나 생각을 집요하게 물고 늘어지면서 아이디어의 샘물을 길어 올리는 과정입니다.

 ★ 유영만(지식생태학자), 페이스북, 2013. 2. 14. 재정리.

비즈니스
프레젠테이션

미리보기

한국방송광고진흥공사의 '애착 용기 캠페인'을 소개한다. '애착 용기'는 '애정한다, 착한 용기'의 줄임말로, 다회 용기 이용 확산을 위해 고안되었다. 다회 용기에 '애착 용기'라는 이름을 붙여 환경 보전에 대한 실천력을 높이겠다는 취지다. '애착 용기 캠페인'의 모델인 브레이브걸스는 '애착 용기송' 멜로디에 안무를 선보이며, 애착 용기와 함께 깨끗한 지구로 역주행하자는 캠페인 메시지를 전달한다.

비즈니스 프레젠테이션 관점에서 볼 때 한국방송광고진흥공사의 '애착 용기 캠페인' 사례를 통해 벤치마킹할 수 있는 내용은 무엇인가?

연구문제

제10장에서는 다음과 같은 질문에 대해 탐색하고 학습한다.

1 프레젠테이션의 성공을 결정하는 요인은 무엇인가?

2 프레젠테이션은 어떤 절차를 거쳐 준비하고 실행하는가?

3 프레젠테이션의 서론, 본론, 결론을 어떻게 개발하는가?

4 스토리 라인(story line)에는 어떤 종류가 있는가?

5 프레젠테이션 스킬(스피치, 보디랭귀지)을 어떻게 적용하는가?

6 발표 불안증을 어떻게 줄일 수 있는가?

① 프레젠테이션의 정의와 성공 요인

① 프레젠테이션의 정의

프레젠테이션은 정해진 시간 내에 상호 원하는 목표를 달성하기 위해 발표자가 이해관계자에게 사실, 정보, 의견 등을 전달하고 설득하는 과정이다.*

- 프레젠테이션은 서로에게 유익한 것을 지향한다.
- 프레젠테이션은 사실과 정보, 의견을 매개로 이루어진다.
- 프레젠테이션은 상대방으로 하여금 특정한 행동을 하도록 요구한다.

지식 기반 사회에서는 자신이 보유한 정보와 지식을 가공하고 재결합해서 새로운 가치를 창출하는 것이 핵심이 된다. 가치 있는 정보를 기반으로 상호 성장에 도움이 되는 프로젝트를 기획하고 이를 이해관계자에게 설득하여 실행함으로써 모두가 보다 나은 미래를 누릴 수 있도록 하는 것이 중요하다.

② 프레젠테이션의 성공 요인

프레젠테이션의 성공을 결정하는 요인은 프레젠테이션의 목적과 내용, 발표자, 청중, 그리고 발표 장소, 이렇게 네 가지를 들 수 있다

(1) 목적과 내용

프레젠테이션 성공에 영향을 미치는 첫 번째 요인은 프레젠테이션 목적(purpose)의 명확성과 내용의 차별성이다.

- 프레젠테이션은 명확한 목적과 목표가 있어야 한다.
- 프레젠테이션 내용은 청중의 동기와 욕구에 기초하여 개발되어야 한다.
- 프레젠테이션 내용은 객관적 사실과 사례, 정확한 자료를 기초로 개발되어야 한다.
- 프레젠테이션 내용은 차별성, 참신성 그리고 기존의 것보다는 무언가 진일보한 선진성의 세 가지 관점에서 개발되어야 한다.
- 프레젠테이션은 핵심 내용을 중심으로 논리적, 체계적으로 전개되어야 한다.

(2) 발표자

프레젠테이션 성과에 영향을 미치는 두 번째 요인은 발표자 자신(presenter)이다. 발표자의 프레젠테이션 주제에 대한 전문 지식이나 다양한 경험은 프레젠테이션 효과에 결정적 역할을 한다. 또한, 발표자의 열정과 자신감뿐만 아니라 청중을 프레젠테이션에 몰입하도록 하는 다양한 스킬은 프레젠테이션의 성패에 많은 영향을 주게 된다.

(3) 청중

청중(people) 또한 프레젠테이션 성과에 많은 영향을 미친다. 프레젠테이션에 자발적으로 참여한 청중의 경우에는 몰입도가 높은 반면, 여러 가지 비자발적인 이유로 참여한 경우는 몰입도가 낮을 수밖에 없다.

(4) 발표 장소

발표 장소(place)에는 위치와 시청각 시설 등이 모두 포함된다. 발표 장소의 크기와 배열 상태뿐 아니라 마이크와 빔 프로젝터와 같은 시청각 기자재는 프레젠테이션의

★ 박효정·이보람·이재희(2023), 프레젠테이션 전략(개정판), 양성원 p. 15.

효과를 결정하는 데 직접적 영향을 미치므로 사전 점검이 반드시 필요하다.

효과적인 프레젠테이션은 이와 같이 프레젠테이션 목적(purpose)의 명확성과 내용의 우수성, 발표자(presenter)의 전문성과 열정, 청중(people)의 참여도, 그리고 프레젠테이션 장소(place)의 적합성 등이 조화롭게 이루어졌을 때 가능하다. 이를 프레젠테이션 성공을 위한 4P 요인이라고 한다.

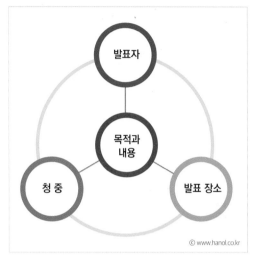

© www.hanol.co.kr

🐝 그림 10-1_ 프레젠테이션의 성공 요인

토의 10-1

팀 프로젝트 발표나 각종 제안 설명, 또는 강의를 하면서(들으면서) 성공한 사례나 실패한 사례를 생각해보고, 해당 사례에서의 성공 포인트, 또는 실패 원인에 대하여 4P 요인에 맞춰 정리해보자. 그리고 그 결과를 다른 사람과 이야기해보자.

② 프레젠테이션의 프로세스

프레젠테이션을 기획하고 실행하는 절차는 '목적 설정, 정보 수집과 청중 분석, 내용 개발, 자료 개발, 연습·점검 및 실행'의 여섯 단계를 따른다.*

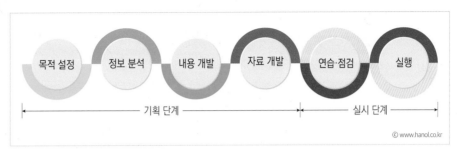

목적 설정 | 정보 분석 | 내용 개발 | 자료 개발 | 연습·점검 | 실행

─── 기획 단계 ─── │ ─── 실시 단계 ───

© www.hanol.co.kr

🐝 그림 10-2_ 프레젠테이션 프로세스

- 프레젠테이션의 목적을 설정한다.
- 프레젠테이션 관련 자료와 정보를 수집·분석한다.
- 서론, 본론, 결론의 각 단계별로 세부 목차를 만든 후 각 목차별 내용을 구성한다.
- 프레젠테이션 내용을 효과적으로 전달하기 위한 시청각 자료를 개발한다.
- 프레젠테이션 과정에서 생길 수 있는 실수와 돌발 상황에 대비하기 위하여 연습 및 점검을 실시한다.
- 효과적인 프레젠테이션 스킬을 습득하여 현장에서 적용한다.

프레젠테이션을 위한 세부 절차에 들어가기에 앞서 프레젠테이션의 개요를 6W1H에 따라 파악하는 것이 좋다.

★ 이재희(2010), 한 권으로 끝내는 기획 & 프레젠테이션, 케이앤제이, pp. 292-379.

표 10-1_ 프레젠테이션의 6W1H

6W1H	내 용
Why	• 프레젠테이션의 배경과 취지는 무엇인가? • 프레젠테이션의 목적과 구체적 목표는 무엇인가? • 프레젠테이션을 위한 핵심 RFP(고객의 요청 사항)는 무엇인가?
What	• 발표의 주요 내용은 무엇인가? 내용을 어떻게 체계화할 것인가? • 발표에 필요한 정보는 무엇인가? 정보를 어디에서 수집할 것인가? • 다른 프레젠테이션과의 차이점은 무엇인가?
Who	• 발표자의 요건은 무엇인가? 발표자의 장단점은 무엇인가? • 누구의 도움을 받을 수 있는가? • 내외부의 전문가 풀(pool)을 어떻게 확보하고 유지할 것인가?
Whom	• 청중은 누구인가? 몇 명이나 되는가? • 최종 의사 결정권자는 누구인가? • 청중과 최종 의사 결정권자의 특성은 각각 무엇인가?
When	• 언제 발표하는가? 몇 번째로 발표하는가? • 발표 시간은 어느 정도인가? • 프레젠테이션 소주제별 시간 배분을 어떻게 할 것인가?
Where	• 어디에서 발표하는가? • 프레젠테이션 장소의 시설과 장비, 매체 지원은 어떤가? • 프레젠테이션 장소의 공간과 좌석 배치는 어떤가?
How	• 프레젠테이션 방법을 어떻게 할 것인가? • 청중과의 상호 작용을 어떻게 할 것인가? • 만일의 경우에 대비한 리스크 플랜을 어떻게 할 것인가?

1 목적 설정과 핵심 콘셉트 개발

성공적인 프레젠테이션을 위해서는 먼저 프레젠테이션의 목적을 설정하고 달성하고자 하는 목표를 확실히 한다. 발표자는 스스로 "프레젠테이션을 통해 달성하고자 하는 것이 무엇인가?"를 묻고 이에 대한 명확한 해답을 찾아야 한다. 목적 설정의 결과는 프레젠테이션의 모든 단계에 대한 기본 방향을 제시하고 오류를 수정해주는 등대와 같은 역할을 한다.

핵심 콘셉트는 청중에게 전달할 메시지를 요약한 주요 개념과 특성으로 청중 설득을 위한 핵심 포인트라고 할 수 있다. 이때 〈그림 10-3〉과 같이 라임(rhyme)을 살리거나 차별화 포인트를 부각시킬 수 있는 메시지를 시각화하여 제시하면 청중의 주의와 관심을 유발할 수 있다.★

🐝 그림 10-3_ 핵심 콘셉트 개발

★ 우리금융그룹의 '2023 우리를 위해 우리가 바꾼다'는 광고 캠페인과 MBC every1의 '대국민 화free쇼' 프로그램은 핵심 콘셉트와 라임을 잘 살린 우수 사례이다.

② 정보 수집 및 분석

목적을 설정하고 핵심 콘셉트를 개발한 이후에는 프레젠테이션에 영향을 미치는 요소들에 대한 다양한 정보를 수집한다. 프레젠테이션의 대상이 누구이고 상황이 어떤가에 따라 동일 주제에 대해서도 프레젠테이션 내용과 전달 방식이 달라질 수 있다. 프레젠테이션에서 정보를 수집하는 대상은 다음과 같다.

- 청중
- 프레젠테이션 평가 기준
- 다른 발표자
- 발표 시간
- 발표장 상황

정보 분석 단계에서 가장 중요한 것은 청중 분석이다. 프레젠테이션은 청중을 중심으로 준비되어야 한다. 가능한 한 청중에 대해 많은 것을 파악하는 것이 좋다.

- 청중은 어떤 사람들인가? (성별, 연령, 학력, 직업, 지위, 인원 측면)
- 그들이 프레젠테이션을 듣고자 하는 목적은 무엇인가?
- 그들은 프레젠테이션에서 무엇을 얻고자 하는가?
- 청중의 수준과 태도는 어떤가?

청중이 무엇을 필요로 하며, 어떤 것에 흥미를 가지고 어떠한 동기로 이 프레젠테이션을 들으러 오는가를 파악한 후, 이를 충족시키는 방향으로 프레젠테이션을 준비해야만 그들의 마음을 움직일 수 있다. 청중 분석은 또한 메시지를 구체화하는 데 도움이 된다. 청중 분석 결과를 토대로 다음과 같은 질문에 대한 윤곽을 파악할 수 있고, 이를 통해 프레젠테이션의 구조와 내용을 결정하게 된다.

- 핵심 차별화 포인트를 무엇으로 할 것인가?
- 어떤 자료와 사례, 예시, 예화를 인용할 것인가?
- 프레젠테이션을 어떻게 전개할 것인가?
  - 쉽게 할까, 어렵게 할까?
  - 이성적으로 어필할까, 감성적으로 어필할까?

- 연역적으로 접근할까, 귀납적으로 접근할까?
- 점잖게 발표할까, 역동적으로 발표할까?

③ 내용 개발

정보 수집 및 청중 분석이 끝난 후에는 먼저 본론의 세부 내용을 개발하고 이를 계열화한다. 그리고 본론 내용을 토대로 서론과 결론을 준비한다. 프레젠테이션은 일반적으로 서론, 본론, 결론의 세 단계로 전개되며 각 단계별 주요 내용은 〈그림 10-4〉와 같다.

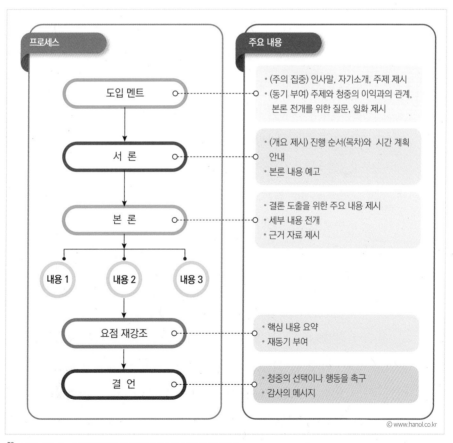

🐝 그림 10-4_ 프레젠테이션 실행 프로세스와 주요 내용

(1) 본론 내용 개발

본론 내용을 개발할 때는 스토리 라인을 고려하여 개발하는 것이 효과적이다. 비즈니스 프레젠테이션에서는 PREST, FABE, OPEC, PREP 스토리라인 등을 활용할 수 있다. 프레젠테이션 주제에 따라 적합한 스토리 라인을 선택하여 사용한다.

📢 PREST 스토리 라인

★ 비즈니스 프레젠테이션은 'PREST 스토리 라인'을 기본으로 한다. PREST 스토리 라인은 Point(결론), Range(범주), Example(예), Solution(방법)과 Summary(요약), 그리고 Thanks(감사·다짐)의 첫 글자를 조합한 것이다. 프레젠테이션의 주제와 내용, 그리고 자료의 정도에 따라 생략되거나 축소되는 사항이 있겠지만 기본적으로 이 구조를 머릿속에 두고 스토리를 구성한다.

- **결론**(Point): 결론이나 주장을 명확히 제시한다.
- **범주**(Range): 결론과 주장에 대한 근거를 범주화하여 제기한다. 하나의 주장에는 가능한 한 3범주의 근거를 제기한다.(결론, 주장의 내용에 따라 달라지지만 근거의 범주는 3~5개 이내로 제한한다)
- **예**(Example): 각 범주별로 3개 정도의 구체적인 예를 제시한다.(역시 근거의 내용에 따라 달라지지만 근거로 드는 예(例)는 3~5개 이내로 제한한다)
- **방법**(Solution): 문제 해결을 위한 프레젠테이션일 경우 각각의 원인(근거)을 해결할 수 있는 방법을 제시한다.(정보 공유를 목적으로 한 대화에서는 이 단계를 생략할 수 있다)
- **요약**(Summary): 지금까지의 내용을 한마디(한 문장)로 요약하여 재강조한다.
- **감사**(Thanks): 상대방의 경청에 대해 감사를 표시하고, 앞으로 열정을 다해 제시된 이슈들을 실행하겠다는 다짐을 한다.

- Point   지식 정보 시스템 도입에 따라 재무적으로 환산할 수 없는 뛰어난 경영 성과를 이룰 수 있었습니다.
- Range   지금부터 지식 정보 시스템 도입에 따른 20xx년 경영 성과를 조직 성과, 부서/팀 성과, 그리고 개인 성과 차원으로 나누어 말씀드리겠습니다.
- Example   먼저 조직 성과로는 모든 구성원들이 비전, 목표, 전략을 공유함으로써 회사에 대한 로열티가 높아졌으며, 자율적 목표 관리 문화가 정착되었습니다. 또한, 일의 추진 현황과 결과가 수시로 모든 직원들에게 공개됨으로써 인사 평가에 대한 불만이 전년도에 비해 25.5% 포인트가 감소되었습니다. 다음으로 부서/팀 성과를 말씀드리면 …(중략)….
- Summary   이상의 내용을 한마디로 요약해서 말씀드리면 지식 정보 시스템 도입은 매우 성공적이라고 할 수 있습니다.
- Thanks   향후 제기될 수 있는 지식 정보 시스템의 제한점을 잘 분석하여 조기 정착할 수 있도록 노력하겠습니다. 감사합니다.

📢 FABE 스토리 라인

★ FABE 스토리 라인은 Feature(기능, 사양), Advantage(제품이나 서비스의 차별적 특성이나 장점), Benefit(제품, 서비스를 구매한 소비자가 누리는 경제, 사회 심리적 혜택), Evidence(구체적 근거, 증거)의 첫 글자를 조합한 것이다.

- Feature   본 상품은 시장 실세 금리를 반영한 확정 금리형 상품으로 약관 대출이 가능합니다.
- Advantage   이 상품은 현재 예적금 상품 중 가장 높은 금리를 드리는 상품입니다. 특히 이 상품은 지금 행사 기간이라 0.5%의 추가 금리를 드리고 있습니다.
- Benefit   따라서 5천만 원 약정으로 오늘 가입하시면 일반 예금보다 585만 원의 추가 이익을 얻게 되시는 셈입니다. 그리고 자금이 필요하실 때에는 중도 해지를 하셔도 원금 보장이 되니까 전혀 부담이 없습니다.
- Evidence   이 상품은 한국경제 신문을 비롯 주요 경제 신문에서도 금리가 높고 안정적인 상품으로 소개되었습니다.

📢 OPEC 스토리 라인

★ OPEC 스토리 라인은 Overview(개관, 요약), Point(결론, 핵심 내용), Example(예), Conclusion(결론, 발표자의 의견)의 첫 글자를 조합한 것이다.

- **Overview** 본 연구는 지금까지 진행되어온 이슈 리더십에 대한 개념 연구와 측정 도구를 이용하여 이슈 리더십 모델을 실증적으로 검증하고자 했다.
- **Point** 연구 결과 리더의 성격과 이슈 리더십과의 관계에 영향을 미치는 성취 지향 조직 문화의 조절 효과를 검증한 결과 외향성과 자기효능감, 주도성 모두에 대해 조절 효과가 없는 것으로 나타났다.
- **Example** 이러한 양상은 다른 조직 문화 유형(역할 지향 조직 문화, 위계 지향 조직 문화)에서도 비슷한 결과를 보이고 있다.
- **Conclusion** 이러한 연구 결과를 바탕으로 실무적인 사사점들을 논의했다. 이슈 리더십과 성과 간의 관계를 규명한 결과 이슈 리더십은 핵심성과 목표 달성도, 직무 만족, 혁신 행동 그리고 리더 유효성 등 주요 조직성과 변수에 정(+)의 영향을 미치는 것으로 밝혀졌다. 이러한 사실은 이슈 리더십의 실무적 차원의 적용 가능성을 한층 높여주는 결과라고 생각된다. 그러나 본 연구는 이슈 리더십의 주요 특징 중의 하나인 오디언스의 개념을 연구 설계에서 반영하지 못하고 기존의 수직적·계층적 관계를 유지하여 연구했다는 한계점을 가지고 있다.

📢 PREP 스토리 라인

★ PREP 스토리 라인은 Point(결론, 핵심 내용), Reason(근거), Example(예), Point(결론, 제안)의 첫 글자를 조합한 것이다.

- **Point** 이 상품 디자인은 시장에서 선풍적인 인기를 끌 것입니다.
- **Reason** 왜냐하면 이 상품은 최근 전 세계적으로 열풍을 불러일으키고 있는 유럽풍의 디자인 요소를 도입했기 때문입니다.
- **Example** 지금 시장에서도 젊은 여성들에게 유럽풍 상품이 잘 팔리고 있습니다. 예를 들면 A라는 유럽풍 상품은 전년 동기 대비 250%의 매출 신장을 보이고 있으며, 올해 출시한 유럽풍의 B상품도 매월 45.6%의 급속한 매출 성장률(최근 6개월 평균)을 보이고 있습니다.
- **Point** 그러므로 이 디자인도 시장에서 인기를 끌 것으로 판단합니다.

 2W1H 스토리 라인

★ 2W1H 스토리 라인은 What(정의, 핵심 내용), Why(목적, 이유), How(방법)의 첫 글자를 조합한 것이다.

> • What 스티커 메시지는 단순성, 의외성, 구체성, 신뢰성, 감성 그리고 스토리의 6가지 핵심 요소를 갖추고 있다.
> • Why 스티커 메시지의 6가지 특성을 이해하고 적용함으로써 고객의 뇌리에 착 달라붙게(stick) 만드는 설득 메시지를 만들 수 있다.
> • How 성공(SUCCESS)적인 메시지를 창출하려면 '간단하고(Simplicity), 기발하며(Unexpectedness), 구체적이고(Concreteness), 진실되며(Credibility), 감정을 불러 일으키는(Emotion) 스토리(Story)'가 필요하다.

 암기(Memory) 기법

미리보기 에서와 같이 암기 기법은 전달하고자 하는 핵심 메시지를 주요 내용의 첫 글자를 연결하여 청중들로 하여금 쉽고 오래 기억하도록 하는 기법이다. 중고등학교 국사 시간에 조선 왕조의 역대 왕을 암기할 때 "태정태세문단세 예성연중인명선…"과 같이 첫 글자만을 연결하여 외운 것이 전형적인 암기 기법이다. 다음은 암기 기법을 활용한 바로선병원의 프로그램 홍보 전략 사례이다.

청진기 프로그램은 '청소년 진로 탐색 기회 제공'의 줄임말이다. 이는 병원 관련 직무에 관심 있는 청소년을 대상으로 멘토링을 실시하여 미래 직업을 미리 체험해 볼 수 있게 하고, 봉사 활동을 통해 건강한 사회 구성원으로 성장할 수 있도록 도와주는 프로그램이다.

그림 10-5_ 암기 기법 적용 사례

구조화 원리

★ 비즈니스 프레젠테이션의 스토리 라인을 적용하기 곤란한 경우에는 다음 원칙에
 따라 내용을 배열한다.
- 단순한 내용에서 복잡한 내용순으로 배열한다.
- 쉬운 내용에서 어려운 내용순으로 배열한다.
- 친숙한 내용에서 생소한 내용순으로 배열한다.
- 구체적인 내용에서 추상적인 내용순으로 배열한다.
- 긍정적인 내용에서 부정적인 내용순으로 배열한다.

(2) 서론의 개발

프레젠테이션 내용 개발이 끝난 다음에는 서론을 준비한다. 서론은 청중의 주의
를 집중하는 동시에 프레젠테이션에 대한 기대를 유발하고 동기를 부여함으로써 분
위기를 조성하는 단계로서, 전체 프레젠테이션 시간의 5~10% 정도를 할애한다.

서론은 프레젠테이션 주제를 도입하며 본론의 내용을 예고하는 기능을 수행한
다. 서론은 주의 집중, 동기 부여 및 개요 제시의 세 가지 요소로 구성된다.

주의 집중(Attention)

★ 인사말과 자기소개를 통해 청중의 흥미와 관심을 유발한다. 이를 위해 발표자는
 청중의 주의를 집중할 수 있는 독특한 인사말과 발표자의 권위와 전문성을 자연
 스럽게 표현할 수 있는 소개 자료를 준비한다.
★ 프레젠테이션 주제를 제시한다.

동기 부여(Motivation)

★ 프레젠테이션 주제나 내용과 관련된 질문, 예시, 일화, 유머, 경험담 등을 활용해
 청중들의 관심을 유발한다.
★ 또는, 프레젠테이션이 청중에게 가져다 줄 도움이나 혜택 등을 제시함으로써 프레
 젠테이션의 중요성과 필요성을 부각하여 경청하고자 하는 욕구를 자극한다.

 개요 제시(Overview)

★ 핵심 주제를 중심으로 프레젠테이션 개요(목차)를 제시하여 발표할 내용을 예고한다. 이를 위해 프레젠테이션의 진행 순서와 주제별 시간 안배 등에 대한 소개 자료를 준비한다.

 **토의 10-2**

당신이 새로 구성된 태스크포스팀(TFT)의 멤버로 참여하게 되었다고 가정하고 킥오프(kick-off) 미팅에서의 인사말과 자기소개 자료를 작성해보자. TFT의 프로젝트 명칭은 개인적 관심에 따라 자유롭게 결정한다. 이때 5년 후의 자신의 모습을 상상하여 자료를 작성하고 다른 사람들 앞에서 발표해보자.

(3) 결론의 개발

결론 단계에서는 본론에서 제시한 내용을 요약 및 정리하고, 프레젠테이션 내용과 관련된 질의, 답변 시간을 갖도록 한다. 또한, 내용의 중요성과 현장 적용 및 실행의 필요성에 대하여 재차 강조한다.

마지막으로 인상적인 인사말로 프레젠테이션을 마무리한다. 결론은 전체 시간의 10~15% 정도를 할애한다. 이와 같이 결론은 핵심 내용이나 중요 아이디어를 재차 강조하는 요약 및 재동기 부여, 그리고 결언으로 구성된다.

 요약 및 재동기 부여(Summary & Remotivation)

★ 프레젠테이션의 내용을 요약하여 핵심 아이디어를 재강조하고 발표자가 궁극적으로 내세우고자 하는 주장을 제시할 필요가 있다. 이때 부연 설명은 피하고, 꼭 강조하고 싶은 아이디어들만을 5가지 범위에서 언급하는 것으로 끝내야 한다. 중요한 내용이 아니면 이 단계에서 새로운 내용은 언급하지 않는다. 준비 소홀로 비춰질 수 있기 때문이다.

📢 **결언**(Closing)

★ 결언에서는 의미 있는 표현을 통해 지금까지 논의했던 내용들이 기억에 남도록 하는 것이 좋다. 청중에 대한 바람이나 결의를 표현하는 것도 좋다. 무엇보다 중요한 것은 긍정적이고 강화된 메시지로 끝을 맺는 것이다. 이를 통해 청중의 마음 속에 강력한 여운을 남기도록 한다. 그리고 감사의 인사말로 마무리한다. 특히 결론에서 중요한 것은 주어진 시간 안에 프레젠테이션을 끝내는 것이다.

④ 시청각 자료 개발

청중은 말로만 들을 때보다 내용을 눈으로 볼 때 더 빨리, 더 정확하게 이해하며 더 오래 기억한다. 프레젠테이션에서 시청각 자료로 활용할 수 있는 대상은 다양하다. 실물을 직접 보여 줄 수도 있으며 모형이나 사진, 그림을 사용할 수도 있다. 어떤 과정이나 연속되는 절차를 보여주어야 할 때는 영상 자료를 활용하기도 한다. 시청각 자료를 개발할 때는 단순화, 일관성, 이미지화(도표, 차트, 그래프, 그림, 영상 자료 활용) 및 컬러화의 원리에 유의한다.

⑤ 연습 및 점검

프레젠테이션의 실시에 앞서 발표자는 충분한 연습을 통해 자신감을 가져야 한다. 프레젠테이션을 준비할 때는 스피치 연습, 실전 연습을 거치게 된다.

(1) 스피치 연습

첫 번째 단계는 원고와 시청각 자료를 중심으로 프레젠테이션 내용을 연설하듯이 자연스럽게 읽으면서 연습하는 방법이다. 스피치 연습은 주로 내용의 논리성과 체계성, 그리고 표현의 적절성을 파악하고 스피치가 자연스럽게 연계되는지 여부를 판단하기 위해 실시한다. 즉, 스피치 연습을 통해 내용이나 스피치가 군더더기 없이 깔끔하게 전개되는지, 전후 내용이 자연스럽게 연결되는지 등을 판단할 수 있다.

또한 발표자 자신의 음성이나 억양, 발음의 명료성, 스피치 속도뿐만 아니라 무의식적으로 자주 쓰이는 의미 없는 말, 예를 들어 "아, 어, 음, 애, 말이야, 정말" 등과 같은 어벽이 있는지 여부를 체크할 수 있다.

(2) 실전 연습

실전 연습은 원고와 시각 자료를 가지고 정해진 시간 내에 실제로 프레젠테이션을 하듯 스피치와 함께 필요한 제스처를 쓰면서 연습하는 방법이다. 실전 연습은 스피치 패턴 이외에 얼굴 표정, 시선 처리, 자세, 제스처의 자연스러움 등을 종합적으로 개선하기 위해 실시한다.

3 프레젠테이션의 실제

앞서 제7장에서 기술한 비언어적 커뮤니케이션 내용을 기본으로 하여 프레젠테이션 상황에서의 바람직한 발표 기법에 대해 살펴본다.

1 프레젠테이션 스피치

프레젠테이션 스피치는 자연스러움과 변화를 핵심으로 한다. 특히, 프레젠테이션을 할 때는 일상적으로 대화할 때보다 발음을 명료하게 하는 것이 중요하다.

(1) 자연스럽게 말한다

프레젠테이션할 때도 평상시 대화하는 것처럼 청중과 상호 작용하면서 자연스럽게 말하는 것이 중요하다. 그러나 자연스러움이 지나쳐 무의식중에 상황에 어울리지 않는 표현이나 부적절한 예시를 함으로써 프레젠테이션에 결정적 오류를 범하지

않도록 주의해야 한다. 홈쇼핑 완판 쇼호스트들의 연이은 막말과 부적절한 발언으로 사회적 물의를 일으켰던 사건은 발표에서의 순간 실수가 얼마나 치명적 결과를 가져올 수 있는지 여실히 보여준 사례이다.

일반적으로 프레젠테이션 상황에서는 심리적 긴장으로 스피치 속도가 빨라지고 목소리의 톤이 높아지므로 평상시 대화할 때보다 조금 천천히 말하면서 목소리를 낮추고 핵심 포인트를 강조한다.

(2) 스피치에 변화를 준다

프레젠테이션 스피치에서 가장 유의하여야 할 점은 단조로움을 피하는 것이다. 조용하고 낮은 음으로 변화 없이 평이하게 반복되는 모노톤(monotone)의 스피치는 청중을 졸리게 하거나 다른 생각을 하게 만든다. 따라서 프레젠테이션에서는 음의 강약과 고저장단, 그리고 완급을 적절하게 구사하여 스피치에 변화를 준다.

- 목소리는 너무 커도 신경에 거슬리고, 작아도 문제가 된다. 발표 장소의 크기, 청중 수 등을 고려하여 목소리의 크기(volume)를 정한다. 뒷좌석의 청중이 들을 수 있을 정도의 크기가 적당하다.
- 힘이 실린 강하고 확신에 찬 목소리는 열정과 자신감을 나타낸다. 중요한 단어나 문장을 말할 때는 강하게 발음한다.
- 중요한 내용을 말할 때는 톤을 낮게 유지하며 천천히 한다.
- 핵심 단어는 반복해서 이야기한다.
- 어조의 변화(vocal variety)를 통해 생동감 있는 발표를 한다. 때로는 강하게, 때로는 약하게 말하면서 강약을 조절한다. 때로는 길게, 때로는 짧게 말하면서 장단을 조절한다.
- 억양(pitch)도 중요한 표현의 요소이다. 때로는 높게, 때로는 낮게 말하면서 고저를 조절한다.
- 속도(rate)를 조절하여 중요 부분을 강조한다. 때로는 빠르게, 때로는 느리게 말하면서 완급을 조절한다. 적절한 시점에 가끔씩 말을 멈추는 것(pause) 역시 청중의 주의를 집중시킨다.

- 청중에게 전달되는 마이크 소리의 크기(볼륨)를 확인한다. 소리가 끊기는지, 툭 툭 튀는지 여부도 확인한다.

(3) 언어적 습관(어벽)을 고친다

사람에 따라 습관적으로 반복하는 의미 없는 말이나 듣기 거북한 소리가 있다. 이를 어벽이라고 하는 데, "그~, 저~, 애~, 어~, 음~, ~말이야, 그리고, 그런데, 어쨌든" 등과 같은 말이 이에 해당된다. 이런 말은 내용 숙지가 충분하지 않을 경우 문장과 문장, 단어와 단어를 잇는 연결사의 역할을 한다. 스피치 연습을 통해 가능한 한 사용하지 않도록 한다.

(4) 목(소리)을 관리한다

피로는 목소리를 거칠고 갈라지게 하므로 프레젠테이션이 있는 경우에는 충분하게 휴식한다. 과도한 음주나 흡연, 큰 소리로 노래하는 것은 성대에 부담을 주므로 피해야 한다. 따스한 물이나 생강차, 모과차를 자주 섭취한다.

(5) 직접 화법을 사용한다

간접 화법보다는 가급적 직접 화법을 사용한다. '~라고 합니다, ~일지 모른다, 아마~' 등과 같이 간접 화법을 자주 사용하면 자신감이 없어 보일 뿐 아니라 발표 내용에 대해 믿음이 가지 않는다.

(6) 내용을 자연스럽게 이동시킨다

프레젠테이션 주제, 또는 내용이 바뀔 때는 다른 주제나 관점으로 이동한다는 것을 알림으로써 논의를 자연스럽게 이동하도록 한다. 예를 들면 다음과 같다.

> • "(대항목 이동 시 정리 및 예고) **지금까지** 우리는 디지털 마케팅의 개념과 현황에 대해 살펴보았습니다. **다음에는** 기업들의 디지털 마케팅 성공 사례를 통해 디지털 마케팅의 유형과 각각의 기법들이 현장에서 어떻게 적용되고 있는지에 대해 말씀드리도록 하겠습니다."
> • "(전이) **지금까지** 우리는 성공 기업의 디지털 마케팅 사례를 살펴보았습니다. **지금부터는** 이러한 사례를 심층적으로 분석하여, 자사의 디지털 마케팅 전략 방향을 규명해보겠습니다."

2 보디랭귀지

프레젠테이션에서는 발표 내용 이외에 발표자의 외모와 복장, 얼굴 표정, 시선 맞춤, 그리고 자세와 제스처 같은 비언어적 메시지도 설득에 많은 영향을 미친다.

(1) 외모와 복장

때와 장소에 맞는 옷이 따로 있다. 프레젠테이션할 때의 복장은 보수적인 것이 무난하며, 감청색 계열의 정장이 바람직하다.

프레젠테이션 복장은 평상복보다 다소 고급스러운 것이 좋지만 청중에게 위화감을 주지 않는 수준이어야 한다. 또 배지나 신분증이 있으면 패용하는 것이 발표자에 대한 신뢰감을 형성하는 데 도움이 된다. 아울러 스마트폰이나 열쇠고리 등 불필요한 소지품은 미리 꺼내 놓는다. 메모할 수 있도록 간단한 필기구와 손수건 정도만 지참하는 것이 좋다.

여성인 경우 지나친 장신구의 착용은 메시지 전달에 장애가 될 수 있다. 따라서 번쩍이는 팔찌나, 목걸이, 요란스러운 반지 등은 삼가는 것이 좋다. 장신구가 청중이 메시지를 경청하는 데 저해 요소가 되지 않아야 한다.

(2) 얼굴 표정

얼굴 표정은 상대방에게 호감을 주느냐 못 주느냐에 결정적 영향을 미친다. 프레젠테이션을 할 때의 이상적인 얼굴 표정은 미소를 짓는 것이다. 미소는 보는 사람들로 하여금 즐겁고 유쾌한 기분이 들게 한다. 또한, 자신감 있는 표정으로 상황을 주도하는 느낌을 주는 것도 중요하다.

끝으로, 내용에 따라 얼굴 표정을 적절하게 변화시켜야 한다. 즐거운 이야기를 할 때는 즐거운 표정을, 확신에 찬 이야기를 할 때는 확고한 표정을, 깊은 사고를 요하는 이야기를 할 때는 골똘히 생각하는 표정을 지어야 한다. 즉, **얼굴 표정은 프레젠테이션 내용과 일치하도록 한다.**

포커페이스(poker face)라는 말이 있다. 포커를 칠 때 자신이 가진 카드를 상대방이 눈치채지 못하도록 무표정하게 있는 것처럼, 자기 속마음을 좀처럼 나타내지 않는 사람의 무덤덤한 얼굴 표정을 가리키는 말이다. 발표할 때 포커페이스는 하지 말아야 한다.

(3) 시선 맞춤

프레젠테이션을 할 때는 청중이 아무리 많더라도 그 중의 한 사람과 대화한다는 기분으로 특정 사람을 바라보면서 하는 것이 좋다. 그리고 여러 사람들을 골고루 바라보면서 하되, 시선을 너무 자주 바꾸지 않는다.

📢 청중의 얼굴을 바라본다

★ 청중이 아무리 많더라도 청중 중에서 한 사람의 얼굴을 보고(1:1 direct contact) 대화하듯 자연스럽게 프레젠테이션을 한다. 허공을 바라본다거나 슬라이드 자료만 본다거나 프레젠테이션장 바닥을 내려 보는 등 청중과 시선을 마주치지 못하는 발표자는 자신감이 없어 보인다. 고개와 눈은 가능한 한 청중 쪽을 향해야 한다.

📢 청중을 골고루 바라본다

★ 너무 한곳(사람)만 바라보는 것은 좋지 않다. 지그재그(zig zag)로 시선을 적절하게 안 배하면서 여러 사람과 눈을 마주치는 것이 좋다. 이때 호의적인 반응을 보이는 청중이 있으면 그 쪽을 더 자주 보게 되는데, 이렇게 되면 자신감도 생기고 열정적으로 프레젠테이션할 마음이 든다.

📢 시선을 자주 바꾸지 않는다

★ 시선을 자주 바꾸면 산만한 느낌을 줄 수 있으므로 하나의 의미를 갖는 내용을 이야기할 때는 한 사람과 얼굴을 마주보며 발표한다. 이를 'OSOP(One Sentence One Person) 원리'라고 한다.

(4) 자세 및 제스처

프레젠테이션할 때의 자세와 제스처는 자연스러움이 생명이다. 편안한 자세로 프레젠테이션 내용에 적절한 제스처를 쓰는 것이 이상적이다.

📢 자세

★ 프레젠테이션할 때는 두 발을 어깨너비로 벌리고 체중을 양발에 균등히 실은 상태에서 허리와 어깨를 곧게 펴고 편안하게 서는 것이 좋다. 또, 너무 한곳에 머무르기보다는 일정 범위 안에서 자연스럽게 움직이며 프레젠테이션하는 것이 편안하다.

★ 한쪽으로 비딱하게 서거나 청중에게 등을 보이는 자세는 가능한 한 피한다. 또, 몸을 좌우 혹은 앞뒤로 산만하게 움직이는 것은 청중의 주의를 분산시키므로 하지 않는다.

★ 슬라이드를 보며 설명할 때는 정면으로 있는 것보다는 약간 비스듬하게(약 120도 각도) 서서 하는 것이 청중을 바라보기 쉬워 편안하다. 슬라이드에서 너무 멀리 떨어져 있으면 청중의 시선이 발표자와 슬라이드 양쪽으로 분산되므로 가급적 슬라이드 가까이에 선다.

📢 제스처

★ 제스처는 말을 통하여 전달되는 메시지의 의미를 명확하게 해주며, 특정 내용을 강조하는 기능을 하고, 청중의 시선을 모으는 역할을 한다.

★ 제스처의 크기와 빈도는 프레젠테이션의 성격과 청중의 규모에 따라 달라진다. 정치 연설이나 강연, 또는 많은 고객을 대상으로 프레젠테이션할 때는 정열적으로 하는 것이 필요하므로 제스처가 크고 많아야 한다.

★ 소수의 권위 있는 청중을 상대로 아이디어를 제시하거나 연구 결과를 보고할 때는 차분하게 논리적으로 프레젠테이션하는 것이 더 효율적이다. 이럴 때는 제스처도 절도 있게 필요할 경우에 한해 제한적으로 한다. 바람직한 제스처는 다음과 같다.

> • 프레젠테이션 내용과 일치해야 한다. 즉, 내용에 따라 강조해야 할 부분에서는 크고 강하게, 그렇지 않은 부분에서는 작게 하여 변화를 준다.
> • 제스처는 머리 위나 허리 아래로 내려가지 않는 것이 좋고, 좌우로는 양 어깨로부터 30센티미터 이상 벗어나지 않는 것이 좋다.
> • 제스처가 너무 많으면 주의를 산만하게 할 수 있으므로 필요할 때 적절하게 하는 것이 중요하다.

★ 프레젠테이션할 때는 다음과 같은 자세나 제스처에 주의를 기울이도록 한다.

> • 손을 앞으로 모으는 것은 자신감이 없어 보인다.(아담 제스처)
> • 뒷짐을 지는 것은 거만하게 보여 좋지 않은 인상을 줄 수 있다.(Handcuff 제스처)
> • 손을 주머니에 넣는 것 또한 거만하게 보인다.
> • 손은 의식적으로라도 머리 부분으로 가져가지 않는다. 손으로 머리를 만지는 것은 뭔가 실수를 했다는 의미로 받아들여진다.
> • 손가락이나 포인터로 청중을 가리키지 않는다. 누군가를 가리켜야 할 때는 손바닥을 곧게 펴서 손 전체로 한다.

토의 10-3

세바시나 TED 등의 강연 프로그램을 하나 선정해서 들은 후 강연자의 강의 스피치와 외모, 복장, 얼굴 표정, 시선 처리, 자세, 제스처 등에 대해 관찰해보자.
강연자의 강의 스킬 중에서 잘한 점과 보완해야 할 점에 대해 생각해보고 자신의 의견을 팀원들과 공유해보자.

③ 발표 불안증 대응 방법

발표 불안증은 자신의 생각과 아이디어, 정보를 전달하거나 발표하는 것에 대해 지나치게 두려워하고 불안해하는 심리적 증상을 말한다. 발표 불안증이 심할 경우 가슴이 두근거리거나 목소리가 떨리고 말 더듬거림, 손 떨림, 땀 흘림 등과 같은 신체적 증상이 나타난다.

발표 불안증은 정도의 차이는 있지만 누구나 겪게 되는 지극히 자연적인 현상이다. 발표할 때는 누구나 다 떤다. 누가 조금 덜 떠느냐의 차이일 뿐이다. 프레젠테이션할 때 나타나는 발표 불안증을 극복하기 위한 방법에는 다음과 같은 것들이 있다.

(1) 경험을 쌓는 것이 최선이다

경험은 가장 위대한 스승이다. 기회 있을 때마다 청중 앞에 서라. '발표를 많이 하는 것'은 무대 공포증을 극복하는 최고의 처방이다. 부담이 되는 발표나 두려운 상황에 직면해서 실제로 떨어도 보고 실수도 해보고, 박수도 받아 보는 등 여러 가지 감정을 직접 느껴봐야 한다. 아무리 이론적으로 무대 공포증 해결 방법을 많이 알고 있다고 해도 실제 경험을 통해 훈련되지 않으면 발표 불안증 극복은 불가능하다.

처음에 도저히 용기가 나지 않으면 거울을 보고 혼자 연습한다. 이렇게 연습하여 자신감이 생기면 한두 사람을 대상으로 하는 쉬운 발표부터 시작하여 많은 사람을 대상으로 하는 발표까지 서서히 강도를 높여간다.

(2) 철저히 준비하고 연습한다

철저한 준비와 충분한 연습은 자신 있게 프레젠테이션할 수 있는 좋은 방법이다. 내용을 충분히 숙지하고 실제로 프레젠테이션하듯 연습해보면 불안감이 감소된다.

이때 **특히 프레젠테이션의 도입 부분을 반복하여 연습한다.** 대부분 프레젠테이션 초반부에 가장 긴장하고, 서론 부분을 성공적으로 마치면 자신감을 가지고 발표를 진행할 수 있기 때문이다. 반대로 도입부에서 실수하거나 당황하게 되면 준비한 내용을 제대로 전달하지 못하고 실패하는 경우가 많다.

(3) 이미지 트레이닝(image training)을 한다

모든 것은 마음먹기에 달려 있다. '혹시나' 하면서 잘못될 경우를 생각하다 보면 점점 자신감을 잃게 되지만, 열심히 준비했는데 '잘못되면 얼마나 잘못되겠어' 하는 마음가짐으로 편안하게 생각하다 보면 자신감이 생긴다. **긍정적인 자기 암시와 상상은 자신감을 불러 일으킨다.**

- 모든 준비가 끝났으면 프레젠테이션을 시작하기 전 약 5~10분간은 조용히 앉아 눈을 감고 자신이 성공적으로 발표하는 모습을 상상한다. 프레젠테이션 장에 입장해서 청중들에게 인사하고 핵심 내용을 중심으로 서론부터 결론에 이르는 전 과정을 마음속으로 그려봄으로써 심리적으로 안정감을 찾을 수 있다.

- 자신의 프레젠테이션에 몰입하고 있는 청중의 모습을 그려본다. 발표가 끝난 후에 청중들이 찾아와 "너무 좋았다."며 말을 건네는 장면을 상상해본다.

- 완벽을 추구하면 실패에 대한 두려움이 생기기 때문에 긴장하기 쉽다. 따라서 '70점만 돼도 성공'이라고 낙천적으로 생각한다.

- 의식적으로 청중을 아무것도 아닌 존재라고 생각한다.
- 다음과 같은 말로 자기 암시를 한다.

- 나는 잘할 수 있다.
- 나는 프레젠테이션을 통해 다른 사람의 삶에 긍정적 영향을 미칠 수 있다.
- 사람들 앞에서 이야기하는 것은 인정받을 수 있는 좋은 기회다. 나는 그 기회를 놓치지 않을 것이다.
- 긴장하는 것은 조금도 부끄러운 것이 아니다. 프로도 긴장한다. 긴장하지 않는 쪽이야말로 이상한 것이다.
- 나는 실패하거나 창피당하는 것을 두려워하지 않는다. 사람은 실패를 통해서 성장한다.

(4) 시청각 자료를 활용한다

시청각 자료를 활용하면 청중을 정면으로 바라보지 않아도 되고, 청중의 흥미를 유발하기도 쉽다. 긴장했다가도 청중들이 호응을 보이면 기분도 좋아지고 자신감도 생긴다.

최근 부서 간의 협업을 통한 조직 성과 달성이 회사의 큰 이슈로 등장했다. 그런데 부문 간 이기주의와 개인주의가 팽배하여 조직 분위기가 예전보다 좋지 않다는 의견이 경영 전략 회의에서 제기되어 사장님이 기획조정실에 우리 회사의 팀워크 향상을 위한 전직원 특강을 2시간 진행하라고 지시했다.*

당신은 기획조정실 실장이다. 회사의 팀워크 향상을 위한 방안에 대한 특강 자료를 준비하고, 그 내용을 다음 월례 전체 직원 회의에서 발표해야 한다.

실제 특강에 앞서 기획조정실 직원들을 대상으로 10분의 예비 프레젠테이션을 하려고 한다. 예비 프레젠테이션을 위한 10분 발표 자료를 준비하고 실제 브리핑을 진행해보자. 이때 어떤 스토리 라인을 사용하는 것이 효과적일지 고려해보자.

★ 프레젠테이션(특강) 주제는 개인적 관심에 따라 적절하게 변경하여 정하도록 한다.

차 한잔의 여유

너에게 묻는다

연탄재 함부로 발로 차지 마라

너는

누구에게 한 번이라도 뜨거운 사람이었느냐

연탄 한 장

또 다른 말도 많고 많지만

삶이란

나 아닌 그 누구에게

기꺼이 연탄 한 장 되는 것

⋮

눈 내려 세상이 미끄러운 어느 이른 아침에

나 아닌 그 누가 마음 놓고 걸어갈

그 길을 만들 줄도 몰랐었네, 나는

안도현(2002), 외롭고 높고 쓸쓸한, 문학동네

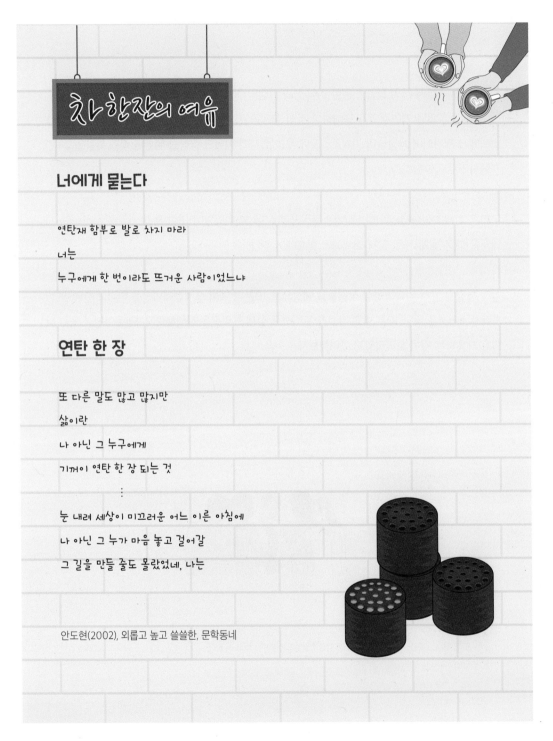

비즈니스
커뮤니케이션

비즈니스 회의

미리보기

고객 만족 경영팀은 팀원 간의 의사소통에 비해 팀장과 팀원 간의 의사소통이 다소 경직되어 있다. 업무 외의 사적인 커뮤니케이션에 있어서는 정치, 경제, 사회, 문화, 연예, 스포츠 등의 다양한 주제에 대해서 허물없이 이야기하는 편이지만 업무적으로는 딱딱한 분위기로 흐르는 경우가 많다. 팀장은 자신의 의견과 다른 팀원의 제안이나 이의 제기에 대해 대부분 부정적으로 반응한다. 특히 회의할 때 이런 경우가 많이 발생한다.

회의 석상에서 팀원들은 팀장의 가치관이나 생각, 의견과 다르게 이야기하기를 꺼려하며, 어쩌다 팀원이 팀장의 의견과 다른 경우 팀장의 언성이 높아지고 회의 분위기가 썰렁해지곤 한다.

더욱이 유사한 사안에 대해서도 팀장은 자신의 감정이나 기분에 따라 전혀 다른 반응을 보이는 경우가 많다. 이러다 보니 시간이 갈수록 팀원들은 회의석상에서 입을 다물고, 어쩌다 의견을 제시할 때도 팀장의 기분 상태를 파악하고 이야기하는 경우가 발생하고 있다.

고객 만족 경영팀의 커뮤니케이션상의 문제점은 무엇인가? 이 사례에서 의사소통 문제점의 원인과 해결 방안에 대한 당신의 의견을 제시해보자.

연구문제

제11장에서는 다음과 같은 질문에 대해 탐색하고 학습한다.

❶ 비즈니스 회의의 목적과 문제점은 무엇인가?

❷ 생산적 회의를 위한 지침은 무엇인가?

❸ 회의 기술은 무엇인가?

❹ 회의 참석자의 책임과 의무는 무엇인가?

❺ 회의 문화 개선 사례를 통해 무엇을 벤치마킹할 수 있는가?

❻ Zoom을 활용한 화상 회의는 어떻게 하는가?

① 회의의 목적과 문제점

1 회의의 목적

회의는 2명 이상이 모여 각자의 생각과 의견, 정보를 자유롭게 이야기하는 과정 속에서 사실과 느낌을 공유하고 더 나은 아이디어를 만들어 가는 집단 지성(collective intelligence)의 장이다. 단지 상사의 생각이나 의견을 일방적으로 지시하고 전달하는 자리가 아니다.

2 회의의 문제점

회의에 관련된 문제점들은 대체적으로 다음과 같다.

- 목적이나 주제가 명확하지 않은 회의를 자주 연다. 회의가 지나치게 많다.
- 회의 주제와 관련이 없는 사람들이 참석한다.
- 같은 문제에 대한 주장과 의견이 장황하게 반복된다. 회의 분위기도 지루해진다.
- 활발한 의견 교환이 이루어지지 않는다. 참석자들이 자신의 의견을 말하지 않기 때문에 다양한 의견이 나오지 않는다.
- 일부 사람들이 회의의 주도권을 쥐고 자신들의 이야기만 일방적으로 제시한다.
- 회의 종료 예정 시간을 넘겨 지루하게 계속된다.
- 대개 아무런 결론도 내리지 못하고 끝난다.

토의 11-1

🏃 미리보기 사례와 같이 회의나 각종 미팅이 예정대로 잘 진행되지 않는 경우가 다반사로 발생한다. 일반적으로 발생하는 회의나 미팅의 문제점을 생각해보자. 그리고 그 원인이 무엇인지, 어떻게 그 문제점을 개선할 수 있는지에 대해 정리한 후 다른 사람과 이야기해보자.

② 생산적 회의 지침

생산적 회의를 위해서는 회의 지상주의 탈피, 회의 주제에 대한 철저한 준비, 경청 후 의견 제시, 그리고 감정적 대립 금지, 이 네 가지가 핵심이다.★

1 회의 지상주의 탈피

회사의 모든 의사 결정을 회의를 통해서 해결하려는 '회의 지상주의'는 실속 없는 회의 문화를 만드는 원인 중 하나다. 상사가 혼자 판단해서 결정을 내리거나 기존의 방식대로 결정을 해도 될 사안임에도 전 부서원들을 모아서 회의를 하는 경우가 있다. 중요하지 않은 사안들까지도 두세 시간 이상 회의를 소집하는 것은 업무 수행에 걸림돌이 되고 스트레스의 원인이 된다.

생산성 높은 회의를 위해서는 회의를 소집하고 안건을 선정할 때 반드시 여러 사람이 모여서 해결해야 할 이슈인지부터 점검해 봐야 한다.

2 회의 사전 준비

직장인을 대상으로 설문 조사한 결과를 보면 피하고 싶은 회의 유형으로 '결론이 나지 않고 돌고 도는 회의'가 제일 많이 제기된다. "하루 종일 회의했는데, 머리만 아프고 얻은 건 없다." 우리가 자주 경험하는 일이다.

이것은 회의 참석자들이 주제에 대해 미리 깊이 고민하고 가능한 해결 방법을 준비하여 참석하기보다는 '회의가 잡혀 있다니까', '회의를 하면 그래도 뭔가 나오지 않을까'와 같은 막연한 생각으로 참석하기 때문이다.

★ 한상엽(2005), 회의 문화를 업그레이드하라, LG주간경제, LG경제연구소, pp. 3-7; 최병권(2007), 성공하는 CEO의 회의비결, LG Business Insight, LG경제연구소, pp. 47-54 내용 요약 정리.

대부분의 회의 참석자들은 회의실에 들어와서야 회의 자료를 보거나 회의 안건에 대한 고민을 시작한다. 이러한 회의 방식으로는 깊이 있는 논의가 이루어질 수

없다. 이런 회의는 대개 참석자들의 진을 빼놓을 만큼 오랜 시간 지속되며, 좀 더 각자 고민해보고 내일 다시 회의하자는 식으로 마치기 십상이다.

결론이 나지 않고 사람들만 지치게 만드는 회의를 없애기 위해서는 회의를 통해 얻고자 하는 목표를 분명히 정해 놓고, 그 목표점을 향해서 달려가야 한다. 이를 위해서는 당연히 회의에 대한 준비가 미리 되어 있어야 한다. 회의 일정이 잡히면 해당 주제에 대한 관련 자료를 검토하고 자신의 생각을 정리하면서 논의할 이슈들을 가다듬는 과정이 반드시 필요하다. 이런 과정을 거쳐야 다양한 의견들이 제시될 수 있으며, 그 속에서 참신한 아이디어가 나올 수 있다.

③ 경청 및 감정적 대립 금지

(1) 경청 후 의견 제시

회의에서 남의 이야기를 끝까지 듣지 않고 중간에 끼어드는 '말 자르기형'의 참석자들이 있다. 이런 유형의 사람들은 상대방이 무언가 의견을 이야기할 때 앞부분만 듣고 나서 모든 것을 다 안다는 듯이 상대의 말을 끊고 자신의 생각만을 쏟아내곤 한다.

회의에서 나타나는 또 다른 유형은 '자기 아집형'이다. 이들은 회의에서 남의 이야기는 끝까지 잘 들어준다. 하지만 그게 전부다. 이런 유형은 상사들에게서 많이 나타나는데, 그들은 결국 "당신 생각은 알겠지만, 이런저런 이유로 안 됩니다.", "그건 그렇고, 내 말대로 합시다."라고 말한다. 상사의 이러한 말들은 회의 참석자들의 맥을 빠지게 한다. 이런 상황이 자주 반복되면 사람들은 더 이상 자신의 의견을 이야

기하지 않게 된다. 결국 회의에서는 다양한 의견이 나오질 않는다.

회의가 사전에 설정된 안건을 중심으로 시간 낭비 없이 효율적으로 이루어지기 위해서는 우선 상대방의 말을 정확히 들으려고 노력하고, 그에 대한 자신의 의견 또한 명확하게 전달하는 습관을 들이는 것이 필요하다. 또한 상대방의 의도를 제대로 파악하지 못했다면 그 순간에 오해를 바로 잡기 위해 질문을 해야 한다.

(2) 감정적 대립 금지

'대화의 심리학'의 저자인 더글러스 스톤(Douglas Stone)은 "나는 옳고 당신은 틀렸다"라는 자세를 갖고 대화에 임하는 사람들이 많다고 지적한다.* 이런 자세가 바로 대화를 통한 생산적인 아이디어 도출이나 갈등 해소를 방해하는 최대의 적이다.

회의를 통해 무언가를 얻어내고 싶어한다면 자신과 견해가 다르다고 해서 감정적으로 대응하는 것은 절대 금물이다. 의견 대립이 있을 때에는 상대가 왜 그렇게 생각하는지를 들어보려는 열린 자세가 필요하다.

④ 브레인스토밍법 활용

브레인스토밍법은 아이디어를 쉽게 내기 위해 창안한 일종의 집단 토의 방법이다. 효과적인 브레인스토밍(Brain storming) 운영 방법에 대해 알아본다.

(1) 인원 구성

- 인원은 5~8명 정도가 적당하다.
- 다양한 배경의 참가자를 선발하는 것이 효과적이다.
- 테마에 대한 전문가를 배제하는 것도 필요하다.
- 사전에 테마를 참가자들에게 공지한다.

★ 더글러스 스톤(2003), 대화의 심리학, 21세기북스

(2) 4가지 규칙

📢 비판 금지

★ 아이디어에 대한 비판을 금지하며 상대방의 말을 중간에 끊지 않는다. 아이디어에 대한 평가나 조언, 충고를 하지 않는다.

📢 다다익선(多多益善)

★ 아이디어의 질보다는 양을 추구한다. 이는 아이디어 양에 비례해서 좋은 아이디어가 나온다는 의미이다. 먼저 사소한 아이디어라도 좋으니 50개든 100개든 내어보라. 그때부터 시작이다. 좋은 아이디어만을 내놓겠다고 잔뜩 도사리면 도리어 나오지 않는다. 다양하고 많은 아이디어 속에서 기발하고 좋은 아이디어가 나온다.

📢 편승 발상

★ 이것은 타인이 낸 아이디어로부터 힌트를 얻어 새로운 아이디어를 내는 것이다. 또한, 이미 제시된 아이디어를 조합하거나 발전시켜 제시하기도 한다.

📢 자유분방

★ 모든 권위나 고정 관념을 배제하고 수용적인 분위기에서 자유로이 생각나는 것을 말하여 그중에서 무엇인가 좋은 힌트나 아이디어를 찾아내려는 것이다.

> • 회의 테이블에 상석(上席)을 지정해두지 않는다.
> • 회의 석상에서 직책(팀장, 파트장 등)을 부르지 않고 호칭을 '~님'으로 통일한다.
> • 자유로운 복장으로 참석한다. 넥타이를 매지 않는다.

(3) 체계적 진행

〈표 11-1〉과 같이 제8장과 제10장에서 기술한 MECE 프레임과 스토인 라인을 적용한다. 이와 같은 MECE 프레임과 스토리 라인의 틀을 회의에서 협의 주제에 따라

적절하게 활용하면 논의 과정을 체계적으로 관리할 수 있다.

표 11-1_ MECE 프레임과 스토리 라인

MECE 프레임*		스토리 라인
요소형 프레임	절차형 프레임	
PEST	As was–As is–To be	PREST
3C	과거–현재–미래	FABE
SWOT	Value chain	OPEC
7S	현황–원인–대책–세부 계획	PREP
4P	분석–설계–개발–실행–평가	2W1H

❶ SWOT 프레임 활용

"먼저 우리 조직에 유리한 영향을 미칠 것으로 예상되는 외부 환경의 기회 요인 (opportunity)에 대한 의견을 나누도록 하겠습니다. … 이번에는 반대로 불리한 영향을 미칠 것으로 예상되는 외부 환경의 위협 요인(threat)에 대해 의견을 나누도록 하겠습니다…."

❷ 2W1H 스토리 라인 적용

"먼저 금번 2/4분기 경영 실적 결과에 대해 공유토록 하겠습니다(what). … 지금까지 말씀드린 경영 실적을 토대로 성공 요인과 실패 요인 각각에 대해 다양한 의견을 나누도록 하겠습니다(why). … 마지막으로 하반기 경영 실적을 어떻게 달성할 것인지에 대한 협의를 하도록 하겠습니다(how)."

(4) 다양한 진행 순서

회의 진행 방식을 다양하게 사용하여 참석자 전원이 의견을 제시할 수 있도록 한다.

★ 미타니 고지(2014), 경영 전략 논쟁사, 엔트리. 이 책에서는 MECE 프레임을 포함한 다양한 전략 도구에 대해 상세히 다루고 있다.

📢 Round Robin

★ 한 사람이 팀원과 아이디어를 공유하기 위한 말을 한다. 다음 사람들도 차례로 아이디어를 제시한다. 전원이 말한 후에야 회의가 종료된다.

📢 Bouncing Ball

★ 한 사람이 볼을 잡고 아이디어를 낸 후 다른 사람에게 볼을 던진다. 볼을 받은 사람은 자신의 의견을 제시한다. 이와 같은 방법으로 계속해서 아이디어를 내도록 한다.

📢 Free Wheel

★ 팀원들은 발표 순서에 대한 제한 없이 자유롭게 아이디어를 공유한다.

③ 회의 진행자와 참석자의 역할

1 회의 진행자의 역할

(1) 회의 전

📢 회의 개최 목적과 그 결과를 예상한다

- 사전에 회의 결과나 결론 부분부터 예측해본다. 회의의 결론을 미리 생각해 봄으로써 회의를 통해 무엇을 얻고자 하는지를 명확히 알 수 있다.
- 논쟁이 예상되는 회의의 경우 발언을 예상하여 대응 방안을 강구한다.
- 사전에 중재안, 절충안 등을 미리 구상한다.
- 가끔 다른 사람이 회의를 주관하도록 한다. 이때 부서장은 일정 시간 동안 듣기만 한다.

 회의 참석 범위를 정한다

- 회의 목적에 적합한 참석자를 선정한다.
- 회의에는 꼭 필요한 사람만 참석한다.

 회의 자료와 준비 사항을 안내한다

- 회의 참석자에게 회의 목적을 명확히 알려주고, 참석자 범위, 회의 시간, 회의장 등을 공지한다.
- 사전에 읽어야 할 문서나 자료 등을 배포하여 미리 검토할 시간을 준다.
- 회의 준비 사항을 공지한다.

(2) 회의 중

 회의 목적과 주요 쟁점을 명백히 한다

- 회의를 시작하기 전에 회의의 목적과 의제, 주요 쟁점, 그리고 최종적으로 얻고자 하는 사항(결과물)에 대해서 설명한다.
- 의제는 구체적 질문형으로 제시하는 게 좋다. 예를 들면, 'ㅇㅇ제품 홍보 전략 수립'이 아닌 "ㅇㅇ제품의 고객 인지도를 25% 증대시킬 수 있는 방법은 무엇인가?"처럼 구체적 목표와 방법을 질문하는 것이다. 질문형 의제는 두뇌를 자극하여 참석자들의 생각을 촉진시킨다.

 회의 진행 절차와 시간, 규칙을 안내한다

★ 회의 진행 절차와 회의 시간, 그리고 회의 규칙에 대하여 안내한다. 각 의제별 할당 시간을 안내하고 이를 준수해 줄 것을 강조한다.

- 회의 시작과 종료 시간을 사전에 정해 놓고 이를 준수한다.
- 모래시계를 회의실에 상시 비치해 둔다.
- 의제별 적절한 시간 배분을 한다.
- 발언 시간 제한(Quota) 규칙을 적용한다. 가능한 한 1인이 1회에 3분 이내로 발언하도록 제시한다. 1인이 발언할 수 있는 총 시간을 제한하는 것도 효과적이다.
- 모든 참석자는 최소한 1회 이상의 발언을 해야 한다.

📢 구성원의 참여와 피드백을 권장한다

★ 회의 진행자는 발언권을 동등하게 하여 모두가 회의에 참여할 수 있도록 한다. 조용히 지켜보고만 있는 사람이 있으면 "○○는 어떻게 생각합니까?"라는 식으로 질문을 던져 참여를 유도한다.

★ 반응이나 피드백을 구하는 것 역시 중요하다. 한 사람의 의견이 발표되면 이에 대한 다른 사람들의 생각을 제시하도록 유도하여 참여자들 사이에 활발한 의견 교류가 이루어지도록 한다.

> · 회의 진행자는 참석자의 의견을 경청하고, 가능한 한 의견 제시를 자제한다. 진행자가 아이디어를 많이 낼수록 다른 구성원들의 아이디어 창출은 반감된다.
> · 회의 중 회의 목적, 주제와 관계없는 한담이 오가지 않도록 한다.
> · 참석자들에게 동등한 발언 기회를 부여한다.
> · 의견 교류가 활발하지 않거나 공개적인 의견 제시가 곤란한 이슈일 경우는 메모지를 돌려(rolling paper) 참석자들의 의견을 적도록 한다.
> · 회의가 너무 과열되지 않도록 조정한다.
> · 논쟁 시에는 논쟁 사항을 메모하고 중립적인 입장을 유지한다.

📢 발표자의 발언 내용을 요약한다

★ 회의 진행자는 필요한 경우 참여자의 발언 내용을 설명하거나 요약한다. 발언 내용이 불분명한 경우에는 발언자에게 "이런 뜻으로 이해했는데 맞습니까?"라는 식으로 확인함으로써 내용을 분명하게 한다.

📢 Sorry, but 화법을 활용한다

★ 'Sorry, but 화법'은 대화 주제를 전환해야 할 경우나 상대방의 이야기가 길어져 상황을 벗어나고자 할 때, 상대의 양해를 구하거나 미안하다고 한 후 자신의 의견이나 요구 사항을 제시하는 화법이다.

- "미안하지만 주장하는 내용을 간단하게 요약해서 이야기해주시기 바랍니다. 아직 우리가 논의할 내용이 많이 남아 있습니다."
- "미안하지만 시간 관계상 여기까지만 말씀을 듣도록 하겠습니다. 나머지 내용은 별도의 시간을 내서 따로 논의하기로 하지요."
- "죄송하지만 최 책임께서 말씀하시는 내용은 우리가 논의하고 있는 주제와 다소 거리가 있는 듯하니 괜찮으시다면 저와 따로 만나 이야기하는 게 어떻겠습니까?"

 측면 지원을 요청한다

★ 측면 지원 요청은 곤란한 상황에서 다른 사람들이 의견을 제시하도록 답변을 유도함으로써 상황을 반전시키는 방법이다.

- "자, 다른 분들은 김 대리의 의견에 대해 어떻게 생각하십니까?"
- "자, 정 과장께서 좋은 의견을 제기했는데, 혹시 다른 분들 중에서 정 과장의 의견에 대해 어떻게 생각하는지 말씀해주실 분 계십니까?"

📢 중요 사항을 기록한다

★ 회의 진행자는 주요 발언, 결정 사항, 핵심 내용 등을 기록한다. 자신이 이를 직접 기록할 수 없는 경우에는 서기를 임명하여 대신 기록하도록 한다.

(3) 회의 종료 직전

📢 최종 발언을 유도한다

회의를 마치기 전에는 모든 사람이 자신의 의견을 발표할 기회를 충분히 가졌는지 확인하는 과정을 거친다.★

★ 캐리 패터슨, 조셉 그레니, 론 맥밀런, 알 스위질러(2014), 결정적 순간의 대화, 김영사, pp. 204~205.

> • "다른 견해를 가지고 있는 분 있습니까?"
> • "뭔가 다른 의견도 말씀해주시기 바랍니다."
> • "여기에 반대되는 의견을 듣고 싶습니다."
> • "혹시 제가 빠뜨린 사항은 없나요?"
> • "지금까지 결정된 사항이 나중에 무슨 문제를 일으키지는 않을까요?"
> • "아직까지 의견을 내지 않은 분들도 있는 것 같습니다."

📢 합의 사항을 공지한다

★ 회의에서 결정된 사항을 간략하게 정리하여 발표함과 동시에 누가, 무엇을, 언제까지 실행할 것인지를 확인한다.

2 회의 참석자의 역할

(1) 회의 전

회의 준비가 안 된 상태에서 회의에 참석하게 되면 맥락을 잘 몰라 제대로 참여할수가 없고, 엉뚱한 발언이나 도움이 안 되는 말만을 늘어놓게 된다.

• 회의 목적을 명확히 알아야 한다.
• 회의의 성격, 참석 범위, 참석자 등에 대해 알아본다.
• 어떤 안건이 논의될 것인가를 알아본다.
• 회의 자료를 사전에 숙지한다.
• 의제에 대한 자신의 의견, 견해를 정리해 둔다.
• 자신의 의견에 대해 예상되는 질문이나 반론 사항에 대한 필요 자료와 답변을 준비한다.
• 조직의 입장을 대변하는 회의에 참석할 경우 상사와 상의하여 입장을 조율한다.

(2) 회의 중

 적극적으로 참여한다

★ 회의에 참석하여 침묵으로 일관하거나 무관심하게 방관만 하고 있으면 자기 자신
이 얻는 것도 없고 다른 사람들에게도 도움이 되지 않는다. 회의에 참석했으면 적
극적으로 참여하는 자세를 가져야 한다.

> • 이해가 잘 되지 않는 경우에는 보다 자세한 설명을 부탁하고, 중요한 내용은 기록한다.
> • 필요한 경우에는 질문을 통해 자기가 옳게 이해하고 있는지를 확인한다.
> • 반대 의견에 대해서도 존중하는 태도를 보인다. 감정적으로 대처하지 않는다.

 독점하지 않는다

★ 회의는 혼자서 하는 것이 아니라 여러 사람과의 협조 속에서 이루어지는 것이다.
그러므로 하고 싶은 말이 많더라도 다른 사람들이 발표할 기회를 주고 그들의 말
을 경청하는 인내를 가져야 한다. 모두가 고루 참여할 때 각자의 만족도 높아지고
집단에 대한 소속감도 강화된다.

 회의의 기본 예절을 지킨다

❶ Do 리스트

> • 회의 시간을 엄수한다.
> • 일시와 장소를 확인해 둔다.
> • 상대방의 의견을 경청한다.
> • 중요한 안건이나 좋은 내용은 발언자의 이름과 함께 메모해둔다.
> • 순서에 맞게 논리적으로 발언한다.
> • 간단하고 정확하게 의견을 제시하고 답변한다.
> • 자신이 궁지에 몰리더라도 절대 흥분하지 않는다.
> • 사회자에게 적극적으로 협력한다.

❷ Don't 리스트

- 다른 사람의 말을 중간에 자르지 않는다.
- 감정적인 발언은 하지 않는다.
- 의제와 관계없는 이야기를 해서 시간을 낭비하지 않는다.
- 부정적인 발언을 많이 하지 않는다.
- 상대가 발끈할 만한 질문이나 반대 의견은 표현하지 않는다.
- 자신의 의견을 타인에게 강요하지 않는다.

(3) 회의 종료 후

 회의 결과를 검토한다

★ 회의가 끝나기 전에 자신이 해야 할 역할에 대해 확인한다. 만약 자신이 무엇을 해야 하는지 분명하지 않을 경우에는 질문해야 한다.

- 합의 사항을 숙지한다.
- 회의에서 합의되고 결정된 사항, 스스로 실행하겠다고 약속한 사항은 반드시 지킨다.
- 회의에서 결정된 사항이 자신이 속해 있는 부서나 업무에 어떤 영향을 주는지를 분석한다.
- 미비한 점은 없었는지를 반성하고 다음을 대비한다.

3 회의 문화 개선 사례

(1) 삼성의 337 운동

 3가지 사고

- 필요한 회의만 개최한다.
- 최대한 간소하게 한다.
- 다른 회의와 통합하여 횟수를 줄인다.

 3가지 원칙

- 회의 없는 날을 지정한다.
- 회의 시간은 1시간 이내로 제한한다.
- 회의 결과 기록은 1장으로 완결짓는다.

 7가지 지침

- 시간을 엄수한다.
- 회의 경비를 공개한다.
- 참석자를 제한한다.
- 회의 목표를 정확히 설정한다.
- 회의 자료를 사전에 배포한다.
- 참석자는 전원이 발언한다.
- 결정 사항을 기록하고 공유한다.

(2) SK텔레콤의 2949 미팅

- 미팅은 29분 안에 끝낸다.
- 회의는 가능한 한 49분 안에 끝낸다.(알람 시계를 사용한다)
- 회의를 늦게 시작하는 경우에도 정시에 끝낼 수 있도록 한다.(회의는 정해진 안건을 마칠 때까지 하는 것이 아니라 시간을 정하고 거기게 맞게 결론을 내는 것)

(3) LG의 111 회의 문화 캠페인

- 회의 자료는 최소한 1시간 전에 공유한다.
- 회의 시간은 1시간 이내로 한다.
- 회의 결과는 1시간 이내에 공유한다.

토의 11-2

5~6명의 그룹을 만들고, 각 그룹별로 특정 주제를 선정하여 20분 정도의 회의를 실행한 후 수행 과제의 '토론평가표'에 따라 회의 생산성을 평가해보자.(p. 287) 그 결과를 토대로 향후 개선점에 대해서 토의해보자.

④ Zoom을 활용한 화상 회의

화상 회의는 대부분 Zoom이나 구글 Meet, Microsoft Teams, Skype, EBS 온 클 등의 상호 작용 플렛폼을 통해 이뤄진다. 여기서는 Zoom을 활용한 화상 회의에 대해 기술한다.

Zoom은 화상 회의, 온라인 회의, 채팅, 모바일 협업을 하나로 합친 원격 회의 서비스를 제공한다. Zoom 프로그램의 기본 옵션은 무료로 최대한 100명의 참가자가 참여해 화상 회의를 할 수 있으며, 호스트가 되기 위해서는 회원 가입이 필요하다. 회의 참가자는 로그인 없이 이름 등 간단한 정보를 입력한 후에 참여할 수 있다. 화상 회의를 하려면 〈표 11-2〉와 같이 기본적으로 웹캠이나 마이크 등의 준비물이 필요하다.

표 11-2_ 화상 회의를 위한 준비물

구 분	내 용
웹캠	• 컴퓨터나 노트북에 연결하여 녹화를 가능하게 해주는 장비(카메라)로 데스크톱에는 별도로 구매해서 장착해야 하지만 노트북에는 대부분 웹캠이 내장되어 있다.
마이크	• 웹캠이나 노트북에는 기본적으로 마이크가 내장되어 있지만 만족스러운 성능을 위해서는 외부 마이크를 사용하는 것을 권장한다.
조명	• 필수는 아니지만 조명 기구가 있다면 양질의 영상을 전달할 수 있다.
크로마키	• 진행자 후면에 크로마키를 설치하여 배경을 제거하고 화면에 사람 모습만 보이게 할 수 있다.

① Zoom 프로그램 이해

Zoom을 활용하여 화상 회의를 하고자 하는 입문자를 위해 Zoom의 기초적인 기능만을 소개한다. 유튜브에 Zoom을 활용한 화상 회의 방법에 대한 동영상 자료들이 많이 업로드되어 있으므로 본문 내용을 참고로 하여 병행 학습하면 어렵지 않게 화상 회의를 할 수 있다. 다만 시행착오는 필수이다.

(1) Zoom 홈 화면 살펴보기

Zoom 홈 화면은 〈그림 11-1〉과 같이 새 회의, 참가, 예약, 화면 공유, 채팅, 회의, 연락처, 내 상태 표시로 구성되어 있다. 각각에 대한 설명은 〈표 11-3〉과 같다.

🐝 그림 11-1_ Zoom 홈 화면

🦋 표 11-3_ 홈 화면의 기능

구 분	내 용
새 회의	• 예약 없이 바로 회의실을 개설하여 화상 회의를 할 때 사용한다. 스피커와 마이크가 제대로 작동하는지 '스피커 및 마이크 테스트'를 클릭하여 확인한다.
참가	• 게스트가 회의에 참가하기 위해 회의 ID 또는 개인 이름을 입력하고 참가한다. 회의 참가 시 오디오나 비디오를 연결하지 않고 참여할 수 있다.
예약	• 회의 주제와 날짜, 시간, 회의 기간 등을 예약할 수 있다. 회의 ID는 '자동으로 생성'으로 지정한다. 무료 회의일 경우에 암호는 필요 없다. 유료 회의일 경우에는 암호(비밀번호)를 입력한다. '대기실'은 클릭 상태로 둔다. [고급 옵션]을 선택하여 '입장 시 참가자 음소거'를 클릭하고 저장한다.
화면 공유	• 자신이 사용하는 PC의 화면을 공유할 수 있다.
채팅	• 참가자와 문자를 이용해 채팅하거나 회의 중에 채팅한 내용이 표시된다.

구 분	내 용
회의	• 〈그림 11-2〉는 예약한 회의 목록을 표시한다. [편집] 버튼을 클릭하여 회의 정보를 수정하거나 삭제할 수 있다. 초대 복사를 클릭하면 초대 URL이 한 번에 복사된다. 회의 ID, 비밀번호, 초대 URL을 카카오톡이나 이메일로 공유하여 회의 관련 사항을 공지한다. 회의 중에도 '회의 정보'를 클릭하여 회의 관련 정보를 복사, 회의 참가자를 초청할 수 있다.
연락처	• 참가자들의 연락처를 추가하거나 중요도 표시를 할 수 있고, 앱이나 클라우드 연락처로 등록하거나 연결이 가능하다.
내 상태 표시	• 현재 내 상태를 대화 가능, 자리 비움, 방해 금지 등으로 표시가 가능하며, 내 프로필과 도움말 등을 확인할 수 있다.

🐝 그림 11-2_ 회의 예약 목록

(2) 환경 설정하기

〈그림 11-3〉의 환경 설정 화면에서 일반, 비디오, 오디오, 화면 공유, 채팅, 배경 및 필터, 녹화, 통계, 바로 가기 키 그리고 접근성에 대한 옵션을 선택한다. 일반적으로 〈표 11-4〉에 제시된 대로 설정(클릭)한다.

🐝 그림 11-3_ 환경 설정 화면

🦋 표 11-4_ Zoom 화면 설정

구 분	내 용
일반	• 듀얼 모니터 사용 • 회의 컨트롤 항상 표시 • 내 연결 시간 표시
비디오	• 카메라 HD/ 내 비디오: 내 비디오 미러링, 내 모습 수정 필터 • 참가자 비디오에 참가자 이름 항상 표시 • 비디오 회의에 참가할 때 항상 비디오 미리보기 대화 상자 표시
오디오	• 스피커 테스트/ 마이크 테스트 • 볼륨 자동 조정 • 회의에 참여할 때 컴퓨터로 자동 오디오 연결
화면 공유	• 화면 공유 시 창 크기 선택(전체 화면 모드) • 공유 콘텐츠가 Zoom 창에 맞도록 확대/축소 • 회의에서 내 화면을 공유할 때: 데스크 톱 자동으로 공유
채팅	• 오디오 메시지 표시 버튼 • 링크 미리보기 포함 • 15분 동안 비활성화 상태이면 '자리 비움'으로 변경
배경 및 필터	• 가상 배경 선택

구 분	내 용
녹화	• 로컬 기록: 내 기록 저장 위치 지정 • 회의가 끝날 때 기록 파일을 저장할 위치 선택 • 화면 공유 중 비디오 기록
프로필	• 내 프로필 편집, 프로필 업그레이드
통계	• 전체, 오디오, 비디오, 화면 공유 정보 제시
바로가기 키	• 단축기 정보 제공
접근성	• 참가자가 회의에 참가함/회의에서 나감(호스트만) • 참가자가 대기실에 참가함/회의에서 나감(호스트만) • 호스트가 오디오를 음소거함

② Zoom을 활용한 화상 회의 방법

(1) 화상 회의 화면 살펴보기

화상 회의 화면은 〈그림 11-4〉에서 보듯이 비디오 참여 표시 창과 하단의 설정 옵션, 그리고 오른쪽의 참가자 관리 창으로 구성된다.

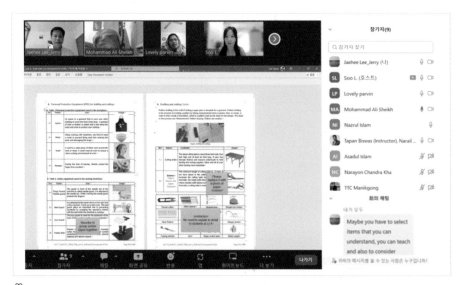

🐝 그림 11-4_ 화상 회의 화면

'화상 회의 화면'에서는 〈표 11-5〉에서 보는 바와 같이 화상 회의 관리 및 설정에 필요한 다양한 기능을 제공하고 있다.

표 11-5_ 화상 회의 화면의 기능

구 분	내 용
비디오 참여 표시 창	• 회의 운영자(호스트)나 회의 참석자의 비디오가 표시된다. 주로 얼굴에 맞춰 표시한다.
음소거	• '마이크' 아이콘을 클릭하여 발표자의 음성을 제거한다. 회의 참석자 모두에 대해서 음소거를 하려면 '참가자 관리' 아이콘을 클릭한다. 참가자 목록 화면에서 '모두 음소거'를 클릭한다.
비디오 시작 중지	• '비디오 시작' 아이콘을 선택하면 화면상에 자신의 비디오가 표시되지 않고 이름만 표시된다.
보안	• 회의실 잠금부터 대기실, 채팅, 화면 공유 등의 사용 여부를 선택한다. 호스트는 화상 회의에 참여한 참가자 중에서 특정인을 대기실에 대기시킬 수 있다. • [대기실 기능] 대기실에서 대기하게 되면 회의에 참석할 수 없으며, 호스트의 허락이 있어야 회의에 참여할 수 있다.
참가자 관리	• 오른쪽에 별도의 화면이 표시되어 참가자를 대기실이나 채팅, 비디오 및 오디오 제어 관리를 한다.
채팅	• 공개 또는 비공개로 채팅이 가능하다. '받는 사람'을 지정하여 참가자와 1:1로 채팅이 가능하다. '파일'을 클릭하여 자료를 공유할 수 있으며, 전송받은 파일은 다운로드하여 바로 확인이 가능하다. 이모티콘을 통해서 질문이 있는 사람을 확인하거나 참가자의 반응을 즉각적으로 확인할 수도 있다.
화면 공유	• 자신의 PC에서 사용하고 있는 프로그램을 참가자와 공유할 수 있다.
기록	• '기록' 아이콘을 클릭하면 회의 장면이 기록된다. 기록 위치를 선택할 수 있다. 기록 시 오디오 포함 여부를 선택한 후 기록한다.
반응	• 회의 참가자가 이모티콘으로 자신의 반응을 표시할 수 있다.
참가자 옵션 메뉴	• 참가자 비디오 표시 창 오른쪽 상단에 옵션 메뉴가 표시된다. 해당 참가자의 비디오와 오디오 관리 및 채팅, 대기실 이동이나 회의 강퇴 등을 설정한다.
회의 참가자 목록	• 회의 참가자를 선택하여 오디오와 비디오 제어가 가능하며, 대기실 참가자를 회의실로 초대할 수 있다.
회의 종료	• 화상 회의를 종료하거나 회의실에서 나갈 때 사용한다. '종료' 버튼을 클릭한다. 전체 회의를 종료하기 위해서 '모두에 대해 회의 종료'를 선택한다. 본인만 나갈 경우는 '회의 나가기'를 선택한다.

(2) 호스트의 PC 화면 공유하기

회의 자료나 기타 자료를 참가자들과 공유할 수 있다. Zoom에서 참가자가 자료를 보면서 발표하기 위해서는 〈그림 11-5〉와 같이 '화면 공유'를 클릭한다. 공유할 화면을 선택하고 우측 하단의 '공유 버튼'을 클릭한다. 고급 기능을 활용하면 공유하고 싶은 부분을 선택하여 '화면 일부'만을 공유할 수 있다.

🐝 그림 11-5_ 화면 공유하기

(3) 소회의실 만들기

팀별 모임을 위해 소회의실을 원하는 개수만큼 만들고 참가자들을 할당할 수 있다. 소회실 기능을 통해 오프라인에서의 토론과 같은 조별 활동을 할 수 있다. 이때 참가자들의 참여를 촉진하기 위해 소모임 주제부터 조원의

역할, 발언 순서 등과 같은 명확한 활동 가이드라인을 제시하는 것이 좋다.

(4) 특정 참가자 관리하기

 특정 참가자 발표시키기

★ 회의 진행 중에 [추천비디오] 기능을 이용하여 특정 참가자에게 발표를 시킬 수 있다. 선택된 참가자는 비디오 화면에 확대되어 표시된다.

 특정 참가자 강퇴시키기

★ 호스트는 회의실이나 대기실에 참석한 참가자 중에서 잘못 들어온 참가자를 강퇴시킬 수 있다. 강퇴를 당한 참가자는 해당 회의에 다시는 참여할 수 없다.

(5) 회의 참여 촉진하기와 주의 사항

회의 참여 촉진하기

★ 진행자가 화상 회의에서 참가자의 회의 참여를 촉진하기 위한 방법으로 다음과 같은 것들이 있다.★

- 전체 참여자가 한 화면에 보일 수 있도록 인원을 편성하고 화면 셋팅 값도 조정한다.
- 비디오를 켜고 서로 얼굴을 볼 수 있게 한다.
- 음성 기능은 소거하도록 요청한다(음소거). 의견을 이야기할 때만 음성 기능을 활성화한다.
- 회의 자료와 진행자, 참석자를 번갈아서 보여준다.
- 참석자들의 이름을 부른다.
- 진행자는 참석자와 1:1 커뮤니케이션을 자주 한다.
- 진행자의 제스처나 멘트를 적극 활용한다.
- 채팅창을 이용해 참석자가 실시간으로 참여하게 한다.
- 조별 소회의실을 만들고, 조별 회의 활동을 모니터링하고 피드백한다.
- 구글 잼보드, 구글 오피스 프로그램, 패들렛, 멘티미터 등과 같은 참여형 플랫폼이나 앱을 활용한다.

★ 이재희(2021), 인적자원개발, 양성원, pp. 267-271.

📣 주의사항

★ 화상 회의를 성공적으로 진행하기 위해서는 몇 가지 주의 사항이 있다.

- 회의를 진행하기 전에 인터넷 연결 상태를 확인하고, 화상 회의 플랫폼을 미리 테스트한다. 기술적인 문제가 발생할 수 있으므로 미리 기술 지원팀과 연락해 놓거나 기술 문제에 대응할 수 있는 준비를 한다.
- 대규모 원격 회의의 경우 충분한 대역폭이 필요하다. 가능한 한 유선 인터넷을 사용하고, 와이파이를 사용할 때는 다른 사람들과 공유하지 않는 것이 좋다.
- 회의 시작 전에 참석자들은 마이크, 스피커, 웹캠과 같은 하드웨어가 제대로 작동하는지 테스트한다.
- 주변이 혼잡하지 않고, 조명이 충분한 장소에서 진행한다.
- 한 공간에서 여러 명이 회의에 참여할 경우에는 개인별로 이어폰을 사용하여 회의에 집중할 수 있도록 한다.
- 멀티 타이머(Multi Timer)나 포커스 키퍼(Focus Keeper)와 같은 애플리케이션을 활용하여 회의 시간을 관리한다.
- 원격 회의에서는 데이터 보안 문제가 발생할 수 있으므로 회의를 진행하는 동안 이를 예방할 수 있도록 조치를 취한다.
- 회의를 녹화하고, 회의록을 작성한다. 이를 통해 회의 내용과 결론을 다시 확인할 수 있다.

토의 11-3

유튜브를 통해 Zoom을 활용한 화상 회의 방법에 대해 자기 주도 학습을 해보자.

❶ 이를 바탕으로 화상 회의 생산성을 높일 수 있는 방법에 대해 토의한다.
❷ 온라인상에서 회의 진행자와 참석자, 참석자와 참석자 간의 상호 작용을 촉진시킬 수 있는 방법에 대해 토의한다.
❸ 화상 회의에서 흔히 발생하는 실수와 이를 예방하기 위한 방법에 대해 토의한다.

수행
과제

'워마드의 급진적 페미니즘 논란에 대한 우리의 의견'이라는 주제로 찬성, 반대 팀으로 나누어 토론을 진행해보자. 토론 진행 과정을 토론 평가표에 따라 평가하고 그 결과를 공유해보자.★

토론 평가표

No	평가 항목	점 수				
1	논제에 대한 생각은 참신했는가?	1	2	3	4	5
2	주장이 논리 정연했는가?	1	2	3	4	5
3	의견이 정확하게 잘 전달되었는가?	1	2	3	4	5
4	비판이 적절했는가?	1	2	3	4	5
5	주장이 정직했는가? 조작, 변조, 왜곡 등이 없었는가?	1	2	3	4	5
6	자발적이고 적극적으로 참여했는가?	1	2	3	4	5
7	감정적인 표현이나 대응을 삼가했는가?	1	2	3	4	5
8	상대방 의견을 존중하고 경청했는가?	1	2	3	4	5
9	발언 시간과 순서를 잘 지켰는가?	1	2	3	4	5
10	토론 결과에 승복했는가?	1	2	3	4	5

찬성 측 평가 결과

반대 측 평가 결과

★ 토론 주제는 사회적 이슈에 따라 적절하게 변경하여 정하도록 한다.

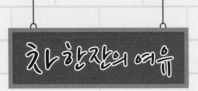 **표현의 자유**

진리에 대한 다양한 비판이 가능한 사회가 철학이 존재하는 열린 사회이다. 이는 어떤 이야기도 전적으로 옳고 전적으로 그릇된 경우는 없기 때문이다.

또한 개인의 지식과 경험, 그에 따른 특정 상황에 대한 결론은 제한적일 수밖에 없다. 개인의 지성은 다양한 사람의 집단 지성을 능가할 수 없다. 타인의 지혜는 개인을 성장시킬 수 있는 기회를 제공하기도 한다.

그리고 어차피 다른 사람의 의견을 듣고 최종 결정을 내려도 손해볼 것은 없다. 더욱이 단지 공적인 의견 제시만으로는 남에게 해를 끼치지 않는다.

따라서 표현의 자유는 마땅히 주어져야 한다. 반대 의견도 자유롭게 이야기할 수 있는 개방적이고 유연한 조직 문화, 소통 분위기를 조성하는 것이 중요하다.

비즈니스
커뮤니케이션

개인과 조직의 의사 결정

미리보기

　스테파니 쿤츠(Stephanie Coontz)의 저서 '진화하는 결혼'에 따르면 결혼의 조건으로 '사랑'이 우선시된 것은 빅토리아 시대(1837~1901) 이후부터 시작되었다고 한다. 인류 역사상 오랜 시기 동안 결혼은 자신과 집안의 정치·경제·사회적 지위를 강화해 나가기 위한 사회적 계약 성격이 강했다. 이른바 정략결혼이 대세였던 것이다.★

　남녀를 불문하고 인생에서 가장 중요한 의사 결정은 다름 아닌 배우자 선택의 문제이다.

　당신은 결혼이라는 인생의 중대사를 결정하는 판단 기준으로 '사랑'보다 '조건'을 우선시했던 중세 이전의 결혼관에 대해 어떻게 생각하는가? 또한, 당신은 결혼 상대자의 기준으로 무엇을 중요시하는가? 중요한 순서대로 세 가지를 선택하고 그 이유를 제시해보자. 이에 대한 의견을 다른 사람과 토의해보자.

★　스태파니 쿤츠(Stephanie Coontz), 김승역 옮김(2009), 진화하는 결혼, 작가정신, 이 책은 인류의 여명기 때부터 고대, 중세, 근대, 현대에 이르는 긴 시기 동안 유럽과 아시아, 아프리카의 결혼과 관련된 각종 문헌과 통계 자료, 학자들의 연구 결과를 취합, 분석하여 결혼의 기원과 결혼을 둘러싼 다양한 해석, 결혼의 발전 방향 등을 이야기한다.

연구문제

제12장에서는 다음과 같은 질문에 대해 탐색하고 학습한다.

❶ 의사 결정을 하기 전에 답해야 할 질문 리스트는 무엇인가?

❷ 개인 의사 결정 기법과 지침에는 무엇이 있는가?

❸ 집단 의사 결정 기법에는 무엇이 있는가?

❹ 의사 결정을 할 때 고려해야 할 사항에는 무엇이 있는가?

❺ 의사 결정의 윤리성 확보 원칙은 무엇인가?

삶에서 의미 있는 단어를 꼽으라고 하면 나는 주저하지 않고 '선택'이라는 단어를 들고 싶다. 행복한 삶을 살기 위해서, 의미 있는 삶을 살기 위해서 우리는 중요한 선택의 상황에 직면했을 때 올바른 의사 결정을 해야 한다. 의사 결정은 크게 개인의 의사 결정과 조직의 의사 결정으로 구분할 수 있다.

① 개인의 의사 결정

개인의 의사 결정은 개인이 혼자서 판단, 선택, 결정하는 과정을 대상으로 한다. 우리는 매 순간 선택의 상황에 직면한다. **현재 나의 모습은 과거 자신이 선택한 결과이며, 오늘의 나의 선택은 자신의 미래 모습을 결정한다.**

🚀 **미리보기** 에서 본 바와 같이 결혼을 사적 영역이 아닌 정치 · 경제 · 사회적 영역으로 보는 과거의 결혼관을 지금의 가치관으로 본다면 이해되지 않고 진화되지 않은 미개한 제도라 할지 모르지만 아이러니컬하게도 결혼 유지율은 과거보다 오히려 감소했다. 이혼율이 높아진 것이다.

이혼율 증가의 원인을 결혼 판단 기준의 변화에서 찾는 것은 다소 무리가 따를 수도 있겠지만, '사랑'이라는 눈에 보이지 않는 묘약의 유효 기간이 '그리 길지 않다'는 사실에 동의한다면 역설적으로 '사랑'을 가정 해체의 주요 요인으로 꼽을 수도 있을 것 같다.

결혼 생활이라는 그 길고도 험한 미래를 유효 기간이 짧은 '사랑'이라는 판단 기준에 따라 결정하는 것보다 비교적 유효 기간이 길고 눈에 보이는 '정치 · 경제 · 사회적 지위(조건)'를 기준으로 결정하는 것이 보다 합리적이지 않을까?

가끔 비슷한 사회 경제적 환경 속에서 자라 같은 해 졸업한 대학 동기들의 현재 삶의 모습을 바라본다. 오랜 세월이 훌쩍 지나 어느덧 장년이 된 친구들은 제각기 다른 곳에서 각기 다른 삶의 모습으로 살아가고 있다. 무엇이 이런 다양한 삶의 모

습을 가져 왔을까? 필자는 '선택'이라고 생각한다.

결혼을 포함하여 우리는 살아가는 과정 과정마다 다양한 의사 결정 상황에 직면한다. 그리고 그 선택의 결과 우리는 서로 다른 삶을 살게 된다. 그만큼 '의사 결정(선택)'은 삶의 행복을 결정짓는 핵심 역할을 한다. 선택을 잘해야 하는 이유이다.

① 올바른 선택을 위한 질문

의사 결정을 위한 질문은 보다 나은 선택을 위해 꼭 필요하다. 개인적 의사 결정을 할 때는 다음과 같은 질문이 유용하다.

- 무엇을 결정해야 하는가?
- 선택을 통해 원하는 것은 무엇인가?
- 언제까지 결정해야 하는가?
- 누구와 협의해야 하는가?
- 선택으로 영향을 받는 사람은 누구인가?

현실에서는 제때에 의사 결정을 하지 못해 혼란을 초래하는 일이 빈번하게 발생한다. 이와 같이 타인의 의견에 과잉 의존하며 결정을 지연하거나 타인에게 위임하는 사람들을 메이비족(Generation Maybe)이라 일컫는다. '결정 장애 세대'의 저자 올리버 예게스(Oliver Jeges)는 풍요롭지만 취업이 어려운 경제 상황, 정보 과잉의 디지털 환경 등이 메이비족을 양산한다고 주장한다. 엠브레인의 조사 자료에 따르면 〈표 12-1〉과 같이 결정 장애의 원인으로 타인의  시선 의식, 다양한 선택지, 결과에 대한 후회와 책임에 대한 부담 등이 제시되었다.

표 12-1_ 결정 장애(선택 장애)의 원인

구 분	%	구 분	%
타인의 시선 의식	26.7	우유부단한 성격	13.3
선택지가 너무 다양	18.0	경제적 여력 부족으로 기회 비용 따짐	9.3
결과에 대한 후회, 책임에 대한 부담	14.0	기타	10.3
자신감 부족	13.3		

★ 자료: 엠브레인(2016.3), N=300(20~40대 남성, 여성 각 150명)

② 개인 의사 결정 기법

선택의 오류를 줄이기 위한 개인 의사 결정 기법으로 장단점 분석 기법과 MECE 매트릭스법, 준거평정법이 있다.

(1) 장단점 분석 기법

장단점 분석 기법(Pros/Cons Method)은 각 대안의 장점과 단점을 나열하여 종합적으로 비교 분석하는 기법으로 결과를 정량화하기 어려운 대안을 평가할 때 유용하다. 운영 절차는 다음과 같다.

- 각 대안별로 장점을 기술한다.
- 각 대안별로 단점을 기술한다.
- 각 대안의 장점과 단점을 비교·평가한다.
- 각 대안별 우선순위를 결정한다.

예를 들어 보자. 김미란 대리는 진로를 놓고 심각한 고민에 빠져 있다. 현재 회사에서 계속 근무하느냐, 다른 회사로 전직하느냐, 아예 직장을 그만두고 그동안 미루어 왔던 해외 유학을 결행하느냐를 놓고 고민하고 있다. 문제는 어느 대안도 명쾌하게 'Yes'로 받아들여지지 않고 밤낮으로 생각이 바뀌는 것이다. 이 문제를 해결하기 위해 장단점 분석 기법을 적용해보았다. 이 기법에 따라 각 대안을 분석한 결과 다른 회사로 전직하는 대안이 가장 적합한 것으로 판단되었다. 현재 회사에 계속 근무

하는 대안은 우선순위에서 가장 낮게 판단되었다. 이를 토대로 김 대리는 다른 회사로 전직하여 3년간 근무한 뒤 과감히 사직하고 해외 유학을 떠나기로 결정했다.

🦋 표 12-2_ 장단점 분석 기법의 적용

대 안	장 점	단 점	평 가
현재 회사에 계속 근무	• 경제적 안정 • 승진 가능성 • 친화적 인간관계	• 비전이 없다. • 일하는 재미 상실 • 성장 가능성 희박	3위
다른 회사로 전직	• 경제적 수입 증가 • 사회적 신분 상승 • 도전감	• 장기 근속의 불확실성 • 높은 리스크 • 부적응 가능성	1위
해외 유학	• 하고 싶은 일 • 미래 가능성 개발 • 도전감	• 경제적 불안정성 • 심리적 불안감 • 지인과의 이별	2위

(2) MECE 매트릭스법

MECE 매트릭스법은 중요한 의사 결정 기준들 중에서 결정 사안에 따라 가장 적합한 기준 두 개를 선정하여 2×2(투 바이 투) 매트릭스에 따라 우선순위를 결정하는 기법이다. 의사 결정 기준으로 활용되는 일반적 기준에는 중요성, 긴급성, 성과(output), 투입(input), 경제성, 현실성, 수용성, 통제성 등이 있다.

📢 Pay-off Matrix법

★ 성과와 투입의 두 가지 기준을 들어 의사 결정하는 기법을 pay-off 매트릭스법이라고 한다. 우선순위 결정 기준은 〈그림 12-1〉과 같다.

📢 중요도-긴급도 매트릭스

★ 일의 우선순위를 결정하는 기준으로 중요성과 긴급성을 많이 든다. 이 두 가지 기준에 따르면 우리가 하는 일은 〈그림 12-2〉와 같이 크게 네 가지로 나누어진다. 즉, 중요하고 긴급한 일, 중요하지만 긴급하지 않은 일, 중요하지 않지만 긴급한 일, 중요하지도 않고 긴급하지도 않은 일이 그것이다.

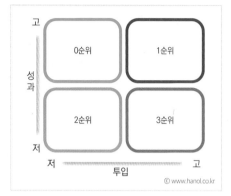

그림 12-1_ pay-off 매트릭스

그림 12-2_ 중요도-긴급도 매트릭스

★ 이제 다음 절차에 따라 자신의 현재 생활을 평가해보자.

- 먼저 당신이 직면하고 있는 일 중에 중요하고 긴급한 일, 중요하지만 긴급하지 않은 일, 중요하지 않지만 긴급한 일, 중요하지도 긴급하지도 않은 일의 네 가지 유형별로 각각 한 가지 이상씩 매트릭스에 기재한다.
- A, B, C, D의 각 셀(cell)에 기재된 일의 종류와 빈도(frequency)를 보고 느낀 점을 이야기한다.
- 네 가지 유형의 일을 어떤 순서에 따라 실행하는 것이 효과적인지 결정한 후, 당신이 생각하는 '바람직한 일의 우선순위'를 제시한다. 예를 들어 '1위 중요하고 긴급한 일(A), 2위 ~한 일, 3위 ~한 일, 그리고 4위 ~한 일'이라고 결정한 후 이에 대한 자신의 의견을 제시한다.[1]

3 개인 의사 결정을 위한 지침

일상의 소소한 의사 결정들은 잘못했다 하더라도 그 영향의 정도가 크지 않고 길게 가지도 않기 때문에 사실 문제될 것이 없다. 그러나 진학이나 진로 문제, 직업의 선택 등과 같은 중요한 의사 결정은 선택의 결과에 따라 '의사 결정의 도미노 현상'처럼 미래의 삶에 두고두고 영향을 미친다.[2] 삶의 향배가 완전히 바뀌는 경우도 많다. 효과적인 개인 의사 결정을 위한 가이드라인에 대해 살펴보자.

(1) 선택의 이분법적 사고

일반적으로 '예/아니오'의 이분법적 사고는 다양한 가치관과 신념을 가진 사람들로 구성된 사회에서는 위험한 사고임에 틀림이 없다. 사회적으로도 이분법적 사고와 그에 기반한 행동으로 첨예한 갈등과 대립이 양산되고 있으며, 그로 인해 막대한 사회적 비용이 발생하고 있다.

그런데 인생에서 중요한 의사 결정을 할 때는 오히려 이분법적 사고가 효과적일 수 있다. 즉, 중요한 선택을 할 때 지나치게 많은 정보를 바탕으로 세밀하게 분석하게 되면 아무 결정도 하지 못한 채 머리만 복잡하고 시간만 지연되는 경우가 발생한다. 이렇게 되면 의사 결정의 타이밍을 놓치게 된다.

일반적으로 선택하지 못하는 것은 미래의 불확실성에 대한 두려움과 현재의 여러 가지 상황적 제약 요인 때문이다. 뭔가 선택을 하자니 이래저래 현실적으로 걸리는 것이 많고, 그런 현실적 장애 요인을 떨치고 선택하기에는 미래가 너무 불확실한 것이다.

그런데 이런 현실적 장애 요인은 시간이 지나고 나서 보면 생각했던 것만큼 그렇게 중요하거나 심각한 것이 아닌 경우가 많다. 더욱이 나중에 상황이 좋아지면 그때 가서 선택하자고 하지만 그때 가면 또 다른 현실적 제약 요인이 생기게 마련이다. 인생 자체가 문제의 연속 상황이기 때문이다. 그래서 **중요한 의사 결정일수록 단순하게 이분법적으로 결정하는 것이 효과적일 수 있다.** '하면 하고 말면 마는 것'이다. 마음속으로 진지하게 질문하고 스스로 답해본다.

- 정말 하고 싶은가, 아닌가?
- 지금 이 시간, 나는 나 자신에게 정직한가?
- 용기와 자신감이 없는 것은 아닌가?

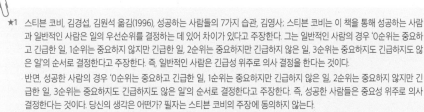

★1 스티븐 코비, 김경섭, 김원석 옮김(1996), 성공하는 사람들의 7가지 습관, 김영사: 스티븐 코비는 이 책을 통해 성공하는 사람과 일반적인 사람은 일의 우선순위를 결정하는 데 있어 차이가 있다고 주장한다. 그는 일반적인 사람의 경우 '0순위는 중요하고 긴급한 일, 1순위는 중요하지 않지만 긴급한 일, 2순위는 중요하지만 긴급하지 않은 일, 3순위는 중요하지도 긴급하지도 않은 일'의 순서로 결정한다고 주장한다. 즉, 일반적인 사람은 긴급성 위주로 의사 결정을 한다는 것이다.

반면, 성공한 사람의 경우 '0순위는 중요하고 긴급한 일, 1순위는 중요하지만 긴급하지 않은 일, 2순위는 중요하지 않지만 긴급한 일, 3순위는 중요하지도 긴급하지도 않은 일'의 순서로 결정한다고 주장한다. 즉, 성공한 사람들은 중요성 위주로 의사 결정한다는 것이다. 당신의 생각은 어떤가? 필자는 스티븐 코비의 주장에 동의하지 않는다.

★2 의사결정의 도미노 현상은 하나의 결정이 그와 연관된 다른 결정들에 영향을 미치는 것을 의미한다. 도미노 현상은 주로 부정적인 측면에서 사용되는데 잘못된 선택이나 나쁜 결정이 다른 결정에 영향을 주어 원하지 않는 결과를 초래하는 것을 말한다.

(2) 선택의 목적과 이유

현실적인 제약 조건을 감수하고라도 선택하고 싶다면 그 목적과 이유가 분명해야 한다. 많은 이유를 생각할 필요도 없다. 머리를 떠나지 않고 반복적으로 떠오르는 생각만 정리한다.

- 선택을 통해 내가 얻고자 하는 궁극적 목적은 무엇인가?
- 변화가 필요한 시점인가?
- 나는 더 나은 대우를 받을 자격이 있다고 믿는가?
- 그 이유는 무엇인가?
- 지금 하지 않으면 5년 후에 나는 무얼하고 있을까?

(3) 최선은 없다

선택이라는 것은 다른 것을 포기한다는 사실을 의미하므로 늘 아쉬움이 따른다. 선택하지 않은 길에 대한 의구심이 늘 있게 마련이다. '만약에 …했다면…했을 텐데'라는 생각은 선택 후에 항상 따라오는 감정이다. 이를 'If의 심리학'에서는 사후 가정(counterfactual) 사고라고 한다.[1]

세상에 완벽하게 좋은 경우는 없다. 득(得)이 있으면 실(失)이 있고 양지가 있으면 음지가 있는 게 세상의 이치이다. 결혼을 해도 후회하고 안 해도 후회한다. 자식이 있어도 힘들고 없어도 고생이다. 뭐든 해도 후회하고 안 해도 후회할 거면 '해보고 후회하는 것'이 낫다. 하지 않으면 시간이 지나도 남는 게 없지만, 하고 나면 무엇이든 남는다. 성공과 실패에 따른 지혜일 수도 있고 그저 경험일 수도 있으며 아련한 추억일 수도 있다. 그 자체가 내 인생의 스토리가 된다.

(4) 선택의 기준

물건 하나를 사도 가능한 한 비싼 것을 고르는 사람이 있다. 여기서 비싼 물건을 구매하는 소비자의 행동이 불합리해보일 수도 있겠지만 그들은 '싼 게 비지떡'이라는 경험에 익숙해져 있으며 그 경험이 대부분 맞다는 것을 생활을 통해 반복적으로 확인하며 살아왔다. 따라서 그들은 좋은 품질의 제품을 구입하기 위해서는 비싼

가격을 지불해야 한다는 고정 관념을 가지고 있을 수 있다.

그래서 '비싼 것=품질이 좋은 것'이라는 판단 지침(judgemental heuristics), 즉 의사 결정의 지름길(기준)을 사용하여 물건을 구매한다.

이러한 선택을 바보스럽다고만 할 수 있을까? 만일 우리가 이러한 의사 결정의 지름길을 사용하지 않는다면 우리는 선택을 요구하는 다양한 상황에서 아무런 결정도 하지 못한 채 그저 정보나 수집하고 분석하고 다시 분석된 정보를 재점검하는 행동만을 되풀이하며 의사 결정의 타이밍을 놓쳐버리는 어리석음을 범할 수도 있다.[2]

평소 중요한 의사 결정 상황에 직면했을 때의 선택 기준을 정해놓는 것이 좋다. 자신이 선택을 통해 얻고자 하는 가치를 실현할 수 있는 몇 가지(3가지 이내) 기준을 정하고 그 기준 안에서도 우선순위를 정해 놓는다.

(5) 일단 저지르고 봐야 길이 보인다

선택은 용기를 필요로 한다. 무엇이든 저지르고 나면 선택할 당시에는 예상하지 못했던 상황이 발생하게 되어 있다. 미리 걱정할 필요는 없다. 걱정한다고 해결되는 것도 사실 없다. 어떤 일을 지나치게 걱정하다 보면 괜한 걱정들로 인해 행동에 지장이 생기는 경우가 자주 있다.[3]

한 번뿐인 인생, 하고 싶은대로 하면서 살아야 되지 않나 싶다. 머리로 생각만 하지 말고 일단 저지르고 봐야 길이 보이는 것 같다.

모든 사람이 '하고 싶은 일'만 하면서 살 수는 없다. 그러나 '하고 싶지 않은 일'을 하지 않을 수 있는 선택의 자유 정도는 유지해야 한다.

★1 닐 로즈, 허태균 옮김(2008), If의 심리학, 21세기북스, pp. 10-13.
★2 로버트 치알디니, 이현우 옮김(2005), 설득의 심리학, 21세기북스, pp. 26-36 핵심 내용 정리.
★3 대니얼 카너먼(2013), 생각에 관한 생각, 김영사, p. 63.

'하고 싶은 일'과 '하고 싶지 않은 일' 두 가지 모두에 대한 선택이 나의 통제권 밖에 있다는 것은 그 이유가 무엇이든 간에 바람직한 상황은 아니다.

(6) 고정 행동 유형

어미 칠면조는 일반적으로 사랑이 많고 사려 깊으며 자식을 정성으로 보호하는 좋은 어미 노릇을 한다. 이러한 어미 칠면조의 자식 사랑법에는 매우 특이한 점이 하나 있다. 그것은 자식 사랑이 새끼 칠면조의 '칩칩'이라는 소리에 의해서만 시작된다는 것이다.

새끼 칠면조의 냄새나 신체 접촉, 그리고 모양새는 어미 칠면조에게 아무런 자극을 주지 않는다. 오직 '칩칩' 소리가 있어야만 어미 칠면조는 자기 새끼를 돌보며, '칩칩' 소리가 들리지 않으면 철저하게 외면하고 심지어는 죽이기도 한다.[1]

이러한 현상은 동물 생태학자인 폭스(Fox, 1974)의 어미 칠면조와 박제된 족제비에 관한 실험에서 분명하게 나타나고 있다. 어미 칠면조와 족제비는 천적의 관계에 있다. 족제비를 발견하면 어미 칠면조는 꽥꽥 소리를 지르고, 부리로 쪼고, 발톱으로 할퀴는 등 살기가 등등하게 대응한다.

실제로 실험자들이 박제된 족제비를 실에 매달아서 어미 칠면조에게 접근시키자 어미 칠면조는 즉각적으로 맹렬하게 공격했다. 그러나 똑같은 박제 족제비에게 녹음기를 내장하여 새끼 칠면조의 '칩칩' 소리를 내게 하자 어미 칠면조는 놀랍게도 박제 족제비를 우호적으로 대할 뿐만 아니라 품에 안기까지 하는 것이다. 그러나 녹음기를 끄자마자 어미 칠면조는 박제 족제비를 다시 공격했다.

어미 칠면조의 모성적 본능은 '칩칩'이라는 소리 하나에 의해 자동 인형처럼 자동적으로 작동된다. 이러한 고정 행동 유형(Fixed-action patterns)은 언제나 똑같은 순서로 그리고 변함없이 일정한 방식으로 일어난다.[2]

개인적인 삶에도 동물들의 이러한 고정 행동 유형이 절대적으로 필요하다. 선택을 위한 고민이나 대안 탐색의 절차 없이 언제나 똑같은 순서로 변함없이 일정하게 진행되는 일이나 대상이 있어야 한다. 여기에 일정한 시각과 시간이 병행되면 더욱 효과적이다. 즉, **매일 똑같은 시각에 시작해서 똑같은 시간 동안 똑같은 일을 반복**(루틴)**하는**

것이다. 그것은 선택의 대상도 아니고 고민의 대상도 아니다. 다른 사람은 물론 자기 자신도 그 일과 그 시간만큼은 통제할 수 없도록 자기 결정하는 것이다. 미래를 위한, 삶의 행복과 가치를 위한 '기약 없는 투자'를 아무 생각 없이 그저 하루하루 실행해 갈 뿐이다.

그런데 **이러한 고정 행동 유형, 기약 없는 맹목적 시간과 노력의 투자가 결국 앞날의 행복과 성공을 가늠한다.** 이 고정 행동 유형의 대상이나 일은 우리 삶에 있어 중요하지만 긴급하지 않은 일들이 대부분이다. 문학과 예술, 역사, 철학적 테마가 그렇고 건강, 가족, 신앙, 봉사, 인간관계, 자기 개발과 관련된 이슈들 또한 이와 관련성이 높다.

다시 한 번 강조하지만 미래를 위해 똑같은 일을 똑같은 시간에 걸쳐 매일 무의식적으로 반복하는 고정 행동 유형이 하나쯤은 꼭 있어야 한다. 우리의 일상에서 중요하지만 긴급하지 않은 일의 반복 실행이 최우선 순위가 되어야 한다.

(7) 무념무상

아무리 생각하고 또 생각해도 결정할 수 없다면 아직 때가 아닌 경우일 수도 있다. 이때는 더 이상 그 문제로 머리 아파하지 말고 아무 생각도 하지 않는다. 좀 더 멀리 바라보고 한동안 현실적 이슈에서 떠나 자기가 아닌 타인이 되어 그냥 내 삶을 조망한다. **매일매일 심각하게, 의미있게 살 필요는 없다.**

토의 12-1

중요하지만 긴급하지 않은 일 중에서 당신에게 최우선 순위로 인식되는 것은 무엇인가? 그 이유는 무엇인가? 이에 대한 생각을 다른 사람과 이야기해보자.

★1 로버트 치알디니(2005), pp. 26-39.
★2 Fox, M. W.(1974), Concepts in etbology: Animal and human behavior, Minneapolis: University of Minnesota Press, 로버트 치알디니(2005), p. 26 재인용.

② 조직의 의사 결정

① 의사 결정을 위한 질문

조직의 미래와 업무 성과를 결정하는 의사 결정을 효과적으로 하기 위해서는 평소 의사 결정의 질을 높일 수 있는 의사 결정 체크리스트를 만들어 활용하고, 의사 결정 이슈에 적합한 의사 결정 기법을 습득하여 적용해야 한다. 조직에서의 효과적 의사 결정을 위해서는 다음의 6가지 질문을 명확히 하는 것이 필요하다.

(1) 무엇을 결정해야 하는가?

이것은 의사 결정 과제를 명확히 하는 것이다. 가능한 한 '…을 …한다'로 구체적으로 표현한다. 예를 들면 "연구 개발 부문 기술직 매니저의 의사 결정 능력을 증진시키기 위한 코칭 운영 방법과 운영 주체를 결정한다"와 같다.

(2) 언제까지 결정해야 하는가?

의사 결정은 타이밍이 매우 중요하다. 언제까지 결정해야 하는지 명확하게 인식하고 이를 지켜야 한다.

(3) 누가 결정하는가?

이것은 최종적인 의사 결정을 누가 하느냐를 명확히 하는 것이다. 개인이 결정할 것인가, 아니면 집단 의사 결정에 따를 것인가를 결정하는 것이다. 즉, 의사 결정 방법을 선택하는 것으로, 이 부분은 의사 결정 결과에 따른 책임 소재와 연계된다.

의사 결정 방법은 의사 결정 과제의 성격과 상황적 요인에 따라 다른 방법을 적용해야 한다. 적합한 의사 결정 방법을 결정하는 데 영향을 미치는 상황적 요인으로는 의사 결정의 중요성과 긴급성, 리더의 문제 관련 정보 수준, 이슈의 구조화 정도, 이

해관계자 집단의 수용성, 구성원 간 갈등의 존재 여부 등이 있다.*

의사 결정 방법은 크게 권위에 의한 의사 결정, 협의에 의한 의사 결정, 다수결에 의한 의사 결정, 그리고 합의에 의한 의사 결정 방법이 있다.

📢 권위에 의한 의사 결정

★ 리더가 현재 가지고 있는 정보를 이용하여 스스로 의사 결정을 내리는 경우이다. 리더는 구성원들로부터 문제 해결에 필요한 단편적 정보를 얻기는 하되, 문제를 정의하고 대안을 발견하고 평가하는 과정에 그들을 참여시키지는 않는다.

📢 협의에 의한 의사 결정

★ 리더는 조직 구성원들과 문제를 공유하며 그들로부터 해결책에 대한 아이디어나 제안을 얻되, 최종 의사 결정은 리더가 한다.

📢 다수결에 의한 의사 결정

★ 민주적 의사 결정 원칙에 따라 '1인 1표'의 투표 방식을 통해 의사 결정하는 방법이다.

★ 이에 대한 자세한 설명은 "백기복(2016), 리더십 리뷰(2판), 창민사, pp. 296~300" 참조. 여기에 소개된 Vroom/Yetton(1973) 모델과 Vroom/Jago(1978) 모델은 처리해야 할 문제를 가지고 있는 리더가 어떤 의사 결정 방법을 선택해야 효과적인 결정을 할 수 있는지에 대한 규범적 틀을 제시하고 있다. 이 모델의 핵심은 의사 결정에 영향을 주는 요인(상황)에 따라 효과적인 의사 결정 방법이 다르다는 것이다.

📢 합의에 의한 의사 결정

★ 조직 구성원들에 결정 권한을 위임하는 경우이다. 리더는 직면한 문제를 구성원들과 그룹으로 공유하며 그들 스스로 대안들을 생각해 내고 평가하여 해결책에 대해 의견 일치를 보도록 한다.

(4) 의사 결정에 앞서 누구와 협의해야 하는가?

이것은 의사 결정의 수용성(acceptance)과 직접적으로 관계된다. 이 절차는 의사 결정 후의 실행 과정과 실행 결과에 많은 영향을 미치므로 세심하게 진행해야 한다. 의사 결정에 앞서 협의해야 할 상대는 내용 전문가/지원 그룹, 실행 주체, 그리고 이해관계자(그룹)가 있다.

📢 내용 전문가/의사 결정 지원 그룹

★ 의사 결정에 앞서 의사 결정 과제와 관련이 있는 내용 전문가가 누구인지 확인하고 그(녀)의 의견을 청취하는 것이 필요하다. 또는 의사 결정 과제에 대한 정보를 제공하거나 조언할 수 있는 지원 그룹이 있는지 알아보고 적극 활용한다. 의사 결정 과정에 가능한 한 다수를 참여시킴으로써 의사 결정에 따른 리스크를 줄일 수도 있고 실행 과정에서 힘(다수의 힘)을 얻을 수도 있다.

📢 실행 주체

★ 조직에서의 의사 결정은 결정하는 사람(그룹) 따로, 실행하는 사람(그룹) 따로인 경우가 많다. 따라서 의사 결정을 하기 전에 의사 결정 사항을 실제로 집행할 실행 주체와 사전 협의를 하는 것이 필요하다. 실행 주체는 의사 결정 사항의 집행에 따른 인력, 예산, 일정 및 제약 요인 등에 대해 가장 잘 알고 있기 때문이다.

📢 이해관계자(그룹)

★ 의사 결정의 실행 결과에 따라서 혜택을 보는 사람(집단)이 있는가 하면 불이익을 당하는 사람(집단)이 있게 마련이다. 그리고 혜택, 또는 불이익의 예상 정도가 크면 클수록 이해관계에 따라 의사 결정 결과를 찬성하거나 반대할 가능성이 커진다.

★ 의사 결정 전에 이해관계자(그룹)와의 사전 협의나 조정 과정 없이 결정을 밀어붙였다가 실행 과정에서 이해관계자의 강렬한 저항에 부딪쳐 의사 결정을 번복하거나 끊임없는 갈등의 반복과 재생산 속에서 조직이 와해되는 경우도 발생한다. 따라서 이해관계자(그룹)와의 사전 협의는 의사 결정 과제가 중요할수록 더욱 신중을 기해야 할 이슈이다.

(5) 결정을 승인, 부결할 사람은 누구인가?

이는 의사 결정 방법과 관련이 있다. 개인 의사 결정인 경우는 최종 의사 결정권자가 누구인지를 확인하는 것이고, 집단 의사 결정인 경우는 의사 결정에 실질적인 영향력을 행사하는 핵심 인물(key man)이 누구인지를 확인하는 것이다. 이를 확인하여 의사 결정 실세의 요구 사항과 스타일을 반영하는 것이 최종 승인을 받는 데 중요하다.

(6) 의사 결정 사항에 대해 누구에게 알려야 하는가?

결정을 하고 난 이후에 의사 결정 사항에 대하여 "누구에게 어느 정도까지 알려야 하는가"를 사전에 검토할 필요가 있다. 의사 결정 실행 부서나 이해관계자(그룹)뿐 아니라 의사 결정 결과에 직간접적으로 영향을 받는 사람(조직)에게 알려야 한다.

의사 결정을 하기 전에 위에서 제시한 6가지 핵심 질문에 대한 답변과 계획을 스스로 명확히 한 이후에 결정하게 되면 의사 결정에 따른 리스크를 줄이고 의사 결정의 질을 높일 수 있다.

2 집단 의사 결정 기법

집단 의사 결정 기법에는 지명반론자법, 변증법적 질의법, 델파이법 등이 있다.

(1) 지명반론자법

지명반론자법은 악마의 주장법(Devil's Advocacy)이라고도 한다. 이 방법은 집단으로 해결안을 모색하고 대안을 평가할 때 특정 개인이나 집단에게 악마의 역할을 부여하여 대안 제시 그룹의 의견을 비평하고 보다 타당성 있는 대안을 요구하도록 하는 기법이다.

이 기법은 복잡하고 불확실성이 높으며 중요한 문제에 대한 해결안을 모색하거나 전략적 의사 결정을 할 때 유용한 기법이다. 지명반론자법의 운영 절차는 다음과 같다.

- 집단을 두 그룹으로 나누거나 구성원 중 몇 명을 선택하여 지명반론자(악마의 역할)에 임명한다. 이때 논리적인 사람을 지명하는 것이 좋다.
- 대안 제시 그룹에서 먼저 해결안에 대한 의견을 제시한다.
- 악마의 역할을 맡은 그룹은 대안 제시 그룹에서 해결안을 제시할 때마다 그 대안이 가지고 있는 문제점을 제기하며 객관적 자료를 요구한다.
- 대안 제시 그룹은 지명반론자 그룹의 요구에 객관적 자료를 가지고 논리적으로 대응한다.
- 두 그룹 간의 이견을 바탕으로 최선의 해결책이 도출될 때까지 이와 같은 방식으로 계속 토론을 진행한다. 이러한 과정을 통해 해결안의 논리적 타당성과 객관성, 그리고 현실성을 강화할 수 있다.

(2) 변증법적 질의법

변증법적 질의법(Dialectical Inquiry)은 상반된 의견을 가진 두 집단 간의 논쟁을 통해 해결안에 숨어 있는 문제점을 분석하고 보다 타당성 있는 아이디어를 탐색하는 기법이다.

이 기법은 지명반론자법과 유사하나 지명반론자법이 반대를 위한 반대의 부정적 입장에서 접근하는 반면에 변증법적 질의법은 반대 입장에서 접근하지만 보다 균형된 시각을 유지하며 새로운 대안을 모색하는 방법이다.★ 구체적인 운영 절차는 다음과 같다.

- 의사 결정에 참여한 집단을 대안에 찬성하는 그룹, 대안에 반대하는 그룹으로 나눈다.
- 찬성 그룹은 해결 대안을 개발하여 그 대안에 숨어 있는 가정과 함께 반대 그룹에 그들의 의견을 제시한다.
- 반대 그룹은 찬성 그룹 대안의 가정과 타당성을 분석하고, 찬성 그룹의 대안과 반대되는 가정과 이에 기초한 새로운 대안을 탐색하여 그 결과를 찬성 그룹에 제시한다.
- 찬성 그룹과 반대 그룹이 서로의 의견을 놓고 토론한다.
- 이 토론에서 살아남은 가정이나 자료를 가지고 두 그룹의 의견을 종합하여 최종 대안을 결정한다.

(3) 델파이법

델파이법(Delphi Method)은 많은 전문가를 한 장소에 모으지 않고 문제 해결이나 의사 결정에 필요한 아이디어나 창의적 대안을 찾아내는 기법이다. 이 방법은 미래 예측이나 기술 변화 예측을 위해 미국 랜드(Rand)사에서 개발한 기법으로 불확실성이 높은 복잡한 문제의 해결 방안을 탐색할 때 유용하다. 이슈나 문제 특성에 적합한 전문가를 선정하는 일이 무엇보다 중요하다.

★ 공존과 소통, 상호 이해를 통해 최적의 의사 결정을 하기 위한 역지사지(易地思之)법이 있다. 이 방법은 의견을 달리하는 두 집단이 서로의 관점을 바꾸어 토의하는 방법이다. 즉, 어떤 이슈에 대해 찬성하는 그룹과 반대하는 그룹이 서로의 입장을 바꾸어 상대방의 관점에서 논리를 전개해 가며 반대편을 설득하는 방법이다.

특정 이슈를 둘러싼 견해 차이가 너무 크고 갈등과 대립의 골이 심각한 수준이어서 서로 합의점을 찾기 힘들 경우 유효한 방법이다. 예를 들어 여당 사람이 야당의 입장에서 의견을 발표하고, 야당 사람이 여당의 입장에서 의견을 제시하는 것이다.

델파이 기법의 적용 프로세스는 다음과 같다.

- 문제를 정의한다.
- 프로젝트 매니저(Project Manager)는 문제 특성에 적합한 전문가들을 선정한다. 이 때 누가 참여하는지 모르게 한다.
- PM은 해결해야 할 문제를 정확하게 기술한 1차 질문지를 전문가에게 서 면이나 이메일 등의 통신 매체를 통 해 제시한다.

- 전문가 집단은 1차 질문지에 대한 답 변, 즉 문제에 대한 아이디어나 해결 책, 건의안을 작성하여 회신한다.
- PM은 전문가들의 의견을 수집하여 재정리한다.
- PM은 재정리한 전문가 집단의 의견을 포함하여 2차 질문지를 전문가 그룹에 게 보내 다양한 아이디어를 공유하고, 이를 토대로 그들의 의견을 다시 구한다. 이때 누가 어떤 해결안을 제시했는지 모르게 한다.
- 전문가 그룹은 2차 질문지에 대한 답변, 즉 문제에 대한 새로운 아이디어나 해 결책을 다시 제안한다.
- PM은 수집된 2차 전문가 의견을 정리하여 모든 전문가와 공유한다. 이러한 과 정을 전문가들이 해결안에 대해 합의할 때까지 반복한다. 전문가들 간에 합의 가 되지 않으면 평가 기준을 정해 각 대안에 대한 상대적 유효성을 결정하고 종 료한다.

이 기법의 장단점은 다음과 같다.

- 전문가 집단 상호 간의 심리적 영향이나 개입을 제거할 수 있다.
- 익명성이 보장된다. 대화 없이 상호 간의 피드백에 의한 반복적 과정을 거친다.
- 서면이나 통신 매체를 통해 일이 진행되기 때문에 의사소통에 제한을 받고 진 행 속도가 느리다.

③ 의사 결정 고려 요인과 윤리성

① 그레셤 법칙과 GIGO

의사 결정의 질(효과성)은 최종 의사 결정을 하기까지의 '시간의 투입'과 '정보의 질'에 따라 결정된다.

(1) 그레셤 법칙

'악화(惡貨)가 양화(良貨)를 구축한다'는 그레셤(Gresham)의 법칙이 있다. 이 법칙은 의사 결정에 있어 중요한 시사점을 제시한다. 수없이 많은 이슈들을 처리하는 데 있어 사람들은 일반적으로 사소한 것들(악화)을 처리하는 데 대부분의 시간을 쓰면서 정작 중요한 일(양화)에 대해서는 별로 시간을 할애하지 않는다.

결정 시한에 임박하여 시간에 쫓기듯 부랴부랴 의사 결정하는 것보다는 평상시에 중요한 이슈(결정 과제)에 관심을 가지고 고민하고 탐색하여 선택하는 것이 효과적이다. 중요하지만 긴급하지 않은 이슈들이 개인이나 조직의 미래 경쟁력을 가늠하는 경우가 많다. 이 같은 중요 과제에 대하여 시간을 가지고 지속적인 노력을 투입하는 것이 필요하다. 이것이 의사 결정의 그레셤 법칙을 벗어나는 유일한 방법이다.

(2) GIGO

GIGO(Garbage In Garbage Out)는 "쓰레기 데이터가 입력되면 쓰레기 결과물이 나온다."는 것이다. 이는 달리 표현하면 'Gold In Gold Out'으로 좋은 자료가 입력되면 좋은 결과물이 나온다고 볼 수 있다. GIGO는 의사 결정과 관련된 정보의 양과 질에 대한 시사점을 주고 있다.

의사 결정 과제나 중요 이슈에 대하여 문제의식을 가지고 평상시에 휴민트[*1], 현장(시장) 방문, On/Off 라인의 대중 매체(인터넷, 전문 저널, 도서, 신문 등), 전문 기관(연구소, 협회, 학회) 등의 각종 정보원(information source)을 통해 관련 정보를 수집, 분석 및 분류하여 관리하고 활용하는 것이 중요하다.

② 스키마와 정보 왜곡

스키마(schema)는 개인이 사회화 과정과 경험, 학습을 통하여 형성하게 된 특정 테마와 연계된 인지 구조와 특성으로 정의한다. 이것은 어떤 현상이나 사람, 사물, 사건 등에 대해서 개인이 머릿속에 형성해 놓은 의미 체계로서, 개인의 판단과 선택에 영향을 미친다. 사람은 특별하지 않은 일상적 현상에 직면한 경우에는 그에 대한 심도 있는 분석의 과정을 생략한 채 자동적, 습관적으로 스키마가 제공하는 판단이나 대안을 선택하게 된다.[*2]

역시 과거 경험과 유사한 상황에 직면한 경우에는 그에 대한 분석·판단 과정을 생략한 채 습관적으로 자신의 경험에 의해 형성된 스키마에 따라 판단하게 된다. 예를 들어, 성장 과정에서 아버지의 가정 폭력에 노출되었던 사람에게 '아버지=폭군'이라는 스키마가 형성되어 있다고 하자. 그(녀)가 성인이 되어서 다른 가족의 가정 폭력 상황에 직면했을 때 그(녀)는 상황에 대한 추가적인 분석이나 평가를 하지 않고 바로 그 가정의 아버지가 모든 문제의 원인 제공자이며 비난받아 마땅한 사람이라고 판단해 버린다는 것이다.

일상에서 반복적으로 발생하는 사건, 사고의 이면에는 평소 업무를 수행하면서 형성된 스키마에 의해 특이 정보가 입력되지 않고 누락됨으로써 발생하는 경우가 많다. 스키마는 커뮤니케이션 과정에서 정보의 생략, 또는 왜곡에 관해 유용한 설명을 제공한다.

③ 애쉬 효과와 사회적 압력

애쉬(Asch) 효과는 사람들이 심리적으로 다른 사람의 의견을 따라 가는 경향을 나타내는 말이다. 즉, 다수가 공유하는 틀린 생각 때문에 개인의 옳은 판단이 영향을 받게 되는 현상이다.

1950년대 초 사회심리학 교수인 애쉬는 '시력 검사'라는 이름의 심리 실험에 참여할 남학생들을 모집했다. 자원한 학생들을 7~9명으로 하나의 실험 집단을 구성하여 검사를 진행했다.[3]

실험에서는 일정한 길이의 직선을 기준선 카드에 표시하고, 비교선 카드에는 3개의 직선을 표시했다. 비교선 카드에 표시된 3개의 직선 가운데 하나는 기준선 카드의 직선의 길이와 일치한다. 7~9명의 학생들은 비교선 카드에서 기준선 카드에 표시된 길이와 일치하는 선을 찾도록 요구받았다. 이러한 검사는 매번 다른 길이로 18번 반복해서 진행되었다. 이러한 실험은 3개 대학에서 100명 이상의 실험 대상자를 상대로 진행했다.

애쉬 교수는 각 실험 집단에 1명의 실험 대상자를 투입했다. 실험 대상자를 제외한 나머지 실험 참가자들은 애쉬 교수로부터 실험에서 어떻게 대답해야 할지를 사전에 지시받은 실험 협조자들이다. 실험 참가자들 전원은 여섯 번의 검사에서는 정답을 말하도록 하고, 열두 번의 검

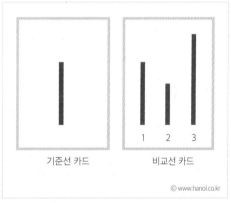

기준선 카드   비교선 카드

© www.hanol.co.kr

🐝 그림 12-3_ Asch 실험[4]

★1 네이버 지식백과; 영어에서 '사람'을 뜻하는 '휴먼(human)'과 '정보' 또는 '첩보'를 뜻하는 '인텔리전스(intelligence)'의 합성어로서 우리말로는 '인적 정보(人的情報)' 또는 '대인 정보(對人情報)'로 풀이할 수 있다. 레이더나 전파 분석 장치 등 첨단 장비를 사용하여 수집하는 정보를 뜻하는 시진트(SIGINT; Signal Intelligence)와 더불어 정보 수집의 양대 축을 이룬다.

★2 백기복(2014), p. 439.

★3 김철환, http://navercast.naver.com/contents.nhn?rid=104&contents_id=3879.

★4 S. Asch(1955), Studies of Independence and Conformity: A Minority of One Against a Unanimous Majority, Psychological Monographs, 20, Whole No.416.

사에서는 모두 틀린 답을 선택하도록 지시받았다. 실험 대상자는 이를 사전에 인지하지 못했다. 이때 실험은 공개적으로 진행되었다. 사전에 지시받은 실험 참가자들의 틀린 답은 누가 보아도 틀렸음을 알 수 있었다. 명확하게 알 수 있는 선의 크기에 대해 앞의 모든 사람이 틀린 답을 선택하는 것을 본 실험 대상자는 크게 당혹해했다.

실험 대상자의 4분의 1만이 앞의 모든 사람이 대답한 선의 크기가 틀렸음을 알고 있는 상태에서 자신이 생각하는 정답을 제대로 대답했다. 나머지 실험 대상자들은 자신은 선의 크기를 정확하게 알고 있음에도 불구하고 앞의 모든 사람이 대답한 틀린 답을 적어도 한 번 이상 따라갔다. 실험 대상자 가운데 일부는 12번 모두 자기 생각을 무시하고 앞의 모든 실험 참가자들이 응답한 틀린 답을 따랐다.

이러한 실험 결과는 어떻게 해석할 수 있을까? 애쉬 교수는 실험이 끝난 후에 앞사람의 오답을 따라간 실험 대상자를 별도로 인터뷰한 결과 이들이 앞 사람이 틀린 것을 알고도 따라갔음을 알아냈다. 이들 가운데 일부는 다른 모든 사람이 선택했으므로 그 답이 옳을 것으로 결론짓고 다수의 그늘로 숨어들어갔음을 인정했다. 애쉬의 실험은 주위의 다수 의견을 일종의 사회적 압력으로 받아들여 자신의 의사 결정에 반영한다는 사실을 확인한 것이다.

④ 의사 결정의 윤리성

모든 선택에는 의사 결정자의 가치 판단이 개입된다. 그리고 의사 결정에 있어 윤리성은 가치 판단 기준으로 매우 중요한 역할을 한다. 이른바 대의명분의 역할을 한다. 대의명분에는 그 어느 기준도 당해낼 재간이 없다.

최근 한국 사회에서 윤리성에 대한 다양한 문제가 제기되고 있다. 예를 들어 대기업의 하도급 업체에 대한 불공정 거래 행위, 직장 내 성희롱, 뇌물 수수, 횡령, 아동 성폭력 등 다양한 사회적 문제가 표출되고 있다. 특히 고위 공직자의 도덕성이 도마 위에 올라 세간의 질타를 받고 있다. 이러한 문제 발생의 원인에는 사회의 구조적 모순과 경제 논리에 밀려나는 도덕적 가치의 붕괴, 심화되는 이기주의 현상 등 여러 가지가 있다.

(1) 윤리성 확보의 원칙

International Paper라는 회사는 종업원들이 의사 결정할 때 윤리적 기준을 준수할 것을 강조하며 다음과 같은 윤리적 판단 기준을 직원들에게 제시하고 있다.★

- 내 행동이 합법적인가?
- 내가 과연 공명정대하고 정직한 행동을 하고 있는가?
- 나중에 스스로 어떻게 느낄 것인가?
- 신문에 보도된다면 어떻게 보일까?
- 오늘 밤 편히 잘 수 있을까?
- 아이에게 무엇이라고 할 수 있을까?

이 회사는 의사 결정의 윤리성을 확보하기 위해 위 여섯 질문에 모두 '예스'의 답이 나올 때까지 계속 자문하라고 권고하고 있다. 의사 결정 주체로서 일을 추진하는 과정에서 후회하지 않는 선택을 하기 위해 깊이 새겨볼 만한 권고 사항이다.

토의 12-2

당신이 소속된 조직이나 집단에서 의사 결정을 할 때 지켜야 할 윤리적 판단 기준은 무엇인가? 만일 없다면 어떤 윤리적 기준이 적용되어야 한다고 생각하는가? 또, 개인적인 의사 결정을 할 때 가장 중요시하는 윤리적 판단 기준은 무엇인가? 당신의 생각을 다른 사람과 이야기해보자.

★ 백기복(2003), 조직행동연구(제3판), 창민사, p. 293.

(2) 길티 플레저

의사 결정의 윤리성과 관련하여 길티 플레저(Guilty pleasure)라는 용어가 흥미롭다. 길티 플레저는 '하지 말아야지' 하는 죄책감을 느끼면서도 그것에서 느끼는 즐거움 때문에 계속하게 되는 행위를 말한다. 즐거움을 주지만 왠지 공개적으로 좋아한다고 말하기는 쑥스럽고 때로 죄책감까지 드는 은밀한 기쁨이라고도 한다.

예를 들어 야한 동영상이나 야설(야한 소설)을 보지 말아야지 하면서도 본다. 인터넷 게임을 하지 말아야지 하면서도 하게 된다. 출생의 비밀이나 복수, 불륜, 패륜, 범죄 등이 나오는 드라마를 막장이라고 욕하면서도 볼 건 다 본다. 길티 플레저는 긍정적이기도 하고 부정적이기도 하다.[1]

힘들고 지친 일상 속에서 자신만의 길티 플레저를 하나쯤 가지는 것도 정신 건강과 스트레스 해소에 도움이 될 수 있다. 그러나 길티 플레저의 속성상 비윤리적, 반도덕적, 비현실적, 비공개적 성향을 가지고 있으므로 지나치게 탐닉하지 않도록 주의해야 한다. 길티 플레저 그 자체는 법을 어기는 것, 즉 범죄 행위는 아니다. 그러나 지나치면 정신 건강에 해로울 뿐 아니라 범죄로 이어질 가능성도 있으므로 주의해야 한다.

의사 결정할 때도 '이래서는 안 되는데…' 하면서도 자신에게 기대되는 물질적, 정서적 혜택 때문에 선택하는 경우도 많다. 사람이기 때문에 '기왕이면 다홍치마'라는 말이 맞기도 하지만 **무엇이든 지나치면 화를 부른다.**(과유불급) 의사 결정의 길티 플레저를 주의해야 한다.

길티 플레저는 사회적 규범과 인간적 욕망이 갈등을 일으키는 일종의 경계성 심리 현상으로 일상에서 흔히 경험하거나 관찰할 수 있는 삶의 모습이다.

- 거래처 직원이 명절이나 생일이 되면 선물을 보낸다. 김영란법에 저촉되는 수준은 아니라 돌려 보내지는 않는다. 무슨 날도 아닌데 식사를 같이 하자거나 현금 봉투를 몰래 주기도 한다.
- 친한 사람들과의 사적 모임에서 직장 상사나 지인들에 대해 하는 뒷담화는 단골 메뉴이다. 남의 잘못이나 단점, 아는 사람만 아는 은밀한 비밀 얘기를 알게 되면 묘한 쾌감을 느낀다.
- 넉넉하지 않지만 먹고 싶은 거 먹고, 사고 싶은 거 사는 편이다. 현금 서비스를

받기도 하고 부모형제나 지인들에게 돈을 빌리기도 한다. 한 번뿐인 인생 걱정하며 살고 싶지는 않다. 저축은 거의 못한다.

- SNS에 올라오는 친구들의 해외 여행이나 호캉스 사진, 에루샤 제품 영상을 보면 부럽기도 하지만 그(녀)는 무엇을 하거나 살 때는 몇 번을 생각하고 고민한 끝에 실행으로 옮긴다. 미니멀 라이프를 지향하고 일상에서 ESG 행동을 실천하려고 한다.

- 오랜 시간 동안 함께해온 사랑하는 사람이 있다. 그런데 최근 자꾸 눈에 밟히고 생각나는 사람이 있다. 그(녀)를 만나 함께 시간을 보내면 즐겁고 편안하다.

- 좋은 식습관과 루틴한 유산소 운동, 깊고 편안한 꿀잠은 건강한 삶의 필수 요건이다. 그럼에도 늦은 밤에 찾아오는 치맥이나 정크 푸드, 군것질로부터의 유혹을 뿌리칠 수 없다.

토의 12-3

길티 플레저는 개인의 가치관과 신념, 성격과 관련이 있다. 다음 지문에 대한 의견을 다른 사람들과 토의해보자.

❶ 길티 플레저 사례 각각에 대한 당신의 생각을 정리해보자. 공감이 가는 사례는 무엇이고 싫어하거나 아슬아슬하게 보이는 사례는 무엇인가?

❷ 개인의 가치관과 신념, 성격에 따라 선호하는 길티 플레저와 빠져드는 정도에 차이가 있는가? 예시를 들어 설명해보자.

❸ 당신에게 판도라의 상자와 같은 호기심과 흥미를 주는 길티 플레저는 무엇인가?[2] 아직 실행하고 있지 않지만 앞으로 하고 싶은 길티 플레저는 무엇인가?

[1] 김헌식(2010), 의외의 선택 뜻밖의 심리학, 위즈덤하우스, pp. 233-388.
[2] 제우스의 뜻에 따라 창조된 처녀인 판도라는 신들이 힘을 기울여 창조한 아름다운 재앙이자, 남자가 결코 거절할 수 없는 매력 덩어리였다. 에피메테우스와 결혼한 판도라가 호기심을 참지 못하고 "절대 열지 말라"는 상자의 뚜껑을 열었더니 그 속에서 온갖 재앙과 질병, 욕심, 질투, 시기 등이 빠져 나와 세상에 퍼지고 평화로웠던 세상은 금세 험악해졌다. 그리고 상자 속에는 희망만이 남았다. 이것이 판도라의 상자(Pandora's box)에 대한 그리스 신화 속의 이야기이다.
판도라의 상자는 호기심으로 인해 생긴 잘못된 일, 또는 해서는 안 될 일을 이르는 말이기도 하다. 한편, 이 이야기 속에는 "세상이 아무리 험악해도 여전히 한줄기 희망은 남아 있다."는 아이러니를 시사하기도 한다.

지난 세월을 돌아보니 현재 내 삶의 모습을 결정짓게 한 몇 번의 중요한 의사 결정이 있었다. 이런 일련의 선택은 내 삶의 방향을 결정짓는 시간의 분기점 역할을 했다. 첫 번째 중요한 의사 결정은 대학의 선택이었고 그 결과 직업의 방향이 어느 정도 결정되었다. 두 번째는 대학 졸업 후의 진로(첫 직장) 선택으로 그로 인해 평생 직업이 결정되었다. 세 번째는 배우자 선택의 문제였으며 그 결과 지금 내 삶의 행복의 원천인 두 딸이 감사하게도 내게로 왔다. 네 번째는 잘 다니던 직장을 그만둘 것인가의 선택이었고, 마지막 선택 상황은 마흔이 넘어 다시 공부를 시작할 것인가의 갈등이었다. 그리고 그 선택의 결과 다행히 살아온 인생의 시간에 대하여 감사한 마음을 가지고 있다.

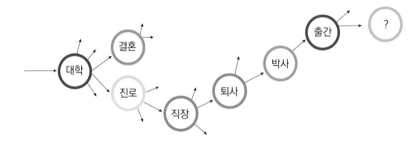

과거의 중요한 의사 결정 경험을 토대로 나의 빛나는 미래 설계를 위한 아이디어를 다음 절차에 따라 찾아보자.

❶ 지금까지 자신이 의사 결정했던 주요 이슈에 대해 생각해보고 어떤 선택을 했는지 확인한다.

❷ 중요 의사 결정 순간에 그 선택을 하게 된 상황이나 이유, 기준에 대해 생각해본다.

❸ 중요한 의사 결정의 결과에 대해 지금은 어떻게 생각(긍정적, 아니면 부정적)하는가?

❹ 이러한 과정을 통해 나온 결과를 토대로 앞으로 중요한 선택을 할 때 어떤 사항을 점검해야 할지에 대한 의견을 제시한다.

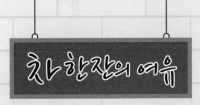 

차 한잔의 여유　선택의 자유

지난 해 연말 지인들과의 모임에서 식사를 마치고 서로 담소를 나눌 기회가 있었습니다. 지인과 이런저런 이야기를 나누다 "이제 우리 평안하고 즐겁게 살 나이가 되었는데, 왜 여전히 이렇게 정신없이 바쁘게 사는 거죠?"라고 농담 반 진담 반으로 물어보았습니다. 그랬더니 그 분이 하시는 말씀 왈 "이 박사님, 누가 말려요?"라고 웃으면서 대답했습니다. 오랜 세월 전, 포기하고 말았던 청춘의 꿈(도전)이 순간 머리를 스치고 지나갔습니다. 여전히 가끔 떠오르는 삶의 미해결 과제입니다.

며칠을 곰곰이 생각해보았습니다. 누군가 내게 "요즈음 무슨 낙(樂)으로 사세요?"라고 질문했을 때와 버금가는 울림이었습니다. 선택의 자유에 대한 생각을 다시 일깨워준 소중한 두드림(Do Dream)이었습니다. 후회를 하나 내려놓을 때가 되어 갑니다.

PART
04
커뮤니케이션
이슈

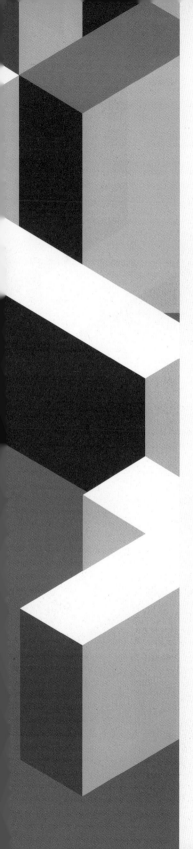

디지털 경영 환경 속에서
조직의 다양성을 관리하는 것이
주요 이슈로 부각되고 있다.

Chapter **13**
성격 유형과 커뮤니케이션

미리보기

    그림을 통하여 자신의 성격을 간단히 알아보자. 다음 빈 네모 Box에 산을 그리고 해와 달, 나무, 집, 그리고 길을 자유롭게 생각나는 대로, 표현하고 싶은 대로 그린다. 마지막으로 뱀을 그린다. 7가지를 모두 그렸으면 옆 사람과 그림을 서로 비교해본다.

연구문제

    제13장에서는 다음과 같은 질문에 대해 탐색하고 학습한다.

❶ MBTI 성격 유형의 4가지 선호 지표는 무엇인가?

❷ 16가지 MBTI 성격 유형별 특성은 무엇인가?

❸ 나의 MBTI 성격 유형과 특성, 그리고 장단점은 무엇인가?

❹ 성격 유형이 다른 사람과 어떻게 의사소통하는가?

❺ MBTI 성격 유형 이론을 현실에서 어떻게 적용할 것인가?

① 성격과 인간 행동

성격(personality, traits)은 주위 환경(사물)이나 다른 사람들에 대해 생각하고 느끼고 행동하는 일련의 반응 양식으로 정의된다. 또한 개인의 행동 패턴을 설명하고 묘사하는 데 사용할 수 있는 안정된 특성이라고도 한다.

예를 들어 어떤 사람은 말이 없는가 하면 어떤 사람은 말이 많고 요란하다. 어떤 사람은 밖으로 나가 사람 만나는 걸 좋아하지만, 어떤 사람은 집안에서 조용히 책을 읽는 걸 좋아한다. 어떤 사람은 정리정돈이 잘 된 깔끔한 환경을 좋아하지만 어떤 사람은 싫어하기도 한다.

우리는 이와 같은 사람들의 '경향성'이나 '선호'를 토대로 성격 특성을 범주화하고 있다. 그래서 성격 유형은 '사람을 분류하기 위해 사용하는 심리적 특성의 집합'이라고 말할 수 있다. **성격은 가치관이나 신념, 태도와 마찬가지로 개인의 행동을 설명하고 예측하는 데 활용된다.**[*]

🔖**미리보기** 에서 그린 그림을 다음의 '성격 진단 가이드 라인'에 따라 해석해보자. 먼저 그림의 전체적인 구성을 살펴본다. 그림의 공간 배치를 고려하여 한 폭의 풍경화처럼 그린 사람이 있고, 산, 해와 달, 나무, 집, 길, 그리고 뱀을 독립된 객체처럼 차례대로 그리거나 분리하여 그린 사람이 있다. 풍경화처럼 그린 사람은 이성보다는 감성과 같은 정서적 기능이 발달한 사람으로 관계 지향적 성향을 보인다. 이들은 규격화된 삶을 싫어하고 자연을 사랑하고 풍류를 즐기고자 한다. 각각의 그림을 분리해서 차례대로 그리거나 상하좌우로 규격을 맞추어 그린 사람은 대체로 계획적이고 꼼꼼한 성향을 나타낸다. 그러나 유연성이 부족하며 감성보다는 이성이 발달하여 주어진 틀이나 규칙에 순응하며 일탈을 두려워한다. 책임감이 강하고 성실하며 주변 정리정돈이 잘 되어 있다.

두 번째로 산은 전반적인 대인 관계를 나타내 준다. 산을 동네 민둥산처럼 둥그스름하고 낮게 그린 사람일수록 성격이 무난하다는 소리를 듣고 대인 관계가 원만하다. '좋은 게 좋다'라는 식으로 웬만해서는 화를 내지 않고 사람 간의 갈등을 회피하

고자 한다. 한편, 산을 뾰족하게 그린 사람들이 있다. 산이 뾰족할수록, 또 경사가 급할수록, 즉 산은 높고 골을 깊게 그릴수록 대인 관계에서 까칠한 성향을 보인다. 일에 있어 완벽주의 성향을 나타내며 현상에 대한 분석과 비평하기를 좋아한다. 원리 원칙주의자이다.

세 번째로 해와 달은 자신과 타인을 인식하는 기본 생각을 보여준다. 해는 자기를 상징하고 달은 타인을 상징한다. 해를 둥그렇고 크게 높이 그릴수록 자아존중감이 높은 사람이다. 특히 활활 타는 듯한 태양을 그린 사람은 열정과 에너지가 충만한 사람이다. 달을 보름달처럼 둥글고 크게 높이 그린 사람은 기본적으로 타인을 존중하는 사람이다. 자기와 타인을 어떻게 인식하는가는 해와 달의 상대적 크기와 높이로 판단한다. 해를 크고 높은 곳에 그리고 역시 달도 보름달처럼 크고 높은 곳에 그린 사람은 상호 존중의 기본 사고를 가지고 있다. 반면에 해는 태양처럼 그리고 달은 반달, 특히 초승달처럼 작고 낮은 곳에 그린 사람은 타인을 우습게 보거나 폄훼하는 성향을 보인다.

네 번째로 나무는 인맥을 나타낸다. 나무를 풍성한 잎에서부터 뿌리에 이르기까지 크고 튼실하게 그리는 사람이 있다. 이들은 신뢰를 바탕으로 한 깊은 인간관계를 추구한다. 이런 나무를 여러 그루 그리는 사람은 그야말로 마당발이다. 넓고 깊은 인맥을 유지하고 있는데 사람 관리하느라 가정에는 소홀하기도 한다. 어찌 보면 피곤한 인생이다. 한편 침엽수처럼 나무를 앙상하고 조그맣게 그린 사람은 주위에 사람이 별로 없어 외롭다. 이런 나무를 여러 그루 그리는 사람은 필요에 의한 만남을 넓게 가져가는 사람이다. 얇고 넓은 인맥을 유지하는 사람으로 현대에 요구되는 인맥 관리 방식이기도 하다.

다섯 번째로 집은 개방성을 나타낸다. 개방성은 자신이 가진 물질과 감정, 정보와 의견을 나누고 공유하려는 열린 마음(open mind)을 의미한다. 집에 대문을 크게 그리거나 창문이 많거나 굴뚝을 그려 놓고 연기까지 폴폴 나게 그린 사람은 개방성이 높은 사람이다. 한편 집에 대문이나 창문이 없는 사람은 자기만의 공간에서 사색을 즐

★ Peter G. Northhouse, 김남현 옮김(2015), 리더십 이론과 실제, 경문사, pp. 446-447.

기고 성찰하는 것을 선호하며 협업하여 일하는 것보다는 혼자서 일하는 것을 선호한다. 남의 간섭이나 통제를 싫어한다.

여섯 번째로 길은 자신의 미래에 대한 확신이나 불안감을 나타낸다. 길을 직선 도로로 앞으로 쫙 펼쳐 나가게 그린 사람은 미래에 대한 명확한 비전과 목표를 가지고 있어 미래를 긍정적으로 밝게 보는 사람이다. 한편 길을 구불구불하게 오솔길처럼 그리거나 좁게 그린 사람은 미래에 대한 불안감이나 두려움으로 현재 생활에 불만을 지니고 있다. 또한 길을 교차로로 그린 사람은 몇 가지 선택 대안을 놓고 고민하고 있는 사람이다.

마지막으로 뱀은 자신의 성적 욕구를 나타내고 있다. 다른 사물들과 비교해 뱀을 크고 길게 그릴수록 성적 욕구가 강하다. 작고 짧게 그릴수록 성적 욕구가 약하다. 또 직선보다는 곡선 형태로 그린 사람의 성적 욕구가 강하며, 머리 방향이 위로 향할수록 성적 욕구가 강하다. 따라서 코브라처럼 고개를 빳빳이 들고 또아리를 튼 뱀을 그린 사람의 성적 욕구는 매우 강하다고 볼 수 있다. 뱀의 입에 혀를 그린 사람이 있다. 이들은 성적 취향이 독특한 사람이다. 특히 혀를 쌍갈래로 그린 사람은 변태적 성적 취향을 가지고 있을 확률이 높다.

토의 13-1 그림을 통한 '성격 진단 가이드라인'을 바탕으로 다음 각각에 대한 자신의 의견을 정리한 후 동료와 공유해보자.

❶ '가이드라인'에 따라 오른쪽 그림을 해석하고 동료와 해석 결과를 비교한다.

❷ 자신이 그린 그림을 '가이드라인'에 따라 해석하고 동료와 자신의 성격에 대해 이야기한다.

❸ 동료가 그린 그림을 '가이드라인'에 따라 해석하고 동료의 성격에 대해 이야기한다.

② MBTI 성격 유형과 진단

심리학자들은 개인의 성격 특성을 밝히기 위해 수많은 측정 도구를 개발하고 있다.* 이들 중의 하나가 MBTI(Myers-Briggs Type Indicator)이다. MBTI는 칼 융(Carl G. Jung)의 심리유형론(personality type)을 근거로 캐서린 브릭스(Katharine C. Briggs)와 그녀의 딸 이사벨 마이어스(Isabel Briggs Myers)에 의해 개발된 성격 유형 검사이다.

MBTI는 개인의 타고난 선천적인 선호 경향을 파악한다. MBTI는 현재 세계에서 가장 널리 사용되는 심리 검사 중의 하나로, 이를 통하여 다음과 같은 효과를 얻을 수 있다.

• 자신의 심리적 특성과 행동을 이해하도록 돕는다.
• 타인의 심리적 특성과 행동을 이해하도록 돕는다.
• 개인차(서로 다름의 차이)를 인정하고 대인 관계를 개선하는 데 도움을 준다.

① MBTI 4가지 선호 지표별 특성

인간의 행동은 이해 가능하고 예측 가능하다. 이것이 융이 사람들의 성격을 분류했던 방법(방식)의 토대가 되었다. 융에 따르면 사람들은 그들이 생각하고 느끼는 데 있어서 더 선호하는 것이 있다고 한다. 선호 경향은 교육이나 환경의 영향을 받기 전부터 인간에게 잠재되어 있는 선천적인 심리 경향으로, 사람들이 일하고 관계를 맺고 놀이를 하는 토대가 된다. 융은 성격을 측정하는 데 중요한 네 가지 차원이 있다고 믿었다.

첫 번째는 에너지의 원천이 내적인가 아니면 외적인가, 즉 에너지의 방향이 어느 쪽인가에 관한 것이다.(주의 초점) 두 번째는 사람이 정보를 얻는 방법으로 구체적이고

★ 현재 학교, 기업, 단체 등에서 많이 활용되고 있는 성격 유형 측정 방법으로는 애니어그램과 Big5, DISC, 그리고 교류 분석(TA: Transactional Analysis) 등이 있다.

순차적인 방식으로 정보를 얻는가, 아니면 직관적이고 무작위적인 방식으로 정보를 얻어내는가이다.(인식 기능) 셋째는 사람이 의사 결정을 하는 방식인데 합리적으로 사실에 근거하여 결정을 하는가, 아니면 주관적으로 자신이 기분 내키는 대로 결정을 하는가에 관련된 것이다.(판단 기능) 네 번째 차원은 계획을 세우고 조직적으로 사는 사람과 의식적인 목적이나 방향이 없이 융통성 있게 사는 사람과의 차이이다.(생활 양식) 이 같은 네 가지 차원이 성격 유형을 분류하는 토대가 되었다.

- **외향성과 내향성**: 에너지의 방향은 외향적인가, 내향적인가?
- **감각형과 직관형**: 정보 수집의 방식은 구체적인가, 아니면 직관적인가?
- **사고형과 감정형**: 의사 결정 방식은 합리적인가, 감정적인가?
- **판단형과 인식형**: 생활 양식은 조직적인가, 아니면 융통성이 있는가?

융에 의하면 사람들은 두 부분으로 이루어진 각 짝의 어느 한 쪽 부분을 다른 쪽 부분보다 더 선호하는 경향이 있다고 한다.

🐝 그림 13-1_ MBTI의 4가지의 선호 지표

BUSINESS COMMUNICATION

(1) 에너지의 방향(Energy)

 외향형(Extroversion)

★ 외향형의 사람들은 외부 세계로부터 에너지를 얻는다. 이들은 다양한 분야에 흥미를 느끼며 외적 경험을 중시하고, 생각하기보다 먼저 행동으로 옮기려는 경향이 있다. 이들은 많은 사람들과 폭넓은 인간관계를 맺으며 자기표현이 자유롭고 활동적이다. 글보다는 말로 의사 표현하는 것을 선호한다.

 내향형(Introversion)

★ 내향형의 사람들은 자신의 내부 세계를 지향하고 개념이나 아이디어를 발견하는 데 에너지를 사용한다. 이들은 자신을 반추해 볼 수 있는 혼자만의 시간을 갖고 싶어 한다. 신중하게 생각한 후에 행동하는 편으로, 소수의 사람과 깊은 관계를 맺으며 침착하고 조용하다. 말보다는 글로 의사 표현하는 것을 선호한다.

> 🔅 주측 **당신은 외향형인가, 내향형인가? (E / I)**

(2) 정보 수집 기능(Information)

 감각형(Sensing)

★ 감각형의 사람들은 시각, 청각, 촉각, 미각, 후각 등의 오감을 통해 정보를 인식하고 받아들인다. 이들은 '지금, 여기(Here and Now)'를 중요시하며, 현실적이고 실용적이다. 숲보다는 나무를 보려는 경향이 있다. 이들은 실제의 세계(real world)에 관심이 많고 세밀성과 정확성을 지향한다. 사건이나 상황을 사실적으로 묘사한다.

 직관형(iNtuition)

★ 직관형의 사람들은 오감에 의해 얻어진 사실, 사건의 차원을 넘어 드러나지 않는 의미나 전체적 관계를 추구하고 인식하려 한다. 아이디어와 상상력이 풍부하고 육감이나 영감, 통찰에 더 큰 가치와 비중을 둔다. 이들은 현재보다는 미래의 성

취와 변화, 가능성 등을 중요하게 생각하며 새로운 일을 추구한다. 나무보다는 숲을 보려는 경향이 있다. 사건이나 상황을 비유적, 암시적으로 묘사한다.

 당신은 감각형인가, 직관형인가? (S / N)

(3) 의사 결정 기능(Decision Making)

사고형(Thinking)

★ 사고형의 사람들은 행동에 대한 논리적 결과를 예측하며, 객관적인 판단 기준에 근거하여 정보를 비교 분석한 후에 의사 결정을 한다. 이들은 일관성과 타당성을 기준으로 원리 원칙에 입각한 결정을 한다. 합리적이고 분석적이며 정의와 공정성을 중시한다.

감정형(Feeling)

★ 감정형의 사람들은 인간관계에 관심을 가지며 주관적인 감정과 태도, 인간 중심의 가치를 중요하게 생각한다. 객관적인 기준보다는 사회적 가치와 의미, 자신과 타인의 관계에 미치는 영향에 따라 의사 결정을 한다. 타인에 대한 배려를 잘하고 관계를 고려하여 조화를 이루고자 한다. 보편적 선을 추구한다.

 당신은 사고형인가, 감정형인가? (T / F)

(4) 생활 양식(Life style)

판단형(Judging)

★ 판단형의 사람들은 계획과 체계를 세워 생활하고 단계적으로 일하는 것을 선호한다. 이들은 효율적으로 일하고 정해진 시간 내에 일을 끝마칠 수 있도록 미리 준비하는 편이다. 예측 가능하고 통제할 수 있는 상황을 선호하며, 하기 싫은 일이나 스트레스 받는 일을 먼저 처리해 놓고 휴식과 여가를 즐긴다. 일상적이고 반복되는 일도 꾸준히 해내며, 한 번에 한 가지씩 처리하고 주변의 정리정돈을 잘한다.

📢 인식형(Perceiving)

★ 인식형의 사람은 자율적이고 개방적이며 상황에 따라 융통성을 발휘하여 행동한다. 동시에 여러 가지 일을 벌려놓고 하는 편이며, 마감 시간에 맞춰서 끝마무리를 한다. 틀에 박힌 생활이나 여유가 없는 생활은 구속이라고 생각하며, 새롭고 흥미로운 경험을 하려고 노력한다. 결과보다는 과정 자체를 즐기며 유유자적한 삶을 선호한다.

 추측 당신은 판단형인가, 인식형인가? (J / P)

② MBTI 16가지 성격 유형 특성

MBTI는 4가지 선호 지표를 조합하여 16가지의 성격 유형으로 구분한다. 각 유형은 첫 글자를 큰 글자로 하여 부호화하여 나눈다. 다만, 직관형(intuition)은 N으로 부호화하여 내향형(introversion)의 I와 구분한다. MBTI의 16가지 성격 유형별 특성에 대해 알아본다.

🦋 표 13-1_ MBTI의 16가지 성격 유형

ISTJ	ISFJ	INFJ	INTJ
ISTP	ISFP	INFP	INTP
ESTP	ESFP	ENFP	ENTP
ESTJ	ESFJ	ENFJ	ENTJ

ISTJ 신중하고 조용하며, 한번 시작한 일은 끝을 본다

★ ISTJ 유형은 사실에 대하여 정확하고 체계적으로 기억하며 일 처리에 있어서도 신중하며 책임감이 강하다. 집중력이 높고 강한 현실 감각을 지녔으며 조직적이고 침착하다. 보수적인 경향이 있으며, 문제를 해결하는 데 과거의 경험을 잘 적용하고, 반복되는 일상적 일에 대한 인내력이 강하다. 정확성과 조직력을 발휘하는 분야의 일을 선호한다.

ISTP 논리적이고 상황 적응력이 뛰어나다

★ ISTP 유형은 말이 없으며 객관적으로 인생을 관찰하는 유형이다. 필요 이상으로 자신을 나타내지 않으며, 일과 관계되지 않는 이상 어떤 상황이나 인간관계에 직접 뛰어들지 않는다. 불필요한 에너지를 소비하지 않으려 한다. 사실적 자료를 정리, 체계화하길 좋아하며 기계를 만지거나 인과 관계나 객관적 원리에 관심이 많다. 느낌이나 감정, 타인에 대한 마음을 표현하기 어려워한다.

ESTP 다양한 활동을 좋아하는 행동 지향가이다

★ ESTP 유형은 다른 사람에게 관대하고 개방적이며 선입견이 별로 없다. 강한 현실 감각으로 타협점을 모색하고 문제를 해결하는 능력이 뛰어나다. 상황에 대한 적응을 잘하고 친구를 좋아하며 운동, 음식 등의 다양한 활동을 선호하고 생활의 모든 것을 즐기는 유형이다. 순발력이 뛰어나며 많은 사실들을 쉽게 기억하고, 예술적인 멋을 지니고 있다.

ESTJ 현실적이며 의지가 강하고 일을 주도해 나간다

★ ESTJ 유형은 미래의 가능성보다 현재의 사실을 추구하며 현실 감각이 뛰어나고 실질적이다. 사업가형으로서 일의 목표를 설정하고 계획하고 지시하고 결정하고 실행하는 능력이 탁월하다. 이들은 다른 사람과 함께 일하는 것을 좋아하며 책임 감이 강하다. 결과를 즉각적으로 확인할 수 있는 일을 선호한다.

ISFJ 맡은 일에 헌신적이고 협조적이며 성실하고 정확하다

★ ISFJ 유형은 마음이 따뜻하고 동정심이 많고 헌신적이며 양심적이다. 자신과 타인의 감정에 민감하며 다른 사람의 입장을 고려한다. 자신이 옳다고 생각하는 일에는 어떠한 난관이 있어도 꾸준히 밀고 나가는 유형으로 침착하고 인내력이 강하다. 일을 주도하기보다는 보조하는 역할에 최선을 다하며 절차에 따라 일을 처리한다.

ISFP 감성이 풍부하고 겸손하며 갈등을 회피한다

★ ISFP 유형은 부드럽고 온정적이며 다른 사람을 배려하고 자신의 생각이나 의견을 강요하지 않는다. 상대방을 잘 알게 될 때까지 자신의 속마음을 잘 드러내지 않는다. 상황 적응력이 좋고 융통성이 있으며 현재의 삶을 즐긴다. 조용하고 매우 겸손하며 자기를 내세우지 않는다. 예술적 감각이 있으며, 갈등을 회피하고 인화를 중시한다.

ESFP 즐거움을 추구하고 분위기를 고조시키며 사교적이다

★ ESFP 유형은 낙천적이고 개방적이며 관용적이다. 어떤 상황이든 잘 적응하며 사교적으로 사람을 좋아한다. 주위의 사람이나 일어나는 일에 대하여 관심이 많으며 외부 활동을 좋아한다. 에너지가 넘치고 열정적이며 유머 감각이 뛰어나서 사람들을 즐겁게 한다. 다른 사람의 감정에 공감을 잘하고 돈이나 시간 등을 베풀 줄 안다.

ESFJ 마음이 따뜻하고 친절하며 타인에게 봉사한다

★ ESFJ 유형은 동정심이 많고 친절하며 다른 사람과 조화롭게 지내는 것을 선호한다. 타고난 협력자로서 동료애가 많고 다른 사람을 잘 도와준다. 사람들과 상호 작용하면서 에너지를 얻으며 상대방의 무관심과 불친절, 거절에 의해 마음의 상처를 받기 쉽다. 문제가 발생했을 때 냉철한 입장을 취하는 것을 어려워한다.

INFJ 아이디어가 풍부하고 독창적이며 통찰력이 있다

★ INFJ 유형은 창의력과 통찰력이 뛰어나며 강한 직관력으로 타인에게 말 없이 영향력을 미친다. 확고한 신념과 열정으로 자신의 영감을 구현시켜 나가는 예언자형으로 정신적 지도자들이 많다. 혼자 조용히 생각하며 몰두할 수 있는 시간을 중요시하며 인간의 본질과 자신의 내면을 탐구하는 데 열정적이다.

INFP   신념과 가치를 지향하는 이상주의자이다

★ INFP 유형은 내면에 열정과 따뜻함을 지니고 있으며 조용하고 과묵하다. 이상적인 것을 추구하고 자신의 신념과 가치를 고수해 가는 경향이 있다. 자신의 비전에 따라 일을 추진해가며 인간 이해, 행복, 건강 등에 공헌하고자 한다. 타인의 정서를 이해하고 원만한 관계를 맺고자 하며 경쟁과 갈등을 회피한다. 감성이 풍부하다.

ENFP   열정적이고 호기심이 많으며 새로운 가능성을 추구한다

★ ENFP 유형은 열정적이고 호기심이 많으며 새로운 자극과 즐거움을 추구한다. 세상을 모험의 세계로 인식하여 끊임없이 새로운 가능성을 찾고 시도하는 유형이다. 반복되는 일상을 참지 못하고 한 가지 일을 끝내기 전에 다른 일을 벌이는 경향이 있다. 칭찬, 인정, 찬사 등을 적극적으로 표현하며 자신의 열정을 다른 사람에게 전파하고 활력을 불어넣는 '에너자이저형'이다.

ENFJ   사교적이고 언변에 능숙하며 타인의 성장을 돕는다

★ ENFJ 유형은 생기가 넘치고 열정적이다. 사람을 좋아하는 사교적인 유형으로 자신의 감정과 의사를 표현하는 데 뛰어난 '달변가형'이다. 다른 사람들의 생각이나 의견에 진지한 관심을 가지고 공동선(共同善)을 위하여 다른 사람의 의견에 대체로 동의한다. 사람들이 원하는 것을 잘 파악하고 그들의 욕구 충족을 위해 돕고자 한다.

INTJ   독창적이고 비판적이며 이상적 비전을 추구한다

★ INTJ 유형은 사고 능력이 뛰어나고 정확하며 독창적이고 비판적이다. 지식에 가치를 부여하며 새로운 내용을 배우고 깨닫는 것을 선호하는 '과학자형'이다. 기존의 관념이나 사회적 통념에 구애받지 않고 현상을 새로운 관점에서 바라보고 어렵고

복잡한 문제를 해결할 때 자극을 받는다. 자율성과 탐구 시간, 그리고 개인적 공간을 추구한다.

INTP 논리적이고 분석적이며 비판적이나 과묵하다

★ INTP 유형은 조용하고 과묵하지만 관심 분야에 대해서는 언변이 뛰어나며 이해가 빠르다. 보편적 진리와 원리를 추구하며 끊임없이 질문하고 탐구하는 '아이디어 뱅크'형이다. 지적 호기심을 충족시키기 위해 노력하고 자료를 분석, 요약하여 새로운 모델을 만들고 일반화하는 것을 즐긴다. 사교성이 부족하다.

ENTP 혁신적이고 아이디어가 많으며 다재다능하다

★ ENTP 유형은 독창적이며 창의력이 풍부하고 다방면에 재능이 많은 '발명가형'이다. 새롭고 복잡한 문제에 대한 해결 능력이 뛰어나며 박식하다. 새로운 가능성에 대한 도전과 복잡한 문제 해결에 흥미를 가지며 새 프로젝트를 통해 에너지를 얻는다. 위험을 감수하고 자신감이 높다.

ENTJ 논리적, 체계적이고 객관적이며 통솔력이 있고 지식에 대한 욕구가 강하다

★ ENTJ 유형은 조직에서 통솔력을 가지고 조직의 목표 달성을 위해 노력하는 타고난 '지도자형'이다. 활동적이고 솔직하며 전략적 사고와 장기적 계획을 선호한다. 일처리에 있어 사전 준비를 철저히 하고 논리적, 체계적 분석을 통해 계획하고 조직하여 추진해 나간다. 새로운 지식에 대한 관심이 많으며 성취에 대한 보상을 원한다.

ISTJ   ISFJ   ESTJ   ESFJ

 ## 성격 유형 사례 연구

박 팀장은 방해받지 않으려고 문을 닫았다. 잠시 후 문을 노크하는 소리가 들렸다. 이 대리였다. 박 팀장의 업무를 돕도록 최근에 전환 배치된 직원이다. 이 대리는 예고 없는 방문을 사과하면서 다가왔다. 박 팀장의 책상 위에는 결재판 하나와 메모지 그리고 연필만이 놓여 있을 뿐 깔끔하게 정리되어 있었다. 이 대리는 박 팀장이 묻기도 전에 개인적인 문제를 털어놓기 시작했다.

잘 알지도 못하는 직원과 개인적인 문제를 논의하는 것이 불편하기 그지없었던 박 팀장은 이 대리에게 말했다.

"이 대리, 자네에게 그런 문제가 있었다니 정말 유감이네. 하지만 내가 자네에게 실질적 도움이 될 수 있을는지 의문이네. 무엇보다 내가 이틀 뒤에 중요한 발표가 있어서 잠시도 틈을 낼 수가 없네. 두 번째로, 나는 그런 일에 대해 경험도 없고 잘 알지 못하네."

박 팀장은 실질적인 방법으로 도움을 주려고 직원 편람을 꺼내 들었다. 그리고 이 대리에게 월차 휴가를 신청해서 문제를 차분하게 생각해보도록 권했고, 직원 지원 프로그램에 따라 카운슬러를 만나보도록 권했다.

토의 13-2

 박 팀장의 성격 유형을 다음 질문에 따라 유추해보고 그 이유에 대해 다른 사람에게 설명해보자.

❶ 박 팀장은 어떤 유형의 사람인가? (I / O)

❷ 박 팀장은 어떤 유형의 사람인가? (TP / TJ / FP / FJ)

❸ 박 팀장의 가능한 두 성격 유형은 무엇인가? (, 혹은   )

❹ 박 팀장은 어떤 성격 유형일 가능성이 높은가? (   )

③ MBTI 성격 유형 진단

(1) 자기 추측 유형(Self-estimated Type)

〈그림 13-1〉의 4가지 선호 지표 및 지표별 특성에 근거하여 자기 스스로 MBTI 성격 유형을 추측한다. 4가지 차원별로 자기에게 가깝다고 생각하는 성향을 선택한다. 앞의 MBTI 16가지 성격 유형 특성 자료를 참고하여 자신의 성격 유형을 추측해본다.

E / I	S / N	T / F	J / P

(2) 검사 결과 유형(Reported Type)

검사 결과 유형은 MBTI 검사지에 응답한 결과에 따라 결정된 성격 유형을 말한다.[1] 여기서는 간단한 설문지를 이용해 자신의 성격 유형을 진단해본다.[2]

★1 MBTI의 한국어판 검사는 1988~1990년에 심혜숙, 김정택 박사가 CPP사(Consulting Psychologists Press,Inc.)로부터 한국 어판 저작권을 받아 MBTI Form G를 개발했다. 현재 어세스타가 상표권과 출판권을 갖고 있으며, 총 93문항으로 구성된 MBTI Form M이 2012년에 개발되어 활용되고 있다.
★2 여기서는 MBTI Form M을 참고하여 필자가 교육용으로 수정·편집한 Short Form을 사용했다.

 자가진단   다음의 설문지는 MBTI 성격 유형을 진단하기 위한 것이다. 자신의 성격 유형을 진단 해보자.

★ 검사하기 전 읽어볼 사항

본 검사 문항에는 맞고 틀린 답이 없습니다. 문항을 읽은 다음 a, b 중 자신에게 더 가깝다고 생각되는 것을 골라 표시하십시오. 시간 제한은 없으나 어느 한 문항에서 너무 오래 생각하지 마십시오.

> **Ⅰ**   자신에게 자연스럽고, 습관처럼 편안하게 느껴지고, 자주 행동하는 경향에 더 가깝다고 생각되는 것을 선택하여 표시하십시오.

1. 나는 ⓐ 다른 사람들과 잘 어울리는 편이다. ⓑ 혼자서 잘 지내는 편이다.	**2. 내가 교사라면** ⓐ 현실에 적용할 수 있는 경험적인 과목을 가르치고 싶다. ⓑ 개념을 다루는 이론 과목을 가르치고 싶다.
3. 나는 ⓐ 이성보다 감성을 더 내세우는 편이다. ⓑ 감성보다 이성을 더 내세우는 편이다.	**4. 나는 특별한 일을 처리할 때** ⓐ 시작하기 전에 미리 주의 깊게 계획을 세우는 편이다. ⓑ 일을 해 나가면서 상황에 따라 필요한 대책을 세우는 편이다.
5. 다른 사람들이 나를 알아가는데 ⓐ 많은 시간이 걸리는 편이다. ⓑ 별로 시간이 걸리지 않는 편이다.	**6. 나는 평소에** ⓐ 상상력이 풍부한 사람들과 잘 어울린다. ⓑ 현실 감각이 있는 사람들과 잘 어울린다.
7. 어떤 결정을 할 때 나에게 중요한 것은 ⓐ 사실을 검토하는 것이다. ⓑ 사람들의 의견과 감정을 고려하는 것이다.	**8. 하루 정도 어디를 다녀오고 싶을 때 나는** ⓐ 언제, 무엇을 할 것인지 계획하는 편이다. ⓑ 별 계획 없이 훌쩍 떠나는 편이다.
9. 사람들과 있을 때 나는 ⓐ 잘 아는 사람과 개인적으로 대화를 나누는 편이다. ⓑ 여러 사람들과 함께 어울려 대화를 나누는 편이다.	**10. 나는 대체로** ⓐ 기존 방식을 지지하는 편이다. ⓑ 기존 방식의 개선할 점을 파악하고, 대안을 제시하는 편이다.
11. 나에게 더 좋은 칭찬은 ⓐ 감정에 솔직한 사람으로 불리는 것이다. ⓑ 합리적인 사람으로 불리는 것이다.	**12. 나는 일들을** ⓐ 한순간에 몰아서 하는 편이다. ⓑ 계획에 따라 차근차근 진행하는 편이다.

13. 사람들은 나에 대해서	14. 나는 대체로
ⓐ 속마음을 잘 드러내지 않는 사람이라고 말할 것이다.	ⓐ 실제적이고 현실감이 있는 사람으로 인정받기를 원한다.
ⓑ 개방적인 사람이라고 말할 것이다.	ⓑ 독창적이고 창의력이 있는 사람으로 인정받기를 원한다.
15. 나는 정해진 일정을 따르는 것이	16. 사람들과 있을 때 나는
ⓐ 편안하다.	ⓐ 내가 다른 사람을 소개하는 편이다.
ⓑ 답답하다.	ⓑ 다른 사람이 나를 소개하는 편이다.
17. 독서할 때 나는	18. 여행할 때 나는
ⓐ 독특하고 창의적인 내용을 즐기는 편이다.	ⓐ 그날그날 하고 싶은 대로 하는 편이다.
ⓑ 뜻하는 바가 정확한 내용을 좋아하는 편이다.	ⓑ 미리 무엇을 할지 정해놓는 편이다.
19. 나는 많은 시간을	20. 나는
ⓐ 혼자서 보내는 편이다.	ⓐ 시간이 긴박한 상황에서 일하는 것을 즐기는 편이다.
ⓑ 다른 사람들과 함께 보내는 편이다.	ⓑ 시간의 압박을 피하기 위해 미리 계획을 세우는 편이다.
21. 나는 모임에서	22. 나는 계획에 따라 생활하는 것이
ⓐ 이야기를 많이 하는 편이다.	ⓐ 때로 필요하다고 생각하지만 별로 선호하지 않는 편이다.
ⓑ 다른 사람들의 이야기를 듣는 편이다.	ⓑ 도움이 되기 때문에 대부분의 경우 선호하는 편이다.
23. 나는	24. 큰 과제를 맡았을 때 나는
ⓐ 누구하고나 쉽게 이야기를 하는 편이다.	ⓐ 우선 일을 진행하면서 필요한 사항을 알아가는 편이다.
ⓑ 특정 사람이나 어떤 상황에서만 이야기를 하는 편이다.	ⓑ 먼저 일을 단계적으로 나누어 시작하는 편이다.

II 자신에게 더 가깝다고 생각되는 낱말을 선택하여 표시하십시오.

25. ⓐ 조용한 ⓑ 활달한	26. ⓐ 현실적인 ⓑ 이론적인	27. ⓐ 온화한 ⓑ 강건한	28. ⓐ 상상 ⓑ 사실
29. ⓐ 배려하는 ⓑ 공정한	30. ⓐ 계획에 따른 ⓑ 상황에 따른	31. ⓐ 만들다. ⓑ 창안하다.	32. ⓐ 설득시킴 ⓑ 감동시킴

33.	ⓐ 생산 ⓑ 기획	34.	ⓐ 따뜻한 마음 ⓑ 예리한 사고	35.	ⓐ 유익함 ⓑ 베풂	36.	ⓐ 말이 별로 없는 ⓑ 말이 비교적 많은
37.	ⓐ 가능성 ⓑ 확실성	38.	ⓐ 객관적인 ⓑ 감성적인	39.	ⓐ 관대한 ⓑ 확고한	40.	ⓐ 규칙적인 ⓑ 느긋한
41.	ⓐ 새로운 ⓑ 이미 알려진	42.	ⓐ 의지가 강한 ⓑ 인정이 많은	43.	ⓐ 구체적인 ⓑ 추상적인	44.	ⓐ 헌신 ⓑ 결단
45.	ⓐ 소수의 친구 ⓑ 다수의 친구	46.	ⓐ 실용적인 ⓑ 창의적인	47.	ⓐ 유능한 ⓑ 친절한	48.	ⓐ 체계적인 ⓑ 자발적인

★ 성격 유형 판단 및 해석

다음의 집계표에 당신이 표시한 결과(a,b)를 체크한 후 합계란에 체크된 개수를 각각 기록한다. E/I, S/N, T/F, J/P 중 체크가 많이 된 쪽의 영문자를 지표란에 기재한다. 지표란에 기재된 4개의 선호 지표를 보고 자신의 성격 유형을 진단한다.

MBTI 유형 집계표

문항	1	5	9	13	16	19	21	23	25	36	45			합계	지표
E	a	b	b	b	a	b	a	a	b	b	b				
I	b	a	a	a	b	a	b	b	a	a	a				

문항	2	6	10	14	17	26	28	31	33	37	41	43	46	합계	지표
S	a	b	a	a	b	a	b	a	a	b	b	a	a		
N	b	a	b	b	a	b	a	b	b	a	a	b	b		

문항	3	7	11	27	29	32	34	35	38	39	42	44	47	합계	지표
T	b	a	b	b	a	a	a	a	b	a	b	a	a		
F	a	b	a	a	b	b	b	b	a	b	a	b	b		

문항	4	8	12	15	18	20	22	24	30	40	48			합계	지표
J	a	a	b	a	b	b	b	b	a	a	a				
P	b	b	a	b	a	a	a	a	b	b	b				

각 묶음별로 합계의 차이가 크면 어느 한 쪽 성향이 강하다는 것을 의미하고, 차이가 크게 나지 않는 경우는 두 가지 성향을 모두 가지고 있다는 것을 말한다. 즉, 어느 쪽도 강하게 선호하지 않으며 상황에 따라 다르게 나타난다는 것을 의미한다.

(3) 최적 유형(Best-fit Type)

최적 유형은 자기 추측 유형, 검사 결과 유형, 유형 확인 작업(성격 유형별 세부 설명 자료 검토), 자기 성찰, 가족이나 직장 동료, 친구 등 자신을 잘 알고 있는 사람과의 대화 등을 통해 최종적으로 자신에 대해 스스로 검증한 확정 유형이다.

E / I	S / N	T / F	J / P

토의 13-3

최적 유형 결과를 토대로 자신의 성격 유형 특징을 확인하고, 자기 성격의 장점과 단점, 그리고 개발해야 할 점에 대하여 정리해보자. 그 결과(MBTI 성격 유형 진단 보고서)를 다른 사람과 공유해보자.

MBTI DICHOTOMIES

EXTROVERSION	OR	INTROVERSION
SENSING	OR	INTUITION
THINKING	OR	FEELING
JUDGING	OR	PERCEIVING

MBTI 성격 유형 진단 보고서

성격 유형의 일반적 특성

장 점	단 점

개발해야 할 점

(4) 성격 유형별 워크숍

최적 유형 결과를 토대로 4개의 성격 유형 그룹으로 모인다. 1그룹은 외향형이면서 사고형인 사람(ET형), 2그룹은 외향형이면서 감정형인 사람(EF형), 3그룹은 내향형이며 감정형인 사람(IF형), 4그룹은 내향형이면서 사고형인 사람(IT형)으로 구성한다.[1]

비슷한 성격 특성을 지닌 그룹별로 다음 사항을 토의하여 결정하고 그 결과를 발표한다. 그룹의 결과 발표를 듣고 난 후의 느낌에 대해 의견을 교환한다.

- 그룹의 성격 특성을 잘 나타내주는 그룹 명칭(팀명)
- 그룹의 성격 특성을 잘 나타내주는 상징(동물, 식물, 캐릭터)을 그림으로 표현
- 그룹의 인생 철학이 담긴 슬로건
- 돈과 성공에 대한 생각(조사 자료 참조)
- 그룹의 대표적인 성격 특성(3~5가지)
- 그룹의 성격 특성상의 장점과 단점(각 3가지)
- 우리 그룹이 좋아하는 사람의 행동과 싫어하는 사람의 행동(각 1가지)
- 우리를 대할 때는 이렇게 행동해주세요.(요구 사항)

📢 조사 자료

★ 국내 최고 부유층의 가장 많은 MBTI 유형은 ESTJ(외향형·감각형·이성적·계획적)라는 조사 결과가 있다.[2]

★ 하나금융경영연구소가 발간한 '2023 대한민국 웰스(Wealth) 리포트'에 따르면 슈퍼리치(금융 자산 100억 원 이상 또는 총 자산 300억 원 이상 보유자)의 가장 많은 MBTI 유형은 26.8%를 차지한 'ESTJ'였다. 일반 대중 사이에서 ESTJ의 비율은 8.5%로 나타났지만, 슈퍼 리치 중에서는 이보다 3배 이상 많았다. 이어 ISTJ(24.4%), INTJ와 INFJ(각 9.8%), ESFP(7.3%) 순이었다.

★ 금융 자산 규모가 클수록 T(이성적)와 J(계획적) 비율이 높고 I(내향적)와 S(감각적) 비율이 낮아지는 것으로 나타났다. 보고서는 "금융 자산 관리는 하루아침에 이루어지지 않고 시장을 정확히 판단하면서도 꾸준히 해야 한다는 점에서 TJ(사고·계획형)가 FP(감정·충동형)보다 부의 축적 가능성을 높였을 것"이라고 평가했다.

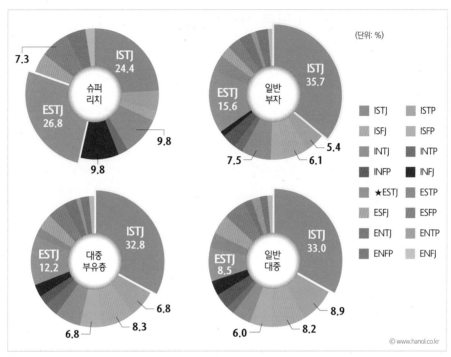

🐝 그림 13-2_ 금융 자산 규모별 MBTI 유형

③ MBTI 진단 결과 활용

사람은 성격에 따라 선호하는 대화 방식이 다르다. 따라서 성격 유형을 알고 그(녀)가 선호하는 스타일로 대화를 하게 되면 원활한 의사소통이 가능하다.

★1 MBTI 선호 지표에 따른 16가지 성격 유형별 워크숍은 인원 규모와 성격 유형별 인원 구성 측면에서 현실적으로 운영하기가 쉽지 않다. 토의 사항은 상황에 따라 선택적으로 활용한다.

★2 신진호, 슈퍼리치 MBTI '이 유형' 비중 높아, 서울신문(2023.4.9.), 하나금융경영연구소는 2022. 12월 2013명(부자 745명, 대중 부유층 818명, 일반 대중 450명)을 대상으로 온라인 설문 조사를 하고, 별도로 프라이빗 뱅커(PB) 인터뷰를 실시했다.

1 성격이 다른 사람과의 커뮤니케이션

(1) 외향형 / 내향형

❶ 상대가 외향형인 경우

- 상대에게 이야기할 기회를 주어라.
- 화제를 다양하게 가져가라.
- 되도록 말을 많이 하라.
- 즉각적인 반응에 상처받지 마라.
- 대화가 끊어지지 않도록 하라.

❷ 상대가 내향형인 경우

- 질문을 던지고 진지한 자세로 들어라.
- 한 번에 하나씩만 말하라.
- 가능하면 글로써 의사를 전달하라.
- 상대에게 생각할 시간을 주어라.
- 상대의 말을 가로채어 결론짓지 마라.

(2) 감각형 / 직관형

❶ 상대가 감각형인 경우

- 대화 주제를 분명히 하라.
- 정보를 차근차근 제공하라.
- 실제적인 적용을 강조하라.
- 말을 분명하게 하고 끝을 명확히 하라.
- 실제의 사례를 준비하라.
- 과거의 실제 경험을 언급하라.
- 사실이나 통계 자료, 사례와 같은 객관적 증거를 제시하라.

❷ 상대가 직관형인 경우

- 거시적인 관점에서 말하고 함축된 의미를 언급하라.
- 가능성에 대해서 말하라.
- 세세한 것까지 따지지 마라.
- 비유적 표현을 사용하라.
- 문학, 예술, 철학, 역사 등 화제를 다양하게 가져가라.
- 상대의 상상력에 동참하라.

(3) 사고형 / 감정형

❶ 상대가 사고형인 경우

- 논리적이고 체계적으로 말하라.
- 결과를 명확히 하라.
- 근거를 명확히 제시하라.
- 어떻게 '느끼냐'고 묻지 말고 어떻게 '생각하느냐'고 묻는다.
- 원리 원칙과 공정성을 강조하라.
- 되풀이해서 묻거나 말하지 마라.

❷ 상대가 감정형인 경우

- 동의하는 부분을 먼저 언급하라.
- 상대의 노력과 기여를 칭찬하라.
- 상대의 감정을 이해하라.
- 인간적인 문제를 화제로 삼아라.
- 미소를 잃지 말고 눈을 맞추도록 하라.
- 친절하고 사려 깊은 자세를 유지하라.

(4) 판단형 / 인식형

❶ 상대가 판단형인 경우

- 시간을 지키고 미리 준비하라.
- 결론을 명확히 하라.
- 문제 해결을 뒤로 미루지 마라.
- 의사 결정을 분명히 하라.
- 시간을 쓸데없이 보내지 마라.
- 체계적이고 효율적인 모습을 보여주어라.
- 기존의 계획을 고수하라.

❷ 상대가 인식형인 경우

- 추상적 질문이 많을 것이라고 예상하라.
- 성급하게 결론을 유도하려 하지 마라.
- 선택 가능성을 논의할 기회를 부여하라.
- 계획에 유연성을 주어라.
- 결과보다는 과정에 초점을 맞추어라.
- 상대에게 선택하도록 하라.
- 새로운 정보를 받아들이는 자세를 보여라.

2 성격 유형 활용 지침

(1) 일반화 경계

본인만이 자신의 진짜 선호 경향을 알기 때문에 자신의 성격 유형이 무엇인지 알수 있는 사람은 자기뿐이다. MBTI의 설문에 응답함으로써 자신의 성격 유형을 판단하지만 이것이 완벽하다고는 할 수 없다. 즉, MBTI 검사 결과를 지나치게 일반화하지 말라는 것이다.

특히 _미리보기_ 의 그림으로 알아보는 나의 성격은 타당성이 입증되지 않은 것으로 그 결과를 놓고 성격 특성을 일반화하는 것은 무리이다. 그러나 본인이 그린 그림을 토대로 자신의 성격 특성을 해설 자료와 대비시켜 가면서 탐구하면 자기의 성격 특성을 이해하는 데 도움이 된다.

(2) 비진단 검사

MBTI는 개인의 선천적인 심리 경향을 알아보는 비진단 검사로서 개인별로 좋은 타입, 나쁜 타입은 없다. 또한, 타입이 모든 것을 설명해주지도 않는다. 여기서는 단축된 MBTI 검사지를 사용한 결과이므로 보다 정확한 성격 유형을 판단하기 위해서는 신뢰성과 타당성을 갖춘 공신력 있는 기관의 검사지를 사용하여 재검사해 볼 것을 권장한다.

(3) MBTI 유형과 사회적 관계

유유상종

★ 선호 경향이 다른 사람들이 상대방의 강점에 끌려 친하게 되는 경우도 있지만 일반적으로는 비슷한 강점과 약점을 가진 비슷한 성격 유형의 사람들끼리 어울리게 된다. 사회적 관계에서는 너무 다른 성격 유형은 갈등을 초래한다.★

★ 비슷한 성향을 가진 사람들이 모이면 어떤 문제에 대한 결론을 쉽게 얻으며, 비슷한 속도로 일을 진행해 나간다. 그러나 비슷한 성향으로 인해 자신들의 성격 유형이 지닌 단점을 보완하지 못해 의사 결정과 문제 해결에 오류를 범할 수 있다.

★ 미국 콜로라도 볼더대학교의 타냐 호로비츠 연구팀은 약 8만 쌍의 커플에 대해 키, 몸무게 등의 외적 특성과 지능, 지병 등의 선천적 특질, 그리고 성격과 종교, 정치적 성향 등의 사회적 특징 등 133개 항목을 비교·분석했다. 연구 결과 커플들은 다양한 종류의 비슷한 특성을 공유했다. 교육 수준이나 지능이 비슷했고, 정치적, 사회적 성향뿐 아니라 개인적인 선호도 비슷한 경향으로 나타났다. 다만 키, 몸무게, 병력 등은 상관관계를 보이지 않았고 외향적인지 내향적인지 여부도 커플이 되는 데 영향을 미치지 않은 것으로 나타났다.; 김효인, "그 사람은 나랑 달라서 끌려…현실은 85%가 '끼리끼리' 사귄다", 조선일보(2023.9.6), 기사 재정리.

📢 다양성

★ 서로 다른 성격 유형의 사람들이 모이면 여러 가지 면에서 공감대를 형성하지 못하고 의견 충돌과 갈등을 겪게 된다. 서로 선호 경향이 다를수록 상호 간의 마찰과 의견 차이가 커진다.

★ 그러나 다양한 의견과 가능성이 서로 다른 관점에서 제시되기 때문에 그들 간의 상호 작용을 통해 도출된 결론이나 문제 해결 방안은 합리적 타당성을 갖추게 된다. 이와 같이 조직은 다양한 성격 유형을 가진 사람들로 구성될 때 조직 성과가 나아질 수 있다.

📢 차이 인정

★ 가치관, 신념, 행동에서 차이가 있는 것은 누가 옳고 그르고의 문제가 아니라 성격 유형의 선호 차이에서 오는 결과이다. 우리는 서로의 차이에 대해서 관심을 가지기보다 서로 다름의 차이를 인정하고 수용함으로써 선호 경향의 차이, 즉 다양성이 가져올 수 있는 가능성에 집중하는 것이 바람직하다.

커뮤니케이션 개선 방안 수립

 가정과 직장, 사회생활에서 자신과 중요한 관계를 맺고 있는 사람과 원만한 대인 관계를 유지하는 것은 행복한 삶을 위해 매우 중요하다. 내 인생에 지대한 영향을 미치는 중요한 세 사람을 선정하여 그들의 성격 유형을 추정해보고 자기 성격 유형과의 특성 차이, 그리고 관계 개선을 위한 커뮤니케이션 방안에 대해 정리해보자.

대 상	추정 유형	주요 특성 차이	커뮤니케이션 방안

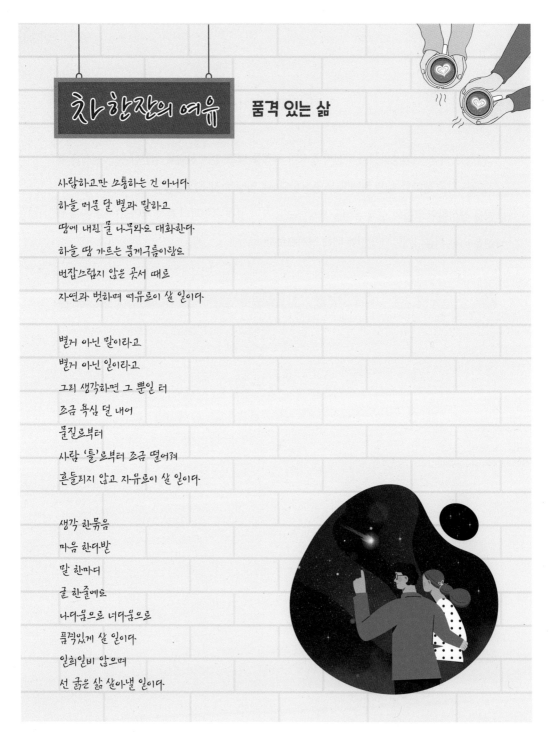

차한잔의 여유 품격 있는 삶

사람하고만 소통하는 건 아니다
하늘 머문 달 별과 말하고
땅에 내린 물 나무와 대화한다
하늘 땅 가르는 뭉게구름이랑은
번잡스럽지 않은 곳서 때로
자연과 벗하며 떠뮤르이 살 일이다

별거 아닌 말이라고
별거 아닌 일이라고
그리 생각하면 그 뿐일 터
조금 욕심 덜 내어
물질로부터
사람 '틀'로부터 조금 떨어져
흔들리지 않고 자유르이 살 일이다

생각 한묶음
마음 한다발
말 한마디
글 한줄에요
나다움으로 너다움으로
품격있게 살 일이다
일희일비 않으며
선 굵은 삶 살아낼 일이다

비즈니스
커뮤니케이션

다양성과 커뮤니케이션

미리보기

　여자와 남자에게는 제각기 그 중요성에 있어 더하지도 덜하지도 않고 똑같은 여섯 가지의 사랑에 대한 욕구가 있다. 여자는 관심, 이해, 존중, 헌신, 공감, 확신을 얻고 싶어한다. 남자는 근본적으로 신뢰, 인정, 감사, 찬미, 찬성, 격려를 필요로 한다.[★]

여자가 받고자 하는 것

- 남자가 여자의 감정에 관심을 보이고 그녀의 행복을 진심으로 염려해주면, 여자는 그가 자기를 사랑하고 소중히 생각하고 있다는 느낌을 받는다.
- 여자가 자기 감정을 표현할 때 남자가 이를 비판하지 않고 공감과 호응을 나타내며 들어주면, 그녀는 그가 자기를 이해하고 있다고 느낀다.
- 남자가 여자의 권리와 욕구와 바람을 인정하고 그 해결을 우선적으로 배려하는 태도를 보일 때, 그녀는 상대로부터 존중받고 있다는 느낌을 받는다.
- 남자가 여자의 욕구에 우선순위를 두고 그녀를 돕는 일에 긍지를 느끼면, 그녀의 헌신에 대한 욕구는 충족된 셈이다.
- 남자가 여자의 감정에 이의를 제기하거나 시비를 걸지 않고 그 타당성을 기꺼이 인정해주면, 여자는 공감이라는 욕구가 충족된다.
- 남자가 여자에게 지속적으로 관심과 이해, 존중과 공감을 보여주고 기꺼이 헌신할 때, 확신을 얻고 싶다는 그녀의 욕구가 충족된다. 단, 몇 번이고 되풀이해서 확신을 주어야 한다.

남자가 받고자 하는 것

- 여자가 자기를 향해 마음을 열고 사랑을 받아들이는 태도를 보이면, 남자는 그녀로부터 신뢰를 받고 있음을 느낀다.
- 여자가 남자를 변화시키려 하지 않고 있는 그대로의 그를 사랑으로 받아들일 때, 그는 그녀로부터 인정받고 있다고 느낀다.
- 남자가 애를 쓴 덕분에 자기가 개인적으로 도움을 받고 이익을 얻었음을 여자가 인정할 때, 남자는 그녀가 자신의 가치를 제대로 평가하며 고마움을 느끼고 있다고 생각하게 된다.

★　존 그레이, 김경숙 옮김(2000), 화성에서 온 남자 금성에서 온 여자, 친구미디어, pp. 189-197.

♂ 남자는 여자로부터 찬미의 대상이 되고 싶어한다. 그의 유머와 힘, 강한 의지, 정직성과 성실성, 로맨틱함, 친절, 애정과 이해심, 그 외의 케케묵은 미덕이라도 여자가 그것을 독특한 특성으로 받아들이고 재능으로 생각해 기뻐하면, 남자는 그녀가 자기를 찬미하고 있다고 생각한다. 남자는 자기를 찬미하는 상대에게 마음 놓고 모든 것을 바친다.

♂ 모든 남자들은 마음 속 깊은 곳에 자기 여자의 영웅이 되거나 빛나는 갑옷을 입은 멋진 기사가 되고 싶은 욕망을 지니고 있다. 그가 그녀의 시험에 통과했음을 보여주는 신호는 바로 그녀의 찬성이다. 찬성하는 태도란 그가 어떤 행동을 했다면 거기에는 충분히 그럴 만한 이유가 있으리라고 생각하고 믿어주는 것이다.

♂ 남자들은 여자로부터 격려받고자 하는 주된 욕구를 지닌다. 상대를 격려하는 태도는 그의 능력과 인격에 신뢰를 표함으로써 그에게 희망과 용기를 불어넣어 준다. 여자가 남자에게 신뢰와 인정, 감사와 찬미, 찬성을 보여줄 때 그는 무엇이든 할 수 있는 힘을 얻는다.

이것은 남녀의 차이에 대한 글이다. 이 글을 읽고 남자와 여자의 가장 기본적인 차이는 무엇인지 말해보자. 그리고 남자가 여자에게 호감을 얻는 방법과 여자가 남자에게 호감을 얻는 방법에 대해 이야기해보자.

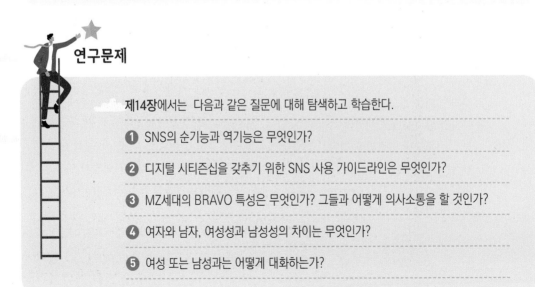

연구문제

제14장에서는 다음과 같은 질문에 대해 탐색하고 학습한다.

❶ SNS의 순기능과 역기능은 무엇인가?

❷ 디지털 시티즌십을 갖추기 위한 SNS 사용 가이드라인은 무엇인가?

❸ MZ세대의 BRAVO 특성은 무엇인가? 그들과 어떻게 의사소통을 할 것인가?

❹ 여자와 남자, 여성성과 남성성의 차이는 무엇인가?

❺ 여성 또는 남성과는 어떻게 대화하는가?

1 디지털 커뮤니케이션

스마트폰과 SNS(Social Network Service)가 가지고 있는 네트워크의 연결성은 전 세계 인과의 교류와 정보 공유를 가능하게 한다. 우리는 친구의 친구가 내 친구가 되는 좁은 세상 네트워크(small world network)에 살고 있다.★

SNS는 개인들 간의 관계를 통해 형성된 연결을 공유하며 그 연결을 바탕으로 일 어나는 상호 작용을 지원하는 웹 기반 서비스이다. 이러한 SNS는 사회관계 지향적 인 플랫폼으로 시공간의 장벽을 넘어 의사소통을 가능하게 한다. SNS 이용자들은 다양한 사람들과의 네트워크 또는 인맥관리, 정보 교류, 재미, 개인 홍보 등을 위해 SNS를 사용한다.

1 SNS의 순기능과 역기능

(1) SNS의 순기능

2009년 스마트폰 도입 이후에 이용자가 기하급수적으로 증가한 SNS는 그 사회 적 영향력과 함께 경제적 가치에 대해서도 주목받고 있다. 최근에는 SNS를 기반으 로 하는 소셜 네트워크 게임, 광고, 커머스 등의 결합 모델이 나타나면서 그 경제적 파급 효과에 많은 기업들이 주목하고 있다. 또한, 유트브, 트위터를 중심으로 선거 와 정치에 미치는 SNS의 영향 등 정치적 파급 효과도 점차 확대되고 있다.

❶ 관계 유지 및 형성

SNS의 가장 기본적인 기능은 기존 관계의 강화 및 새로운 관계의 형성이다. 온라 인 사회 자본의 축적이라는 차원에서 SNS를 통해서 적은 노력과 시간 투자로 기존

★ 김희연, 오주현(2012), 국내외 SNS의 현황과 사회적 의미, 정보통신정책연구원, pp. 19-39.

관계를 유지할 수 있으며, 유사한 관심사를 주제로 잠재적 친구들을 보다 쉽게 찾을 수 있다.

특히 최근에는 스마트폰의 등장으로 SNS와 모바일의 결합이 이루어지면서 상호 작용의 빈도가 더욱 높아졌으며 위치 정보 등의 추가적인 기능 제공으로 관계망이 더욱 확장·강화되고 있다. 이렇게 확장된 관계망을 통해 SNS 이용자들은 정서적 지지는 물론 업무, 학업, 생활 등과 관련된 실질적 호혜를 공유할 수 있다.

❷ 신뢰 기반 소셜 검색

SNS를 통한 검색이 아직 일반화된 단계는 아니지만 성별, 연령 등 개인의 일반적 특성을 한정하여 검색 범위를 좁혀 보다 정확한 서비스를 제공하는 것뿐만 아니라, 더 나아가 SNS 친구가 추천한 정보를 제공하기도 한다. 아마존의 구매 이력으로 책을 추천하는 서비스나 음악 청취 기록에 따라 음악을 추천하는 서비스 등이 좋은 예이다.

❸ 여론 형성

SNS와 일반 웹 페이지의 가장 큰 차이점은 나와 의미 있는 관계를 맺은 사람들에게 나의 글이 용이하게 전달되고 피드백을 얻을 수 있으며, 네트워크를 통해 처음에 의도하지 않았던 사람에게까지 빠른 속도로 확산될 수 있다는 점이다.

트위터의 경우 리트윗(retweet) 기능을 활용하여 이용자들의 특정 주제에 관한 의견을 팔로워에게 확산시키고 의견을 다시 전달하는 순환 과정을 통해 여론의 파급력을 강화한다.

(2) SNS의 역기능

소셜 미디어 시장이 확장되면서 이용자들이 SNS 피로감(SNS fatigue)을 느끼고 있다. SNS 피로감은 온라인상의 사회적 관계망 형성 및 유지·발전 과정에서 사용자가 느끼는 부담감 혹은 과부하를 의미한다.

❶ SNS 관리 부담★¹

SNS의 관리와 운영으로 인한 피로감으로 인해 페이스북 등의 성장세가 주춤하고 있다. 이는 과거 싸이월드나 블로그에서도 관찰되었다. SNS는 관계를 매개로 하기 때문에 타인과의 관계 유지를 위해 끊임없이 관리해야 한다.

이용자들은 자신의 일상, 생각, 정보를 업데이트하고, 친구들이 올린 콘텐츠를 확인하고 댓글을 달고 '좋아요(like)'를 누르고, 멘션을 보내는 행위를 계속한다. 이것은 상당한 시간과 노력이 투자되어야 하는 행동이다. 게다가 한 명이 사용하는 SNS의 수도 많아지고 평균적인 SNS의 친구 수가 100여 명 이상이라는 사실을 감안할 때 SNS 이용자의 피로가 발생한다는 것은 쉽게 유추할 수 있다.

❷ 관계에서의 통제력 상실

처음에는 소수의 친구에서 시작되나 관계가 친구의 친구로 확장되면서 잘 알지 못하는 사람들과도 정보와 일상을 공유해야 하는 상황이 가상 공간에서 발생한다.

페이스북을 사용하는 미국인들은 평균 250여 명의 친구를 갖고 있다. 이는 사람이 관계를 맺을 수 있는 최대 숫자인 150명, 즉 '던바의 수'를 넘어서는 것이다. 이에 따라 SNS를 통한 교류는 형식적인 관계에 머물 수밖에 없게 되고, 스스로 통제할 수 있는 범위를 넘어서게 된다.★²

★¹ SNS를 포함하여 디지털 중독에 대한 사회적 관심이 증폭되고 있다. 한국정보문화진흥원 인터넷중독대응센터(http://www.iapc.or.kr/)에서는 인터넷 중독, 온라인 게임 중독, 스마트폰 중독, 인터넷 이용 습관에 대한 진단 항목을 개발하여 누구나 웹 상에서 간단하게 진단하고 그 결과를 확인할 수 있는 서비스를 제공하고 있다.
　유아, 아동, 청소년, 성인용 진단 프로그램들이 세분화되어 제공되고 있다.

★² 옥스퍼드대 문화 인류학과 교수인 로빈 던바(Robin Dunbar)에 따르면 지속적으로 신뢰 관계를 가질 수 있는 친구는 최대 150명, 좋은 친구는 15명, 친한 친구(절친)는 5명이라고 한다.

상당수의 사람들이 SNS에서 탈퇴하며 관계 끊기를 시도한다는 것은 SNS상의 인간관계에서 자신이 통제력을 발휘하지 못한다는 것으로 해석할 수 있다.

SNS에서의 의미 있는 관계 추구와 통제력 회복을 위해 친한 친구나 지인 등 소수의 사람과 네트워크를 형성하는 폐쇄형 SNS들이 새롭게 부각되고 있다.

❸ SNS 폐해와 사회적 비용

• 웹 2.0을 기반으로 한 SNS 콘텐츠의 대부분이 이용자에 의해 생산되므로 신뢰를 기반으로 한 관계의 형성·유지 및 정보의 생산·확산이 중요하다. 그러나 사실이 확인되지 않는 정보나 괴담이 SNS를 통해 빠르게 확산되고 이로 인해 제3의 피해자가 발생하는 등의 폐해가 빈발하고 있다. 실제로 SNS 악플로 인한 극단적 선택의 사례를 대중 매체를 통해 심심치 않게 접하고 있다.

대표적인 SNS 폐해로는 프라이버시 침해, 디지털 명예 훼손, 인격권 침해, 허위 사실 유포, 불법 정보 유포, 지적 재산권 침해, 소셜 커머스 피해, 금융 사기 및 스팸 메시지, 해킹 등의 보안 위협, 가족이나 친지·동료 간의 대화 단절, SNS 피로감 및 정치적 통제 등이 있다. 이와 같은 SNS 이용과 관련된 폐해들이 막대한 사회적 비용(social costs)을 유발함에 따라 사회적 이슈로 등장하고 있다.

② 디지털 리터러시[*1]

리터러시(Literacy)는 '글을 읽고 쓸 줄 아는 능력'이다. 미네소타 대학교의 로라 구락(Laura J. Gurak, 2001)은 "Cyber literacy: Navigating the Internet with Awareness(번역서명: 거미줄에 걸린 웹)"라는 저서에서 인터넷 환경에서의 리터러시 문제를 처음으로 제기했다.

디지털 리터러시(Digital Literacy)는 고용, 양질의 경제·사회생활 참여를 위해 디지털 기술과 네트워크 장치를 통하여 정보를 안전하고 적절하게 정의, 접근, 관리, 통합, 의사소통, 평가, 생성하는 능력이다.(UNESCO, 2018) 이처럼 디지털 리터러시는 디지털 세계에 참여하여 경제·사회활동을 수행하는 데 필요한 리터러시들을 포괄하는 다차원적인 개념으로 그 의미가 확장되었으며, 디지털 기술에 접근하는 능력, 디지털 정보를 비판적으로 평가하고 활용하는 능력, 디지털 사회에 참여 및 기여하는 능력을 포함한다.[2]

올바른 정보를 취사선택하고 이를 적절하게 활용함은 물론 불확실한 정보에 대한 비판 능력을 신장함으로써 디지털 시티즌십(digital citizenship)을 갖춘 정보화된 시민(informed citizen)으로 성장하는 것이 SNS 폐해를 줄이고 인터넷 디스토피아(Internet Dystopia)[3]를 방지하는 대안이 될 것이다.

디지털 리터러시를 위한 SNS 사용 가이드라인을 지킴으로써 이용자 스스로의 자정 작용이 작동하는 인터넷 유토피아 환경을 만들어야 한다. 다음은 주요 SNS 이슈별 이용자 가이드라인에 대한 설명이다.

(1) 보호·강화해야 할 SNS 이슈

❶ 프라이버시 보호[4]

- 개인 정보는 스스로 통제할 수 있어야 한다.

- 타인의 개인 정보를 허락 없이 수집하거나 유포해서는 안 된다.

[1] 송경재, 장우영, 오강탁, 양희인(2012), SNS 이용자 Literacy 제고 방안 연구-SNS 쟁점 분석과 이용자 가이드 제언, 한국정보화진흥원, pp. 7-11, 25-30, 80-91.

[2] 박선미·강민옥(2022.4.), 디지털 역량 실태조사 기초연구, 서울디지털재단, p. 9.

[3] 인터넷으로 야기된 정보사회에 대한 비관론적 관점으로 인터넷이 밀폐된 공간에 개인을 묶어두어 개인주의(individualism)를 촉진하고 공동체적인 질서를 약화시켜 사회의 파편화(fragmentation)를 가져올 것이라는 주장이다. 최근 인터넷 확산과 함께 빈번하게 발생하는 사이버 범죄 등의 문제점은 이 같은 주장에 설득력을 더해주고 있다. 디스토피아론을 주장하는 학자들은 인터넷 네트워크의 등장은 면대면 접촉을 줄이고 클릭으로 모든 것을 해결하고자 하는 즉흥적이고 감정적인 반응으로 시민권을 침해할 소지가 많다고 비판한다. 이에 반해 인터넷 등장에 따라 경제, 사회 활동에서의 거래비용(transaction cost) 감소로 다양한 행동을 할 수 있게 되었다는 낙관론적 관점을 인터넷 유토피아(Internet Utopia)라고 한다.

[4] SNS를 한글 자판으로 타이핑하면 공교롭게도 '눈'이다. 가상공간이기는 하지만 실재하는 소통의 공간이고 사회적 연결망에 따라 수많은 사람들이 생각과 감정, 정보를 공유하는 공간인 만큼 SNS에 정보를 올릴 때에는 신중을 기할 필요가 있다. 내가 모르는 수많은 눈이 지켜보고 있다는 의식을 항상 가져야 한다.

❷ 정보 인권 보호

- SNS에서 타인의 인권을 침해할 수 있는 용어나 행위를 해서는 안 된다.
- 자신의 명예가 소중하듯이 타인의 명예도 소중함을 명심한다.

❸ 지적 재산권 보호

- SNS에서 원작자(또는 저작권자)의 승인 없이 타인의 창작물이나 저작물을 유포해서는 안 된다.
- 음악, 소설, 시, 미술 작품 등의 타인 창작물이나 저작물은 출처를 밝히고 게시하더라도 영리적인 목적이 있다면 지적 재산권 침해의 가능성이 있음을 명심한다.

❹ 올바른 소셜 커머스 이용

- 소셜 커머스를 이용할 때 해당 업체가 믿을 만한 회사인지 확인한다.
- 소셜 커머스를 이용할 때 해당 업체에 대한 SNS 기반 평판 조사는 필수이다.

❺ 표현의 자유 보장

- SNS는 참여 촉진적인 매체이므로 표현의 자유가 있다. 단 허위, 불법 정보와 명예 훼손 등은 표현의 자유를 제한할 수 있음을 명심한다.
- 사용자 글이 상대방에게 피해를 주지 않을지를 생각한다.

(2) 금지·차단해야 할 SNS 이슈

❶ 허위 사실 유포 금지

- SNS에 글을 올릴 때에는 게시하기 전에 허위 사실이 있는지 다시 한 번 정독하고 게시한다.
- SNS에서 정보를 얻을 때는 사실과 허위를 파악하기 위해 노력한다.

❷ 불법 정보 유포 금지

- SNS에 글을 올릴 때에는 게시하기 전에 불법 정보를 포함하는지 다시 한 번 정독하고 게시한다.
- 불법 정보 발견 시에는 핫라인을 통한 관계 기관 신고를 생활화하여 불법 정보에 의한 피해 확산을 막아야 한다.

❸ 금융 사기 금지 및 스팸 메시지 차단

- 자신이 알고 있는 사람의 이메일이라도 돈을 빌려달라거나 금융 기관 송금을 요청할 때는 의심하고 직접 전화로 확인한다.
- SNS를 이용한 스팸 및 광고성 글은 즉시 삭제한다. 그리고 반복적으로 메일이 온다면 핫라인을 통해 관계 기관에 신고한다.

❹ 해킹 등 보안 위협 금지

- 스마트폰과 SNS의 개인 신상 공개에 과도한 개인 정보를 저장하지 않는다.
- 보안 프로그램을 설치하여 해킹으로부터 대비한다.

❺ SNS 피로감 해소

- 과도한 스마트폰과 SNS 사용은 정신 건강과 육체적 피로를 야기한다.
- SNS를 사용할 때는 시간을 정하고 정보 공유, 친구 만나기, 비즈니스 등의 사용 목적을 명확하게 정립한다.

3 디지털 세상에서 살아가기

(1) 디지털 정보 역량 개발하기

최근 키오스크 보급 확대에 따른 일상생활에서의 불편함뿐만 아니라 디지털 매체를 통한 금융 사기 피해 증가, ICT 능력 부족에 따른 의료 및 돌봄 서비스 혜택 소외 같은 디지털 불이익 현상이 발생하고 있다.

이와 같이 우리는 디지털 정보 역량(digital capacity)이 삶의 질과 직접적으로 연결되는 디지털 세상에 살고 있다. 디지털 세상의 개인은 적극적인 자기 학습(온/오프라인 교육, 연구 자료 탐구와 독서)과 협업 경험, 타인과의 의사소통 및 교류 등을 통해 지속적으로 디지털 정보 역량을 개발해야 한다.

디지털 정보 역량은 디지털 시대에 필요한 정보 통신 기술에 대한 이해·적용 능력으로, 이 역량을 가진 사람은 ICT를 활용하여 문제를 해결하고 새로운 아이디어를 만들어내며, 이를 통해 더 나은 삶을 살 수 있다. 디지털 정보 역량의 요소는 크게 4가지로 나눌 수 있다.

- **기술적 능력**: 컴퓨터나 모바일 디바이스 등을 사용하는 데 필요한 지식과 기술적 능력(하드웨어와 소프트웨어)
- **정보 관리 능력**: 인터넷, 검색 엔진 및 데이터베이스 등을 이용하여 다양한 정보를 수집·분석하고 가공·활용하는 능력
- **문제 해결 능력**: 문제를 해결하기 위한 데이터 처리 및 결과의 현업 적용·평가 능력
- **협업과 의사소통 능력**: 연결된 세상에서 타인과 협력하여 공동의 프로젝트를 수행하고 효과적으로 소통하는 능력

(2) 디지털 디톡스 실천하기

디지털 디톡스(digital detox)는 디지털(digital)과 해독(detox)의 결합어로, 각종 전자 기기와 인터넷, SNS 등에 대한 중독으로부터 벗어나 심신을 치유하는 것으로, 디지털 단식이라고도 한다. 최근 디지털 중독으로 정상적인 생활에 어려움을 겪는 등의 피해를 호소하는 사람들이 늘어나고 있다. 스마트폰, 인터넷, 게임 등의 디지털 중독 등에 빠지면 정상적인 생활에 방해를 받을 뿐만 아니라 육체적, 정신적 건강에도 좋지 못한 영향을 준다. 아래 사항 중 해당하는 사항이 있다면 디지털 중독을 의심해 봐야 한다.[*1]

- 집중력 저하 등으로 인한 업무 및 학업 능률 저하
- 운동 부족, 체력 저하 등 건강상의 문제 발생

- 사이버 공간 몰입으로 인한 초조함, 불안 장애 발생
- 일상생활 장애로 인한 고립감, 우울증 악화
- 주위 사람들과의 관계 악화

디지털 디톡스를 실천하기 위해서는 단순히 스마트 기기로부터 자신을 일시적으로 차단하는 것에서 그쳐서는 안 되며, 디지털 디톡스 실천 수칙을 정해 꾸준히 실천해야 한다.

- 디지털 디톡스 기간 동안의 활동 계획을 구체적으로 세운다. 운동, 산책, 취미 생활, 친구와의 만남, 가족과의 시간, 독서, 자기계발 등과 같이 오프라인상에서 할 수 있는 다양한 활동을 계획해 실행한다.
- 컴퓨터, 스마트 기기의 사용 요일과 시간을 정한다. 일주일에 하루 이상은 컴퓨터와 스마트 기기 없이 생활한다. '넌 얼마나 쓰니'와 같은 어플리케이션을 이용하여 자신의 스마트 기기 이용 습관을 확인하면 도움이 된다.
- 급한 연락과 용무는 미리 처리해 둔다. 스마트 기기 사용을 줄이기 위해서는 급한 용무를 미리 처리해 두고, 비상시의 연락 방법을 마련해 둔다.
- 자발적인 의지만으로 중독에서 벗어나기 어렵다면 전문가나 전문 기관을 찾아 상담과 치료를 받도록 한다.

(3) 정보 윤리 의식 높이기

정보 윤리(information ethics)는 정보 기술의 발달과 함께 정보 활용에 대한 윤리적 문제들이 제기되면서 생겨났다. 정보 윤리의 목적은 정보의 적절한 사용과 접근에 대한 규범을 제시하고, 정보의 안전성과 개인 정보 보호를 강화하는 것이다.[2]

★1 디지털 디톡스_SKKU Reading Guide(2023.4.10.), https://skku.libguides.com/c.php?g=291120&p=2036943
★2 아인세(아름다운 디지털 세상) 참조, 지능 정보 윤리와 연관된 자료 및 교육 등에 대한 정보 수록, https://ainse.kr/front/iNews/trend/selectTrendList.do

정보 윤리는 정보에 대한 접근, 수집, 보유, 이용, 공유, 삭제 등에 대한 윤리적인 측면을 다룬다. 정보의 무단 공개와 도용, 허위 사실 유포, 저작권 침해 등이 정보 윤리의 대표적인 주제이다.

또한, 챗GPT 등과 같은 새로운 기술들이 발전하면서 AI 윤리와 관련된 이슈들에 대한 관심이 증가하고 있다.[*1]

디지털 시대를 살아가는 개인은 앞서 기술한 SNS 사용 가이드라인을 일상 속에서 실천함은 물론 정보 윤리 의식을 지속적으로 높여가야 한다.

토의 14-1

COVID-19 이후 유튜브, 트위터, 페이스북, 본디(Bondee)와 같은 디지털 소통 매체를 통한 커뮤니케이션이 증가하고 있다.

❶ 스마트폰이나 SNS의 과도한 사용으로 나타나는 문제점과 해결 방안을 다른 사람과 논의하여 그 결과를 발표해보자.

❷ 반대로 디지털 매체를 효과적으로 활용하여 일이나 관계 개선에 도움이 된 사례에 대한 경험을 공유해보자.

❸ 디지털 커뮤니케이션 환경으로의 변화에 따라 바람직한 인간관계를 유지하기 위해 타인과 어떻게 소통(대화)해야 할지에 대한 의견을 제시하고, 그 내용을 팀원들과 공유해보자.

② MZ세대와의 커뮤니케이션[*2]

세상은 주역이던 세대가 그 자리에서 물러나고 다른 세대가 주역이 되면서 대를 이어 독특한 문화와 역사를 만들어 간다. 청소년기에 '신세대'라 불리며 사회적 관심의 대상이 되었던 밀레니얼 세대와 2000년 즈음에 태어난 Z세대가 사회의 전면으로 부상하면서 이들과의 소통이 중요한 이슈로 등장하고 있다.

① 세대 분류와 세대별 특성

요즈음 MZ세대가 대세이다. 밀레니얼 세대와 Z세대를 합쳐서 MZ세대라고 한다. 밀레니얼 세대는 새천년이 시작된 2000년 즈음 성인이 된 사람들을 뜻한다. Z세대에서 Z는 알파벳의 마지막 글자로 20세기에 태어난 마지막 세대라는 의미이기도 하다.

(1) X세대, Y세대

밀레니얼 세대는 2000년대의 주역이 될 것이라 해서 붙여진 이름으로 Y세대라고도 한다. Y세대는 X세대의 다음 세대라는 의미다.

X세대는 1960년대 중반부터 1970년대 말에 태어난 세대로, 1991년 발간된 'Generation X'라는 소설로 그 명칭이 대중화되었다.

Y세대는 1980년 전후에 태어난 세대로 1993년 미국의 'Ad Age'라는 잡지에 처음 등장했다.

(2) Z세대

Z세대는 인간관계에서 계산이 빠르고 실리를 중시한다. 필요가 적어진 관계는 쉽게 '손절'함으로써 감정 소모를 줄이고자 한다. 언제든 온라인으로 친구 관계를 맺을 수 있는 환경에서 태어난 Z세대는 오프라인에서 마음 맞는 친구를 찾는 데 시간과 노력을 들이기보다는 온라인을 통한 관계를 즐긴다.

태어날 때부터 스마트폰과 모바일 인터넷을 접한 '모바일 네이티브'인 이들은 사람을 많이 만나지 않아도 별로 외로워하지 않는다. 온라인에서도 소통하고 즐길 거리가 충분하기 때문이다. 다른 이들과 일상을 공유하는 동영상인 '브이로그'가 인기

★1 AI 윤리에 대한 논의는 다음 자료를 참고한다. '인공 지능(AI) 윤리 가이드라인'의 중요성과 국가별 대응 현황: 국내, 연구윤리정보센터.

★2 예지은 외(2009), "BRAVO Generation" 신세대 직장인을 말하다, 삼성경제연구소, CEO Information(제727호); 예지은 외(2011), 신세대의 특성과 조직관리 방안, 삼성경제연구소, Issue Paper 내용 요약 정리.

를 끄는 것도 가성비를 중시하는 Z세대의 특성이 반영된 결과로 분석된다.

Z세대의 목표는 당찬 포부보다는 '무난함'에 가깝다. 2002년생인 A의 어머니는 의사다. A는 "부모님 덕분에 대치동에 살았고 명문고를 졸업했다"면서도 "일과 가정에 모두 헌신한 어머니를 존경하지만 그렇게 살고 싶지는 않다"고 말한다. 경제적으로 넉넉해도 바쁜 삶은 싫고 자기가 만족하는 무난한 삶이 더 행복하다는 것이다.

마케팅 전문가들에 따르면 Z세대는 '평타(기본을 의미하는 게임 용어)'를 최선으로 여긴다. 이런 심리는 Z세대 사이의 유행어인 '인싸'와 '무나니스트'에 투영되어 있다. 인싸는 '인사이더'의 줄임말로 자신이 속한 무리 안에서 여러 사람과 잘 어울리는 사람을 뜻한다. 무나니스트는 '무난'과 '사람'을 나타내는 접미사 'ist'의 합성어로 '무난함을 추구하는 사람'이란 뜻이다.

베이비부머 세대와 함께 Z세대까지의 각 세대별 특성을 정리하면 〈표 14-1〉과 같다.

표 14-1_ 세대별 특성

베이비부머 세대	X세대	Y(밀레니얼)세대	Z세대
1955~1964년	1965~1979년	1980~1995년	1996~2010년
전후 세대, 이념적	물질주의, 경쟁 사회	세계화, 경험주의	윤리 중시, 현실주의
아날로그 중심	디지털 이주민	디지털 노마드	디지털 네이티브
새마을 운동	5·18, 6·29	IMF, 촛불 시위	질병X, 취업 절벽
성실, 인내, 경쟁	연대, 협력	자유, 행복, 공정	연결, 공유, 공정
얼굴 보며 대화	휴대전화로 통화	SNS 소통	SNS, YOU아독존
타인으로부터의 인정	가족·친구 우선	개성	개인주의, 자유분방
평생 직장	평생 직업	잦은 직장 이직	직업은 인생의 일부

(3) MZ세대

MZ세대는 1980년부터 2010년에 출생한 세대를 말한다.[1] MZ세대는 사회의 주역이자 우리의 미래이다. MZ세대의 특성을 기술하기에 앞서 과도한 세대 구분에 따른 부작용에 대한 신문 기사를 소개한다.[2]

포스코는 최근 관리자급 직원을 대상으로 'MZ세대라는 용어를 남용하지 말라'

고 사내 공지했다. MZ세대 대신 '20·30 세대'나 '젊은 세대'라는 표현을 써 달라는 권고다. 포스코가 MZ세대 용어의 사용을 자제하자고 나선 배경에는 세대 구분이 사내 갈등의 새로운 불씨로 작용할 수 있다는 우려 때문이다. MZ세대를 바라보는 다음과 같은 부정적 인식이 조직 문화를 해칠 수 있다는 것이다.

- 능력은 없는데 성과만 바란다.
- 자기중심적이며 사회성이 부족하다.
- 적당히 일하며 월급만 받으려는 '조용한 퇴사' 성향이다.
- 조직에 대한 헌신보다 워라밸만 추구한다.

젊은 직원들도 과도한 세대 구분에 따른 어려움을 호소한다. 인터넷·SNS를 중심으로 MZ세대 직장인을 희화화한 이른바 'MZ 직장인 밈(meme)'이 퍼지면서 "별종 취급을 받는 것 같다"고 토로한다. 한 직장인은 "걸핏하면 'MZ세대는 이렇다'는 말을 듣는 게 마치 가스라이팅(심리적 지배)처럼 느껴져서 'MZ 라이팅'을 당하는 것 같다"고 한다. 더욱이 MZ세대가 30여 년을 통칭하다 보니 MZ세대로 묶인 1980년대 출생자는 "MZ세대가 누구를 지칭하는지 잘 모르겠다"고 지적했다. 과도한 세대 구분과 지나친 일반화는 부작용을 가져온다.

★1 세대를 구분할 때 주장하는 사람이나 기관에 따라 구체적 연도는 다소 차이가 난다.
★2 양민철·황민혁, 2030직장인 'MZ라이팅'에 한숨, 국민일보(2023.5.4.)

② MZ세대의 BRAVO 특성

세계 경제의 글로벌화, 정보 통신 기술의 발달, 한두 자녀 가구, 경제적 풍요 등의 환경에서 성장한 MZ세대는 기성세대와 다른 BRAVO 특성을 보인다.

(1) Broad Network(다양한 인간관계와 관심사)

MZ세대의 폭 넓은 인간관계와 다채로운 외부 활동은 창의적인 아이디어를 발현할 수 있는 기반이 된다.

📢 넓고 얕은 인간관계

★ MZ세대는 폭넓은 인적 네트워크를 형성하고 이를 통해 자신의 다양한 호기심을 충족시킨다. 이들은 학창 시절의 '스터디 그룹'과 '팀 프로젝트', '인터넷 동호회' 등의 활동을 통해 만나고 헤어지는 데 익숙한 인간관계를 보인다. 이들은 좁고 깊은 인간관계보다는 자신의 관심사에 따라 네트워크가 지속적으로 변화하며, 넓고 얕은 인간관계에 익숙하다.

📢 자신에 대한 투자

★ MZ세대는 다양한 취미 활동, 미래를 위한 학습, 최첨단 유행의 디지털 기기 구입 등 자신의 관심 분야에 대한 투자를 아끼지 않는다.

(2) Reward-sensitive(평가 결과 및 보상에 민감)

경제 위기로 인한 대규모 구조 조정과 '평생직장'의 붕괴를 목격한 MZ세대는 단기적이고 실제적인 보상을 추구한다. 이들은 자기 발전에 도움이 되고 적절한 보상이 주어진다고 생각할 때 업무에 몰입하며, 개인별 실적과 기여도에 따른 평가와 보상을 선호한다. 최근 대기업을 중심으로 제기된 성과급 논란은 이런 MZ세대의 특성을 잘 보여준다. 그들은 "성과(능력)만큼의 보상을 투명하고 공정한 기준에 따라 바로 지급해 달라"고 요구한다.

(3) Adaptable(새로운 것에 대한 강한 적응력)

MZ세대는 IT 및 글로벌 역량을 바탕으로 변화를 즐기고 새로운 것에 빠르게 적응한다. 이는 급변하는 경영 환경에 유연하게 대처할 수 있는 강점으로 작용한다. 반면, 빨리 지루해하고 지속적으로 새로운 자극을 찾아 진중함이 떨어져 보인다.

📢 디지털 네이티브(Digital Native)

★ 학생 때부터 디지털 IT 기기를 사용한 MZ세대는 IT 활용 및 정보 검색 능력을 통해 새로운 정보와 지식을 기성세대보다 신속하게 습득하고 민감하게 반응한다. 업무를 수행할 때도 인터넷 검색, 이메일, 메신저, 다양한 SNS를 사용하여 업무를 협의하고 소통하는 것에 익숙하다.

📢 글로벌 마인드(Global-minded)

★ 학창 시절 배낭 여행, 어학연수, 교환 학생, 해외 인턴 등 실제로 해외에서 생활해본 경험으로 어학 실력이 우수하고 변화에 빠르게 적응하며 자신감이 높다.

(4) Voice(생각과 감정을 솔직하게 표현)

부모의 보살핌 속에 성장한 MZ세대는 자신의 생각과 감정을 솔직하게 표현하며 코칭과 피드백, 칭찬과 격려의 메시지를 통해 동기가 부여된다.

📢 솔직한 의사 표현

★ 인터넷 공간에서 자신의 의견을 적극적으로 표현하고 다른 사람과 공유하며 피드백 받는 것에 익숙한 MZ세대는 직장에서도 생각과 감정을 비교적 자유롭고 솔직하게 표현한다. 그들은 오랜 기간 근무하며 승진하는 것보다는 연봉이나 성과급 등의 단기적 이익에 집중한다.

인정의 피드백

★ MZ세대는 맡은 일을 혼자서 묵묵히 수행하기보다는 상사에게 수시로 찾아가 의논하고 확인받는 것을 선호한다. 작은 일에 대해서도 자주 칭찬과 격려를 받고 싶어 하며 업무 결과에 대한 구체적 피드백과 코칭을 기대한다. 감정을 자극하는 말이나 질책, 상명 하달식 지시나 통제는 동기 부여의 저해 요인으로 작용한다.

(5) Oriented to myself(회사보다 개인 생활을 중시)

개인 생활을 중시하고 삶의 질을 추구하는 MZ세대는 집단주의 가치관이 강한 기성세대와 종종 갈등 상황에 직면한다. 일에서도 의미와 가치를 추구한다.

삶의 질을 추구

★ MZ세대는 직장생활이 인생의 일부일 뿐이며, 조직을 위해 희생하기보다 개인 시간을 갖고 행복하게 사는 것이 인생의 목적이라고 인식한다. 이들은 일에 대한 흥미를 중시하고 즐겁게 일하는 것에 관심이 많다. 직업을 선택할 때 '일과 삶의 균형(WLB: Work-Life Balance)'을 중요한 기준으로 생각하며, 개인과 조직을 분리해서 생각하는 경향이 있다. 지금 당장 즐길 수 있는 스몰 럭셔리, 칼퇴 등을 중시하며 욜로(YOLO: You Only Live Once)를 추구한다.

사생활 보호에 민감

★ 사생활 노출에 익숙한 인터넷 세대이지만 상사들이 퇴근 이후의 생활이나 이성 관계, 휴가 등 개인 사생활에 대해 묻는 것을 부당하며 부담스럽다고 인식한다. 혼밥, 혼술, 혼여, 혼영, 혼캠 등 1인 트렌드를 주도하며 '난 좀 달라'라는 가치를 추구한다.

③ 조직에서 MZ세대와 소통하기

(1) 가치관의 차이 인정

기성세대의 가치관으로 MZ세대의 행동을 해석하지 말고 서로 다른 사회적 배경에서 성장한 것에 따른 세대 간의 차이점을 인정하고 수용한다.

- '틀리다'가 아니라 '다르다'라고 생각한다.
- 기성세대도 청년이었을 때는 윗세대로부터 비슷한 평가를 받았다.
- "너도 내 나이 되어 봐라" 하며 사소한 이슈들은 흘려 넘긴다.

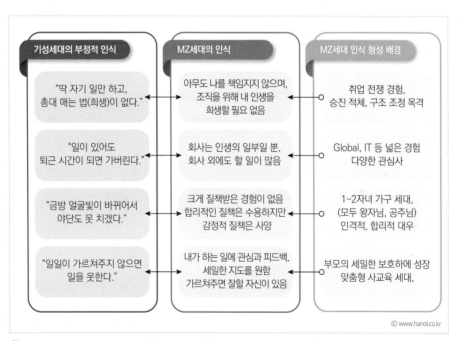

기성세대의 부정적 인식	MZ세대의 인식	MZ세대 인식 형성 배경
"딱 자기 일만 하고, 총대 매는 법(희생)이 없다."	아무도 나를 책임지지 않으며, 조직을 위해 내 인생을 희생할 필요 없음	취업 전쟁 경험, 승진 적체, 구조 조정 목격
"일이 있어도 퇴근 시간이 되면 가버린다."	회사는 인생의 일부일 뿐, 회사 외에도 할 일이 많음	Global, IT 등 넓은 경험 다양한 관심사
"금방 얼굴빛이 바뀌어서 야단도 못 치겠다."	크게 질책받은 경험이 없음 합리적인 질책은 수용하지만 감정적 질책은 사양	1~2자녀 가구 세대, (모두 왕자님, 공주님) 인격적, 합리적 대우
"일일이 가르쳐주지 않으면 일을 못한다."	내가 하는 일에 관심과 피드백, 세밀한 지도를 원함 가르쳐주면 잘할 자신이 있음	부모의 세밀한 보호하에 성장 맞춤형 사교육 세대,

© www.hanol.co.kr

🐝 그림 14-1_ MZ세대와 기성세대의 인식 차이와 배경

(2) Broad Network 특성을 창의적 시도로 연결

MZ세대의 관심 주제에 대해 소집단 중심의 비공식 활동을 장려함으로써 조직 내에 작고 다양한 도전과 시도들이 일어나도록 한다.

- MZ세대 직원들의 자율성을 존중하고 스스로 문제를 찾아 해결하도록 맡긴다. 일방적으로 지시하지 않는다.
- 결정은 상사들끼리 하고 시행은 부하 직원에게 떠넘기는 것은 의욕을 떨어뜨린다. 조직의 소모품 역할이나 하고 있다는 느낌을 갖지 않도록 의사 결정 과정에 참여시킨다.
- 그들의 말을 '끊는' 순간 관계는 단절된다. "안 된다"는 말은 가능한 한 아껴 둔다. MZ세대는 예외적인 일을 시도해보는 것에서 매력을 느낀다.

(3) Reward-sensitive 특성을 평가와 보상의 공정성 제고와 연결

업무 성과에 대해 객관적으로 평가하고, 그 결과에 대해 납득할 수 있도록 적시에 피드백을 제공하고 코칭한다.

- 직원에게 자신의 성과를 증명해 보이도록 요구한다. 피드백은 직무 수행과 성과에 대한 정확한 정보를 바탕으로 한다.
- 경제적 보상뿐 아니라 작은 업무 성과에 대해서도 칭찬과 격려 등의 심리적 보상을 통해 인정 욕구를 충족시킨다.
- 보릿고개 때의 어려움 등 "왕년에는 이렇게 했다"는 식의 표현은 하지 않는다. 이제 그런 말은 MZ세대에게 더 이상 설득력이 없다.

(4) Adaptable 특성을 도전의 기회로 연결

조직에서 MZ세대에게 가장 동기 부여하는 요인은 성장과 경력 개발이므로 직무 순환(job rotation)을 통하여 새로운 업무 기회를 제공하거나 업무 수행 방식을 변경하는 등 변화를 줌으로써 새로운 도전 기회를 부여하고 역량 개발을 지원한다.

- 담당 업무에 대한 비전과 목표를 명확히 제시한다.
- 직무와 관련된 경력 경로(career path)를 제시하고 경력 개발을 지원하다.
- MZ세대에 접근하는 방법의 하나는 새로운 시대, 새로운 패러다임에 맞는 사고와 행동을 하는 것이다. 그러기 위해서는 기성세대도 끊임없이 연구하고 변해야 한다.

(5) Voice 특성을 IT 기반 수평적 양방향 커뮤니케이션으로 연결

MZ세대는 짧은 시간 동안 다수의 사람과 자주 편하게 대화할 수 있는 IT 채널을 선호하는 만큼 이들이 익숙한 이메일, 메신저, 카카오톡과 같은 SNS, 화상 회의 등의 IT 기반 커뮤니케이션 채널을 적극적으로 활용한다.

- 자신의 의견을 표현할 기회를 준다. 빠르게 피드백한다.
- 업무에 관심을 갖고 도와주고 격려해준다. 자기 개발과 경력 개발에 대해 조언한다.
- 성과 평가 결과에 대한 설명은 사실에 입각하여 논리적으로 한다.

(6) Oriented to myself 특성을 업무 중심의 유연한 근무 문화와 연결

성과 중심의 평가, 보상과 연계된 집중 근무제, 자율 출근제 등의 다양한 근무 제도를 도입한다. 이를 통해 근무 시간을 중심으로 하는 경직된 근무 문화에서 벗어나 업무 성과를 중심으로 일과 삶의 균형을 고려한 유연한 근무 분위기를 조성한다.

- 일과 휴식, 공과 사를 명확히 구분한다. 퇴근 시간이 다 되어 업무를 지시하지 않는다. 갑작스런 회식, 휴일 출근 등은 불가피한 일이 아니면 피한다.
- 커피 한 잔을 하더라도 이왕이면 분위기 있는 곳을 택한다. 노래방을 가더라도 최신곡이 준비돼 있고 분위기가 세련된 곳을 찾아간다.
- 부하나 후배라도 반말을 하지 않는다.

토의 14-2

이른 아침. 오랜만에 큰딸과 투썸플레이스에서 데이트를 한다. 커피를 주문하고 20~30분 수다를 떤 다음 오랫동안 커피숍에 머물러야 할 상황인지라 각자 자기 일을 한다. 언뜻 보니 베이비부머 세대인 나는 머그컵에 따뜻한 커피를, 맞은 편의 딸은 아이스아메리카노를 마시고 있다. 더욱이 나는 필기구로 줄을 그으며 종이책을 읽고 있고, 딸은 아이패드에 펜슬로 가구 배치도를 그리고 있다. 가끔 아이폰으로 웹툰을 보며 혼자서도 잘 논다. 확실히 '세대 차이가 있음'을 느낀다. 그래도 오랜만의 데이트는 즐겁고 유쾌하다. 우리는 이 시대의 한국 사회를 구성하는 구성원들이다. 아무래도 갈등보다는 융합이 서로에게 유익하다.

다음 각 지문을 읽고 자신의 생각을 정리해 그 결과를 동료들과 공유해보자.

❶ 언제 세대 차이를 느끼는가? MZ세대와 기성세대의 차이는 무엇인가?

❷ MZ세대와 기성세대가 서로 잘 지내고 시너지 효과를 내려면 기성세대는 어떻게 해야 하는가?

❸ MZ세대와 기성세대가 서로 잘 지내고 시너지 효과를 내려면 MZ세대는 어떻게 해야 하는가?

③ 여성 또는 남성과의 커뮤니케이션

미리보기 에서와 같이 남자와 여자는 여러 가지 면에서 차이를 보인다. 이러한 남녀 간의 근본적 차이로 인해 남자보다는 여자가 평균적으로 7, 8년은 더 장수한다. 그것보다 더 중요한 것은 중년 이후가 되면 여자는 여행이나 영화, 연극, 미술

감상과 같은 일상의 취미 활동을 남편과 같이 하려 하지 않고 여자 친구와 하려 한다는 것이다. 불쌍한 한국 남자에 대한 '불편한 진실'은 남의 이야기가 아니다.

1 여자와 남자의 차이

여자와 남자의 차이에 대한 몇 가지 이야기를 해보자.

첫째, 여자는 남자를 평가할 때 키스(KISS)로 판단한다. 먼저 키(Ki)를 보고 다음으로 스타일(Style), 그리고 중저음의 울림이 있는 보이스 톤과 같은 스피치(Speech)로 첫 인상을 결정한다. 반면 남자는 여자를 판단할 때 그냥 예쁘면 된다. 남녀의 가장 큰 차이는 '남자는 단순하고 여자는 복잡하다'는 것이다.

둘째, 여자는 중요한 이슈나 별다른 내용이 없는 이야기로도 서너 시간을 유쾌하게 보낼 수 있다. 그것도 술이라는 매개체도 없이 그냥 간단한 차를 마시면서 말이다. 서너 시간이나 수다에 가까운 이야기를 하고 나서도 헤어질 때 "중요한 것은 다시 전화로 이야기하자"라고 한다. 반면, 남자는 핵심이나 중요한 내용을 중심으로 간단명료하게 이야기하는 것을 좋아한다. 사회나 조직에 뭔가 유익한 내용, 대의명분, 의리와 같은 뭔가 의미 있는 이야깃거리를 좋아하고 "그래서 결국 어떻다는 얘기야?"와 같이 뭔가 결론을 내려고 한다. 남녀의 두 번째 차이는 남자는 '결론 지향적이고, 여자는 과정 중시적'이라는 것이다.

셋째, 여자는 자연이나 사람과 소통하는 공감 능력이 발달한 반면, 남자는 현상이나 사람을 분석하고 평가하는 컨설팅 능력이 뛰어나다. 여자는 행동하고 이야기할 때 오감을 활용해서 표현한다. 목소리가 크고 제스처도 다양하게 표현한다. 그리고 잘 웃는다. 반면, 남자는 절제된 행동과 이야기 스타일을 선호한다. 논리적으로 이야기하고 제스처는 간단명료하다. 근엄하고 잘 웃지 않는다. 남녀의 세 번째 차이는 남자는 '이성적이고, 여자는 감성적'이라는 것이다.

마지막으로, 여자가 남자보다 예리하다. 전반적으로 여자가 남자보다 직관력이 뛰어나다. 여자는 비언어적 신호를 포착하고 해독하는 능력과 사소한 신호까지 정확히 파악하는 눈을 타고난다.

유머

여자는 17세에 이미 다 성장하지만 남자는 37세에도 오락과 만화에 빠져 허우적댄다. 결혼 후에 여자는 결혼식 날의 추억에 빠지지만 남자는 총각 시절의 그리움에 빠진다.

여자 셋이 친구 사이이고 이름이 영란, 보람, 예슬이면 서로 '영란', '보람', '예슬'이라고 불러준다. 남자 셋이 친구 사이이고 이름이 남규, 상무, 성기이면 서로 '닭대가리', '또라이', '변태'라고 불러준다.

남자는 화장실을 생리적 목적 외에는 사용하지 않는다. 여자는 화장실을 사회적인 목적으로도 사용한다. 남자는 화장실에서 서로 얘기를 하지 않는다. 서로 쳐다보지도 않는다. 여자는 오래된 친구처럼 이 얘기 저 얘기 한다. 그리고 남자는 절대로 식사 중인 옆의 친구에게 "민수야, 화장실 같이 안 갈래?"라고 하지 않는다.

남자는 대화를 시작하기 위해 논쟁거리부터 찾는다. "그 영화 영 꽝이던데?", "그 녀석 깡패 아냐?", 여자는 대화를 시작하기 위해 공감대부터 찾는다. "어제 그 음식점 잘하지?", "날씨 덥더라".

여자와 남자의 특성 차이에 대해 조금 더 살펴보자.

(1) 여자의 특성

- 개인 간의 친밀한 관계, 대화, 아름다움 등에 높은 가치를 두며 관계 지향적이다. 그들은 서로 도와주고, 관심을 쏟고, 보살펴 주는 일에 많은 시간을 할애한다.

- 어떤 목표를 이룩하고 성공하는 것보다 조화와 사랑으로 함께 어울려 사는 삶에 더 관심을 보인다.

- 함께 이야기를 나누고 함께 느끼는 데서 만족감을 얻는다. 자신의 어려운 문제와 우울한 기분을 터놓을 수 있는 친구가 있다는 것에서 위로를 받는다.

- 조언하거나 해결책을 제시하는 것보다 그냥 그녀와 같은 입장이 되어 진지하게 이야기를 들어 주는 것이 그녀에게 훨씬 도움이 된다.

- 자기 표현, 특히 자신의 감정과 느낌을 표현하는 것이 매우 중요한 것이어서 기분이 바뀌면 하루에 몇 번씩 옷을 갈아입기도 한다.

- 직관적이다. 진정한 사랑이란 상대가 청하지 않아도 미리 알고 도와주고 보살펴 주는 것이라고 생각한다.

- 여자들이 이야기를 하게 되는 세 가지 이유는 먼저, 정보를 전하고 얻기 위해서이다.(대체로 남성들이 이야기하는 주 이유이다) 다음으로 기분이 언짢거나 우울할 때 그 기분을 풀어 버리려고 말을 한다.(남성은 기분이 상해 있으면 말을 하지 않는다. 대신에 혼자서 차분히 생각해볼 기회를 갖는다) 마지막으로 친밀감을 만들기 위해 자신의 속마음을 나눔으로써 자신이 사랑이 깊은 사람임을 확인한다.(자기 자신을 찾기 위해 남자들은 말을 하지 않는다. 남자는 지나친 친밀감으로 자기 자신을 잃게 될 것을 두려워한다)

(2) 남자의 특성[1]

- 남자들의 잘난 체하는 습성, 다른 사람(특히 여자)을 깔보고 가르치려는 성향을 꼬집는 말로 '맨스플레인(mansplain)'이 있다. 이는 남자(man)와 설명하다(explain)의 합성어이다.[2]
- 능력과 효율, 업적을 중요하게 여기며 목표 지향적이다. 그들은 목적을 이루는 능력을 통해 자기 존재를 확인한다.
- 혼자 힘으로 문제를 해결하고 나서야 비로소 기분이 풀린다.
- 사람들이나 느낌보다는 사물과 사실에 더 관심이 많다.
- 잘못을 지적받거나 지시받는 것을 매우 싫어한다. 남자에게는 청하지 않은 조언을 하지 않는다. 그들은 상대의 이런 행동을 자신이 무능력하다는 의미로 해석한다.

[1] 존 그레이, 김경숙 옮김(2000), pp. 31-68.
[2] (of a man) explain (something) to someone, typically a woman, in a manner regarded as condescending or patronizing.

- 남자들이 원하는 것은 충고나 비판이 아니라 따뜻한 신뢰의 눈빛이다. 남자들은 자기 자신에게 문제가 있는 게 아니라 문제를 해결하는 데 자기가 꼭 필요하다고 느낄 때 기꺼이 동참한다.
- 자기 문제를 이야기하는 데는 오직 두 가지 이유에서이다. 하나는 누군가를 비난하고 탓하는 경우이고, 다른 하나는 정보나 조언을 구할 때이다.

지금까지 살펴본 남자와 여자의 차이를 정리하면 〈표 14-2〉와 같다.

표 14-2_ 남자와 여자

남자와 여자의 차이		남자와 여자의 특성	
남 자	여 자	남 자	여 자
단순	복잡	맨스플레인	관계 지향적
결론 지향	과정 중시	효율, 업적	조화, 사랑
이성적(컨설팅, 절제)	감성적(공감, 오감)	혼자 해결	함께 나누기
감각적, 둔감	직관적, 예민	신뢰의 눈빛 선호	공감과 경청 선호
		사물과 사실에 관심	감정과 느낌에 관심
		지적, 지시 회피	직관
		자기 문제 표현 자제	기분 전환과 친밀감

② 여성성과 남성성의 차이

여자(female)와 남자(male)는 생물학적 차이(Sex)에 바탕을 둔 분류이다. 이에 비하여 여성성(feminity)과 남성성(masculinity)은 사회적, 문화적, 심리적 차원의 학습된 개념으로서의 성차를 의미한다. 다시 말해서 여성성, 남성성은 사회적, 심리적이고 문화적인 것이기 때문에 학습과 환경에 따라 상대적으로 인식될 수 있는 가변성이 있다. 다음 표는 제한적이기는 하나 여성성과 남성성의 차이를 보여준다.

🦋 표 14-3_ 여성성과 남성성 비교

여성성	남성성
• 라포(rapport), 분위기 중심	• 사실, 내용 중심
• 조언을 간접적으로 조심스럽게	• 충고를 직접적으로 빠르게
• 다양한 주제와 대화의 소재	• 소수의 주제에 대화 집중
• 비언어적 단서에 매우 민감	• 비언어적 단서에 비교적 덜 민감
• 부드러움	• 딱딱함
• 창조	• 파괴
• 평화	• 전쟁
• 음(陰)	• 양(陽)
• 협조적인	• 공격적인
• 사회적인	• 완전한 승자
• 팀워크	• 뽐내는 태도
• 타인 존중	• 이기려는 욕망
• 비경쟁적인	• 거친
• 권력을 공유하는	• 권력을 쥔
• 사랑받고 싶어 하는	• 끈질긴
• 조화	• 약육강식

〈그림 14-2〉는 사람의 유형을 앞에서 설명한 생물학적 성차(sex)와 사회적이고 심리적인 성차(gender)의 두 차원에서 4가지로 분류한 것이다.

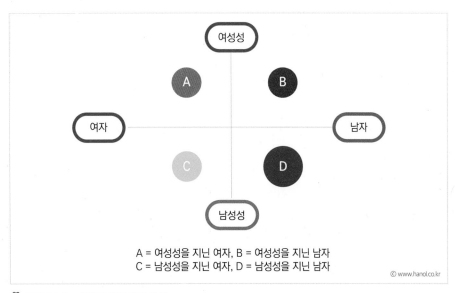

A = 여성성을 지닌 여자, B = 여성성을 지닌 남자
C = 남성성을 지닌 여자, D = 남성성을 지닌 남자

🐝 그림 14-2_ 성차에 의한 인간 유형

이런 차이를 바탕으로 조직 적응성의 문제를 생각해보자. 가부장적인 권위 구조가 강한 한국 조직에서는 D형이 생존에 유리하다. 이런 한국적 문화에서는 D형 이외에 여자(A형과 C형)는 물론 B형 남자도 적응하기 어렵다. 즉, 조직이 남성성을 위주로 유지되고 있다면 여자뿐 아니라 여성성을 지닌 B형 남자도 적응하기에 어려움을 느낀다. 한국 사회에서 A, B, C의 조직 적응도를 평가해보면 어떤 결과가 나올지 궁금하다.

조직에서의 적응과 부적응의 문제는 단지 여자와 남자라는 생물학적 성차만의 문제라기보다는 여성성과 남성성이라는 문제와 복합적으로 작용한다. 환경 변화에 적응하기 쉬운 애자일(agile) 조직*으로 전환하기 위해서는 여성성이 긍정적으로 평가되는 조직이 되어야 한다.

③ 여성과의 대화, 남성과의 대화

여성과 남성의 차이를 바탕으로 여성과 대화하는 법, 남성과 대화하는 법에 대해 살펴본다. 그러나 여기에 제시된 커뮤니케이션 방법은 성격이나 가치관, 신념, 환경, 세대 등의 개인차를 고려하지 않은 일반적 접근 방법에 불과하다. 사람과 사람의 만남과 대화는 이분법적으로 접근하는 데 한계가 따른다. **사람 관계는 복잡하고 미묘하다. 더욱이 상황에 따라 사람은 변한다.**

(1) 여성과 대화하기

여성과 대화할 때는 공통점 발견과 적극적 반응, 함께하기, 인간적 대화, 평가나 조언·충고 지양을 기억한다. 일상의 가벼운 주제에 대해 이해하며 지지·공감하고, 상대의 표현과 제스처에 호응한다. 침묵과 무뚝뚝함은 금물이다.

📢 공통점 발견과 적극적 반응

★ 결론보다 과정을 중시하고 관계 지향적인 여성들과는 끊김 없이 대화를 이어가는

것이 중요하다. 대화를 이어가기 위해서는 상대의 말과 행동에 관심을 가지고 이에 적극적으로 반응한다. 대화 중에 상대와의 공통점을 발견하거나 자신의 경험을 공유하는 것이 좋다. 침묵은 불편하다.

📢 함께하기와 인간적 대화

★ 직접적으로 표현하지 않으며 예민하고 생각이 복잡한 여성들과 대화할 때는 빠른 시간 내에 단정적인 결론을 내기보다는 오랜 시간을 함께하며 감정 공유를 통해 마음의 문을 열고 인간적인 대화를 하는 것이 필요하다.

📢 평가나 조언·충고 지양

★ 정서적 유대감과 연결, 조화와 융합을 중시하는 여성들과는 어려운 상황이나 개인적 이슈에 대한 평가나 조언·충고는 가능한 한 하지 않거나 뒤로 미룬다. 특히 비판과 질책은 금물이다. 관계 단절을 가져오는 결정적 이유이다.

📢 일상의 대화

★ 대화는 가족, 친구, 건강, 취미 등과 같은 일상의 가벼운 주제를 선택하는 것이 좋다. 자녀 학업 문제나 배우자 집안 얘기, 남친 얘기, 반려견(묘) 얘기와 같은 주제는 누구나 쉽게 대화에 참여할 수 있게 한다.

📢 이해와 지지·공감 표현

★ 감정을 중시하고 감성적인 여성들과의 대화는 상대의 감정에 대한 이해와 지지, 그리고 공감 표현이 중요하다. 직접적이고 단순명료한 말투보다는 은유적이고 '와~, 대박~, 혈~'과 같은 공감 표현이 낫다. 감정적인 지지와 공감을 표현하면 '언니, 동생'하며 편안하게 대화를 이어갈 수 있다.

★ 애자일(agile)은 '기민한', '민첩한' 이라는 뜻이다. 애자일 조직은 경영 환경 변화에 신속하게 대응하기 위해 조직 적응력을 중시하는 개방적이고 유연한 조직을 말한다. 애자일 조직은 시장과 고객의 요구 및 피드백을 반영하여 제품과 서비스를 지속적으로 개선한다. 직급 체계 혁신과 부문 간 경계를 없애 의사소통과 협업을 촉진하며 빠른 의사 결정을 한다. 적극적 실행과 실패에서 배우는 경험 문화를 지향한다.

📢 SNS 공감하기

★ 인스타그램이나 브이로그에 올라온 상대방의 소소한 일상을 대화 중에 꺼내 부러움을 표시하거나 공감하면 도움이 된다. 남성도 그렇지만 여성에게도 칭찬과 지지·격려·인정은 신뢰 관계 형성에 도움이 된다.

📢 표현과 제스처에 호응하기

★ 표현이 다양하고 제스처가 큰 여성들과 대화할 때는 그녀들의 다양한 표현과 제스처에 호응하며 비슷하게 따라한다. 같이 기뻐하고, 같이 슬퍼하고, 같이 화내고, 같이 박장대소하는 등 상황에 따라 협응하는 것이 필요하다.

(2) 남성과 대화하기

남성들과 대화할 때는 대화 목적을 분명히 하고 결론과 근거, 명분과 객관적 기준에 근거한 이성적, 컨설팅적 접근이 필요하다. 권위와 체면을 살려주며 직접적 의사 표현을 하되 감정적 문제로 비화하지 않도록 주의한다. 논쟁과 잘난 체함(~척함)은 금물이다.

📢 명확한 대화 목적과 결론

★ 대화의 목적을 명확히 하고 주제에서 벗어나지 않도록 한다. 결론 지향적 남성들과의 대화는 짧은 시간 내에 간단명료하게 끝내는 것이 좋다.

📢 근거에 기반한 논리적 대화

★ 이성적인 남성들과는 결론을 뒷받침하는 데이터와 구체적 예(선례, 사례)를 제시하면서 인과 관계에 따라 논리적으로 대화한다.

📢 대의명분과 객관적 기준 강조

★ 명분과 평가를 중시하는 남성들과는 법이나 규정, 원리 원칙, 규범, 관례와 같은 객관적 기준에 근거하여 대화한다.★

📢 남자다움과 선 굵음 인정

★ 남자다움과 체면을 중시하는 남성과 대화할 때는 상대방의 권위와 호탕함을 인정하는 느낌을 주도록 한다. 정치·경제·사회·문화·역사·과학·스포츠 등과 연관된 굵직한 이슈를 대화 소재로 활용하는 것도 좋다. 군대 얘기는 나이 먹어도 빠지지 않는 대화 소재이다.

📢 직접적이고 명료한 대화 스타일

★ 직접적이고 명쾌한 것을 선호하는 남성들과는 은유적이고 장황한 말투보다는 직접적이고 간결한 대화 스타일이 낫다.

📢 생각과 의견 제시

★ 명확한 것을 선호하는 남성들과 대화할 때는 전개 내용에 대한 자신의 생각과 의견도 상대방에게 제시하는 것이 좋다. 이때는 감정을 배제하고 차분하게 표현하는 것이 중요하다. 논쟁은 관계를 악화시키는 결정적 이유이다.

📢 비언어적인 신호 읽기

★ 대화 중에 상대방의 신체 언어나 표정 등을 읽는 것이 중요하다. 이상 신호가 보이면 대화를 연기하거나 중단한다. 앙금이나 갈등이 있으면 자리를 만들어 빨리 해결한다.

★ 규범, 관례는 엄격한 의미에서 객관적 기준은 아니나 사회·심리적 관점에서 보면 객관적 범주에 포함시킬 수 있다.

토의 14-3

다음은 제4장에서 소개한 커뮤니케이션 선호 행동 조사 결과를 빈도가 많은 순으로 통합 정리한 자료이다. 여기에는 상위 15개 항목에 대한 커뮤니케이션 정보를 포함하고 있다.

❶ 이 자료를 토대로 남녀 간의 커뮤니케이션 선호 행동에 어떤 차이가 있는지를 분석하여 정리하고 그 결과를 다른 사람과 이야기해보자.

❷ 당신이 생각하는 이상형과 그(녀)에게 바라는 언어 및 행동 스타일에 대해 이야기해보자.

❸ 남성과 대화할 때, 여성과 대화할 때의 효과적 대화법에 대하여 각각 토의하고 그 결과를 정리하여 발표해보자.

🦋 **표 14-4_ 좋아(싫어)하는 커뮤니케이션 행동**

좋아(싫어)하는 사람	남	여	계
말허리 끊고 자기 이야기만 하는 사람	26	50	76
말을 잘 들어주는 사람(경청)	22	33	55
호응 잘하는 사람(눈 맞춤 · 맞장구)	19	21	40
호기심과 관심을 가지고 배려해주는 사람	13	20	33
부정적 어투에 상대를 무시하는 듯한 사람	11	19	30
공감해주는 사람	8	17	25
잘난 척(있는 척)하는 사람	11	14	25
자기 주장이 강한 사람	7	17	24
새로운 아이디어 · 정보 · 피드백을 제공해주는 사람	5	13	18
대화 중에 딴짓하는 사람	6	10	16
상호 의견을 교환하며 협의하는 사람	8	6	14
말이 통해 고충을 털어놓을 수 있는 사람	6	6	12
이해를 잘하는 사람(핵심 파악)	3	7	10
비논리적이고 장황하게 얘기하는 사람	3	6	9
유머와 위트가 있는 사람	1	7	8
계	149	246	395

과제 1   카카오톡과 같은 SNS를 활용하여 사람들이 좋아(싫어)하는 커뮤니케이션 행동을 각각 조사하고 그 결과를 분석한다.

> 예 "평상시에 대화를 하면서 좋아하는 사람과 싫어하는 사람의 특성(말, 행동)을 각각 한 가지씩 대답해주시기 바랍니다."

❶ 조사 결과 남녀 간에 차이가 있는지 분석하고 그 결과를 토의해보자.

❷ 조사 결과 연령별로 차이가 있는지 분석하고 그 결과를 토의해보자.

❸ 성별, 연령별 차이와 관계없이 사람들은 어떤 말과 행동을 좋아(싫어)하는지 그 결과를 공유해보자.

과제 2   [그림14-2]에서와 같이 생물학적 성차(sex)와 사회·심리적 성차(gender)를 기준으로 사람을 분류할 수 있다. 다음 각 지문에 대한 당신 생각을 팀원들과 공유해보자.

❶ 당신은 어느 유형에 가까운가? 그리고 당신이 선호하는 유형은 무엇인가?

❷ 당신이 소속된 조직에서는 어떤 유형의 사람이 적응하기 쉬울 것 같은가?

❸ 최근에는 성소수자의 인권과 권리에 대한 관심이 증가되고 있다. 이에 대한 당신의 의견은 어떤가?

차 한잔의 여유 세계가 만일 100명이 사는 마을이라면

지금 세계에는 약 80억의 사람이 살고 있습니다.★

그런데 만일 그것을 100명이 사는 마을로 축소시키면 어떻게 될까요?

100명 중

52명은 여자이고 48명이 남자입니다.

30명은 아이들이고 70명이 어른들입니다.

별의별 사람들이 다 모여 사는 이 마을에서는

당신과 다른 사람들을 이해하는 일

상대를 있는 그대로 받아들여 주는 일이 가장 소중합니다.

또 이렇게도 생각해 보세요. 마을에 사는 100명 중

20명은 영양실조이고 1명은 굶어죽기 직전인데 15명은 비만입니다.

은행에 예금이 있고 지갑에 돈이 들어 있고 집안 어딘가에 잔돈이 굴러다니는 사람은

마을에서 가장 부유한 8명 안에 드는 한 사람입니다.

마을 사람들 중 1명은 대학 교육을 받았고 2명은 컴퓨터를 가지고 있습니다.

그러나 14명은 글도 읽지 못합니다.

만일 당신이

공습이나 폭격, 지뢰로 인한 살육과 무장 단체의 강간이나 납치를 두려워하지 않는다면

그렇지 않은 20명보다 축복받았습니다.

하지만 그보다 더 큰 행복은 지금 당신이 살아 있다는 것입니다.

옛날 사람들은 말했습니다. 세상에 풀어놓은 사랑은 돌고 돌아 다시 돌아온다고.

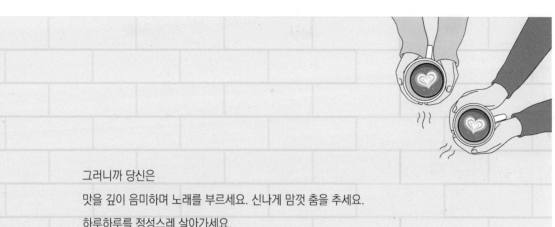

그러니까 당신은

맛을 깊이 음미하며 노래를 부르세요. 신나게 맘껏 춤을 추세요.

하루하루를 정성스레 살아가세요.

그리고 사랑할 때는 마음껏 사랑하세요,

설령 당신이 상처를 받았다 해도 그런 적이 없는 것처럼.

먼저 당신이 사랑하세요,

이 마을에 살고 있는 당신과 다른 모든 이들을.

진정으로 나, 그리고 우리가 이 마을을 사랑해야 함을 알고 있다면

정말로 아직은 늦지 않았습니다.

우리를 갈라놓은 비열한 힘으로부터 이 마을을 구할 수 있을 것입니다.

꼭!

★ 이케다 가요코 구성, 한성례 옮김(2006), 세계가 만일 100명의 마을이라면, 국일미디어

I N D E X

찾아보기

저자 소개

이 재 희
경영학 박사 · 경영 작가

주요 관심 주제는 인간 본성, 선한 영향력이다. 비전경영연구소에서 경영 전략과 조직 행동, 리더십, 인적자원개발에 대한 교육과 글쓰기, 컨설팅을 수행하고 있다.

한국생산성본부 전임 교수, ㈜리더십코리아 대표, SK하이닉스 인재개발원 전문 교수, 농식품 공무원 교육원 외래 교수, 대한민국 산업현장 교수, 한국HRD기업협회 전문 교수로 재직한 바 있다. 국민대학교와 숙명여자대학교 교육대학원, 서울벤처대학원대학교 등에서 리더십, 조직행동론, 조직개발론, 커뮤니케이션론, 교수학습방법론을 강의했다. 방글라데시 직업 훈련 체계 수립을 위한 KOICA 프로젝트와 파키스탄 IT 교육 개발 프로젝트를 수행했다.

주요 저서 및 연구 실적으로는 리더십 프레임, 인적자원개발, 교수법, 프레젠테이션 전략, 자기경영과 시간 관리, NCS 직업기초능력 시리즈, 이슈 리더십과 조직 성과 간의 관계에 관한 실증 연구, 60+직무역량지표 개발에 관한 연구 등이 있다. 글과 강연, 컨설팅을 통해 보통 사람이 행복한 세상, 깔끔한 지식 생태계 만들기를 지향하며 지지의 혜안을 소망한다.

비즈니스 커뮤니케이션

초판1쇄 발행   2014년 7월 15일
2판 1쇄 발행   2016년 2월 25일
3판 1쇄 발행   2019년 2월 20일
4판 1쇄 발행   2021년 7월 10일
5판 1쇄 발행   2024년 1월 10일

저 자   이재희
펴낸이   임순재
펴낸곳   (주)한올출판사
등 록   제11-403호
주 소   서울시 마포구 모래내로 83(성산동 한올빌딩 3층)
전 화   (02) 376-4298(대표)
팩 스   (02) 302-8073
홈페이지   www.hanol.co.kr
e-메일   hanol@hanol.co.kr
ISBN   979-11-6647-395-1

비즈니스
커뮤니케이션

비즈니스
커뮤니케이션

비즈니스
커뮤니케이션